古代歷史文化研究輯刊

十一編

王 明 蓀 主編

第21冊

唐代宮廷樂器組合研究（上）

劉 洋 著

國家圖書館出版品預行編目資料

唐代宮廷樂器組合研究（上）／劉洋 著 — 初版 — 新北市：
花木蘭文化出版社，2014〔民 103〕
目 8+200 面；19×26 公分
（古代歷史文化研究輯刊 十一編；第 21 冊）
SBN：978-986-322-583-6（精裝）
1. 宮廷樂舞 2. 樂器 3. 唐代
618 103000963

ISBN-978-986-322-583-6

9 789863 225836

古代歷史文化研究輯刊
十一編 第二一冊 ISBN：978-986-322-583-6

唐代宮廷樂器組合研究（上）

作　　者 劉 洋
主　　編 王明蓀
總 編 輯 杜潔祥
副總編輯 楊嘉樂
編　　輯 許郁翎
出　　版 花木蘭文化出版社
社　　長 高小娟

聯絡地址 235 新北市中和區中安街七二號十三樓
電話：02-2923-1455／傳真：02-2923-1452
網　　址 http://www.huamulan.tw 信箱 hml 810518@gmail.com

印　　刷 普羅文化出版廣告事業
初　　版 2014 年 3 月
定　　價 十一編 24 冊（精裝）新台幣 46,000 元

唐代宮廷樂器組合研究（上）

劉　洋　著

作者簡介

劉洋，女，漢族，現供職於中國傳媒大學。

2005 至 2008 年於中國藝術研究院研究生院攻讀博士學位，師從秦序研究員，研究方向爲中國音樂史，畢業論文爲《唐代宮廷樂器組合研究》。2008 年由人民音樂出版社出版學術著作《放歌 30 年》（合著），並在學術期刊、學術會議發表論文數十萬字。

提　　要

唐代是中國古代樂舞藝術發展的鼎盛時期，繁榮的宮廷音樂舞蹈，代表了當時樂舞藝術所達到的最高水平。由於採用兼容並蓄的文化政策，唐代的器樂藝術也在多元文化的影響下出現了繁盛一時的局面。唐代宮廷音樂規模宏大，樂器種類與風格類型眾多，承擔著宮廷祭祀、朝會宴享、出行儀仗等各種禮樂活動之用樂任務，在宮廷儀式中扮演著重要的角色。與此同時，其藝術水準也得到極大提高，發展出多種器樂組合與表演形式，甚至在「梨園」中設有專門演奏玄宗酷愛之法曲的大型絲竹樂團。宮廷器樂藝術，是唐代音樂藝術高度的體現，在中國音樂發展的歷史上具有重要意義。

本書以唐代宮廷樂隊中樂器的配置與組合爲研究對象，對各種樂器組合形式進行分析比較，考察唐代宮廷樂隊的編配情況，進而探索其形成條件、嬗變歷程及社會影響，以揭示其在唐代宮廷儀式中的作用及其歷史意義。

樂器是音樂的物質載體，樂隊組合是音樂最直觀的物化體現之一。本書以唐代音樂自身的分類爲標準，對宮廷樂隊的類別進行了劃分。考慮到太樂署、鼓吹署以及梨園與教坊等眾多樂舞機構的客觀歷史存在，故在行文中以相應的音樂機構爲經，以音樂性質爲緯，通過五個部分對唐代宮廷樂隊進行闡述：

第一部分「唐代正樂之樂器組合形式」，主要對當時「正樂」所包括的雅樂、坐立二部伎、讌樂及文康樂、清樂、西涼樂的各種樂隊具體組合形式、樂器配置、樂隊排列等問題加以考辨。第二部分「唐代四夷樂之樂器組合形式」，以包括東夷、南蠻、西戎、北狄之樂的「四夷樂」樂隊組合形式爲研究對象，梳理唐九、十部中「西域」、「南蠻」、「東夷」以及高麗、百濟等樂部的樂器組合形式。第三部分「唐代宮廷鼓吹樂之樂器組合形式」，分別對唐代鼓吹樂五大部類、鼓吹十二案、鹵簿鼓吹以及唐代宮廷其他場合所用凱樂、行軍鼓吹樂、軍禮鼓吹樂、大儺、合朔伐鼓、夜警晨嚴、輓歌等不同鼓吹樂形式予以論述。第四部分「唐代宮廷其他樂器組合形式」，闡述了梨園、教坊、太常等機構中所見法曲、散樂、太常四部樂等形式的樂隊構成。由於唐代宮廷宴享「以部奉樂」的形式與宋代「以盞奉樂」頗爲不同，唐代宮廷中的樂器獨奏形式靈活、場合多變，在朝會儀式中亦常出現，故文中對其進行了專門的論述。第五部分總結前文，並進一步分析了唐代樂器組合的發展變遷軌迹。指出在唐代文化大交流的背景下，雅、胡、俗樂逐漸融匯，相互交流吸收，加速了樂器組合的發展變化。特別是天寶十三載玄宗推行的胡部新聲與道調法曲「合作」，標誌著各族器樂在宮廷的空前融合，並對後世形成了深刻的影響。

縱觀唐代宮廷樂器組合的變遷，既是藝術自身的發展規律使然，也是歌舞伎樂極度繁盛的結果，集中展現了唐代宮廷音樂藝術的風貌。

目次

上　冊

表格目錄

圖片目錄

緒　言

一、選題意義

選擇《唐代宮廷樂器組合研究》作爲我的博士論文的研究課題，主要有以下兩點考慮。

一方面，正如德國音樂學家C・薩克斯（Curt Sachs，1881～1959）所指出，樂器在藝術中意味著不朽的、固定的、可以捉摸的東西。器樂藝術是一個時代音樂藝術的重要組成部分，樂器的編制與組合則從一個側面體現著那個時代音樂藝術的發展水平。唐代是我國古代樂舞藝術發展的最高峰，唐代樂器的編制與組合，同樣體現了唐代樂舞藝術的光輝成就。

另一方面，唐代的樂器編制和組合，尤其是宮廷之中出現的樂器組合形式，集中了源於不同地區、不同民族種類繁多的樂器，同時也濃縮體現了上古以來我國器樂藝術發展的傳統和結晶，所以研究唐代宮廷樂器的編制和組合，也是對我國器樂藝術發展歷程的一種回顧和總結。下文將作進一步說明。

1、唐代宮廷樂器組合形式體現了上古以來中國器樂藝術發展之結晶與高峰

音樂藝術的發展歷程猶如一條河流，中國樂器及器樂藝術，則是這條大河中的一條重要支流。

中華民族的音樂起源極早，距今約8000～9000年的新石器時代，音樂文明的曙光已經照亮這片東方大地。河南舞陽賈湖裴里崗文化遺址出土的二十餘件骨笛，屬新石器時代，大多開有6～7個按孔，具有很強的音樂表現性能。二十多支骨笛中，有14件分置於7座墓葬中，每墓2件。雖屬同一種樂器，

但不能排除用它們合奏的可能性，即兩件樂器相伴使用。這一現象說明當時骨笛隨葬存有某種制度性，或其組合使用有某種規律性。墓中同出的內有石粒的「龜鈴」，有人認爲也是樂器，甚至與骨笛同奏，則說明我國古代的樂器組合與編制，幾乎與樂器同時產生。

同樣的例子，還有浙江餘姚河姆渡遺址出土的距今約 7000 年的骨笛，它們多達一百六十餘件，大小形制不同，同樣有某些組合演奏的迹象。陝西臨潼姜寨新石器仰韶文化遺址中，有 2 件陶塤和 1 件陶響器同出一墓。這些音樂器物，雖形制簡單，種類較少，但也具有某種合奏的可能。此外，古代傳說中的遠古樂器多達十幾種，如「土鼓、蕢桴、葦籥、伊耆氏之樂也」〔註 1〕，如「夔曰：戛擊鳴球，搏拊琴瑟以詠。祖考來格，虞賓在位，群后德讓。下管鼗鼓，合止柷敔，笙鏞以間，鳥獸蹌蹌；《簫韶》九成，鳳凰來儀」〔註 2〕，如「有倕作爲鼙、鼓、鍾、磬、吹苓、管、壎、篪、鞀、椎鍾。帝嚳乃令人抃，或鼓鼙，擊鍾磬，吹苓，展管篪；因令鳳鳥天翟舞之」〔註 3〕，以及「帝堯立，乃命質爲樂。質乃效山林、溪谷之音以歌，乃以麋輅置缶而鼓之，乃拊石擊石，以象上帝玉磬之音，以致舞百獸……」〔註 4〕等，它們反映了當時樂器種類和組合的多樣，也反映了各種不同的樂器及組合運用於原始歌唱、樂舞的狀況。

夏商時期，隨著生產與技術的進步，樂器的種類和性能有了令人驚歎的進展。青銅技術的應用，不僅爲諸多青銅樂器如銅鈴、庸等的產生與發展創造了必要前提，也爲其他樂器的製造提供了更銳利的工具。根據現有考古發現，商代出現了多種樂器組合，如青銅類的編庸流行於商晚期，3 件一編或 5 件一編，構成具有一定音律關係的組合。安陽殷墟還有 3 件一組的編磬。晚商墓葬中常見的大、小塤，也是同種樂器的組合。此外，還出現了某些帶有一定規律性的組合形式，如由編庸、編磬以及塤、鼓等樂器組合而成的「金石」樂隊。有關夏商的記載和傳說也反映當時樂隊組合和編制具有相當的規模和多樣性，如「夏桀、殷紂作爲侈樂，大鼓、鍾、磬、管、簫之音，以鉅爲美，以眾爲觀」。〔註 5〕顯示當時宮廷樂隊「以鉅爲美」的追求。又如「昔

〔註 1〕《禮記・明堂位》，《十三經注疏》，北京，中華書局 1980 年版，第 1491 頁。
〔註 2〕《尚書・益稷》，《十三經注疏》，北京，中華書局 1980 年版，第 144 頁。
〔註 3〕《呂氏春秋・仲夏紀・古樂篇》，北京，學林出版社 1984 年版，第 285 頁。
〔註 4〕《呂氏春秋・仲夏紀・古樂篇》，北京，學林出版社 1984 年版，第 285 頁。
〔註 5〕《呂氏春秋・侈樂》，北京，學林出版社 1984 年版，第 265～266 頁。

有桀之時，女樂三萬人，晨噪於端門，樂聞三衢」〔註 6〕，「女樂三萬人」雖不全演奏樂器，但樂隊規模之大可以想像。《商頌・那》：「鞉鼓淵淵，嘒嘒管聲；既和且平，依我磬聲，於赫湯孫，穆穆厥聲，庸鼓有斁，萬舞有奕。」描寫了商代宮廷樂舞表演的盛況，《商頌》據考是商朝遺留的祭祀樂歌，《那》則是保留在西周宮廷中《商頌》十二篇之首。〔註 7〕詩中提到的有鼓、管、磬等樂器，借之也可研究商代樂隊的組合與編制。

西周和春秋、戰國時期，樂器種類數量蓬勃發展，不僅出現了「八音」的樂器分類法，還形成了以鍾磬爲代表的「金石之樂」的空前發展。楊蔭瀏先生指出，僅《詩經》所載樂器就有 29 種，「見諸各種先秦文獻的樂器名目已近百種，除去若干確知爲同器異名者外，亦不下 70 種。」〔註 8〕「八音」分類就是在樂器種類增多，音樂性能提高的基礎上產生的世界最早的樂器分類法之一。周公的「制禮作樂」，開創了一整套嚴格的「禮樂制度」，其中蘊含著一系列有關樂器組合與編制的規定。這些有關樂隊編制的內容，無論是出於「禮」還是「樂」的角度考量，都有其合理性存在。作爲中央王朝向諸侯王國頒佈的一套制度標準，周代禮樂制度所規範的樂器組合形式，對周邊地區形成了巨大影響，在歷史上也爲歷代統治者所推崇。春秋戰國之際「禮崩樂壞」，陳舊的「禮」制度被突破，「樂」則得到解放和發展，出現了金石樂舞群星麗天的壯麗景象。考古發現充分展現了這一時期樂器組合與編制的空前發展。較重要的發現如河南新鄭李家樓春秋墓樂器組合、山西趙卿墓樂器組合、河南淅川下寺楚墓樂器組合等，令人目不暇接。尤其是湖北隨縣曾侯乙墓樂器的出土，展現出一座被譽爲世界八大奇迹的「地下音樂宮殿」，代表了先秦「金石之樂」發展的最高峰。墓中出土編鍾、編磬、鼓、琴、瑟、均鍾、笙、排簫、篪等樂器計 9 種共 125 件。以中室出土的曾侯乙編鍾最爲輝煌。該鍾由 65 件甬鍾、紐鍾等組成，分三排懸於曲尺形簨虡上，高近 3 米，長達 11 米。還有編磬 1 架（懸磬 32 件），鼓 3 件，瑟 7 件，笙 4 件，排簫 2 件，篪 2 件等樂器。共同形成三面懸金石、其間並陳絲竹的樂器組合，展現了戰國初期諸侯宮廷樂隊的基本建制及其表演形式。此外，該墓東室還出土

〔註 6〕《管子・輕重》，《諸子集成》，上海書店 1986 年版，第 389 頁。

〔註 7〕《國語・魯語》說「昔正考父校商之名《頌》十二篇於周太師，以《那》爲首」。（《國語》，上海古籍出版社 1978 年版，第 216 頁。）

〔註 8〕郭乃安：《〈中國樂器志〉緒言》，中國藝術研究院音樂研究所「九五」課題《中國樂器志》，北京，人民音樂出版社，2003 年 7 月版。

瑟 5 件，琴 1 件，笙 2 件，鼓 1 件，應爲當時諸侯寢宮樂隊的編制。東室還出有調律工具「均鍾」1 件。

有關周代宮廷金石樂隊的文獻非常豐富。宮廷音樂規模宏大，少則幾百人，多達上千人，運用多種樂器組成「大合樂」「合奏」。〔註 9〕《儀禮・大射儀》記載周代《大射儀》樂隊排列情形，有瑟、頌磬、頌鍾、鎛 2、朔鼙、建鼓 3、簜、應鼙、笙、磬等樂器及歌工等。《詩經》中的《有瞽》生動描繪了宮廷盲樂師主奏的合樂場景。除金石樂隊外，周代還有種種不同的樂器組合形式。如前述《詩經》記載有 29 種樂器，分別是鼓、鼛、賁鼓、應、田、縣鼓、鼉鼓、鞉、鍾、鏞、鉦、磬、缶、雅、柷、圉、和、鸞、鈴、簧、簫、管、龠、塤、篪、笙、琴、瑟等。這些樂器在《風》、《雅》、《頌》中或單獨出現，或以不同組合形式出現。又如著名的「濫竽充數」故事所說齊宣王聽竽「必三百人」，這顯然是竽笙樂隊的大齊奏。

秦漢至隋唐，是中國音樂史上的以清商伎樂爲代表的中古伎樂時代，隨代表性音樂形式的更替，隨中原與外域、外族經濟文化交流的開展和頻繁，多種來源的樂器彙聚交流，樂器的種類及組合形式產生了巨大的變化與發展。漢代的宮廷樂器組合形式，主要見於《漢書・禮樂志》〔註 10〕中所載的一套漢朝宗廟樂的樂器編配體制。洛莊漢墓樂器則是代表西漢初期宮廷樂隊編制規模最大、最爲完整的實例，該墓出土編鍾一套 19 件，編磬 6 套 107 件，還有錞于、鉦、銅鈴各一件，串鈴 9 件，瑟 7 件，笙（？）1 件，這些琳琅滿目的樂器實物，爲世人展現出一幅漢初宮廷樂隊樂器編配的生動圖畫。如果說洛莊漢墓樂器顯示先秦金石之樂仍有傳承的話，那麼漢代後期所遺留下的畫像石雕刻的內容則顯示了金石之樂逐漸衰退，以絲竹樂器爲主奏構成組合的盛行。「樂府」的設立和擴充，相和歌與清商樂逐漸成爲主要的樂舞形式，箜篌、琵琶、笳、羌笛等樂器的傳入、南方銅鼓樂舞的興起，加速了樂器組合形式實現多樣化，也促進了內地音樂歌舞的變化發展。相和（歌）是漢及魏晉間流行的一種綜合音樂形式，一般用笙、笛、琴、瑟、琵琶、篪、筑等樂器組合而成，爲歌唱服務。《晉書・樂志》載：「《相和》，漢舊歌也；絲竹更相和，持節者歌。」「凡此諸曲，始皆徒歌，既而被之管絃。」

〔註 9〕如《呂氏春秋》中的「擇吉日，大合樂」，「命樂師習合禮樂」；《荀子》中的「合奏以成文者」等。

〔註 10〕〔漢〕班固：《漢書》，北京，中華書局 1962 年版，第 1027～1078 頁。

〔註 11〕但曲是相和曲中無歌唱部分的演奏形式，其音樂的表現主要由器樂合奏來承擔，器樂合奏藝術已發展到了較高的階段。

考古發現的樂器實物和壁畫、樂俑等材料，生動具體的體現了這種變化。成都羊子山樂舞百戲畫像石中吹笙、撫琴、擊鼓、歌者的組合形式，南陽軍帳營樂舞畫像石之一，中有吹竽者 3 人、撫瑟者 4 人、吹排簫者 4 人、歌者 3 人、舞者 2 人，魏晉嘉裕關墓葬中的彈琵琶（阮咸）、吹笛、尺八等樂器的圖像，都生動地反映了新的樂器組合形式在民間的出現和流行。

以打擊樂器和吹奏樂器演奏爲主的「鼓吹樂」逐漸興起，爲這一時期的樂器組合形式帶來了巨變。鼓吹樂來源於「馬上之樂」，受到西北和北方少數民族地區音樂的影響。《樂府詩集》中記載：「《橫吹曲》，其始亦謂之《鼓吹》，馬上奏之；蓋軍中之樂也。……其後分爲二部：有簫、笳者爲《鼓吹》，用之朝會道路，亦以給賜……；有鼓、角者爲橫吹，用之軍中，馬上所奏者是也。」〔註 12〕「鼓吹未知其始也。漢班壹雄朔野而有之矣。鳴笳以和簫聲，非八音也。」〔註 13〕漢畫像等考古材料中，各種鼓吹樂均有生動具體的刻畫。

南北朝時期，黃河流域出現各民族的大交流大融合，樂器的種類及組合更加豐富。曲項琵琶、五弦、箏篥、銅鈸等西域樂器紛至沓來，隨胡樂大盛於閭閻，廣爲流行。隋唐重新統一中國，不僅繼承發展了傳統的器樂組成，還更加廣泛地吸收各族外國樂舞文化，出現了雅、胡、俗諸樂百花齊放、爭奇鬥豔的繁榮景象。

唐代是我國歌舞伎樂發展之高峰時期，其器樂編制與組合凝結了遠古以來、歷朝各代器樂藝術之精華，又是當時器樂藝術之集大成者。其樂隊規模之宏大，組合形式之豐富，演奏內容之多樣，爲後世之鮮見，反映了唐代音樂藝術的最高成就。

歷朝各代統治者爭相發展宮廷樂隊，使得樂器的合奏形式成爲各個時代音樂發展的重要內容，並構成我國民族器樂的基本組織形態和表演形式。無論是古代樂舞、隋唐的歌舞大曲、宋元的戲劇，以及其後的說唱藝術等，樂器合奏都佔有不容忽視的地位，較爲集中地反映了先人們的音響觀念和藝術

〔註 11〕〔唐〕房玄齡：《晉書》，北京，中華書局 1974 年版，第 716～717 頁。
〔註 12〕〔南宋〕郭茂倩：《樂府詩集》卷二一，北京，中華書局 1979 年 11 月版，第 309 頁。
〔註 13〕〔南宋〕郭茂倩：《樂府詩集》卷一六，北京，中華書局 1979 年 11 月版，第 223 頁。

趣味。所以千百年來它延綿不斷、代代相傳，形成了它獨特的規律與特點。

2、唐代樂器的組合形式也體現了唐代音樂文化的高度發展

唐代是中國封建社會發展的鼎盛時期，綜合國力強盛，音樂文化繁榮燦爛。以歌舞伎樂爲代表的唐代音樂是先秦以來歌舞伎樂發展的最高峰。

唐代也是上古以來中國樂器、器樂藝術發展的鼎盛時期。唐代樂器種類眾多，器樂藝術形式多樣。唐代承襲並發展了漢、隋的「鼓吹樂」、隋代的「七部樂」、「九部樂」，通過絲綢之路及其他經濟文化交流的渠道，代表各地各族和各國文化藝術特色的音樂歌舞、樂器及器樂藝術從中亞、西亞、東亞及南亞、東南亞等地源源不斷傳入中原，中原傳統樂器與外來樂器相互融合、相互影響，內地湧現出了拍板、方響等新樂器，在此基礎上從宮廷到各地府署以及民間也出現了許多新的樂器組合形式，創作出了大量優秀的器樂作品，形成了豐富多彩的唐代器樂文化。

唐代宮廷樂隊盛大、多彩的組合，尤以多部樂樂隊色彩最爲豐富，風格多樣。隋代的「九部樂」唐代發展成爲「十部樂」，樂器組合不盡相同、各有千秋。坐、立二部伎同樣顯示出各族各國音樂的交流與融合，至少樂隊已在中原傳統音樂的基礎上，吸收了各民族音樂、樂器的優點。立部伎中許多樂曲「雜以龜茲樂」，便是揉和了龜茲等國音樂、樂器重新組合而創編的。據《通典》卷一四六記載：「自周隋以來，管絃雜曲將數百曲，多用西涼樂，鼓舞曲多用龜茲樂，其曲度皆時俗所知也」，說明初、盛唐的器樂合奏，無論是管絃曲還是鼓舞曲，西涼和龜茲風格的樂曲、樂器逐漸盛行，在社會上廣泛傳播並得到人們的承認和接受。

唐代樂舞藝術成就的集中代表是由歌、舞、器樂綜合而成的「大曲」。大曲源自漢魏時期的「相和大曲」、「清商大曲」，魏晉以來代有發展，到唐代，由於胡樂大曲及邊地大曲的傳入，促使唐代的歌舞大曲達到了全盛。前身爲《婆羅門》曲的著名法曲大曲《霓裳羽衣》曲，其純器樂演奏的「散序」相傳就是唐玄宗親自創作並添加上去的。

唐玄宗李隆基喜好音樂，善解音律，常常自度曲並親臨排練，他擅長演奏羯鼓和多種絲竹樂器，稱得上是一位「音樂皇帝」。他的喜好有力地推動了樂舞藝術包括唐代器樂的發展。他不僅完善了「大樂署」、「鼓吹署」等禮樂機構，還建立教坊、增設梨園等樂舞機構。梨園是專門演奏法曲的組織機構，其三百樂工因受皇帝親自教習指導，而號稱「皇帝梨園弟子」，擁有了高於其他各類樂舞的崇高地位。梨園法曲是唐玄宗所酷愛垂青的表演藝術形式之一，是純器樂性質的絲竹合奏，梨園擁有馬先期、張野狐等許多著名的器樂演奏家。梨園的崇高地位也意味著純粹的器樂成爲了盛唐樂舞藝術皇冠上最爲璀璨的寶石。

開元天寶盛世，雅、俗樂以及胡、漢樂進一步融合。「胡部新聲」風靡一時，標誌著邊地大曲的進獻和胡樂的輸入進入高潮。從開元後期「升胡部於堂上」到天寶十三年「詔道調法曲與胡部新聲合作」，更是以統治階級強有力的行政力量，使得中外器樂藝術的交流與融合，達到了空前的高度。天寶十三載的「合作」，批評的人指責它導致「樂奏全失古法」，這是因爲它實現了「藩漢雜奏」，也就是中外器樂歌舞的全面合作。唐玄宗採取的一系列有力舉措，加速了中外胡俗器樂藝術的高度融合，使之達到了前所未有的藝術新高度，並且這一趨勢在民間也同樣有所體現。

「曲子」音樂是適應昌盛的唐代詩歌的需要而興起的一種音樂歌唱形式。唐代崇尚詩詞，推舉詩人，當時的詩人以千而計，所賦詩詞僅《全唐詩》就收 4.8 萬餘首，囊括唐、五代的詩人有 2200 餘人。唐時賦詩以其詩詞可吟誦爲其特色，即詩詞不僅可讀、看，更可吟誦，更有的詩詞可入曲牌並披以管絃。不同的詩詞，不同的曲牌，其所使用的樂器和組合也是不同的。中晚唐以降，曲子的廣泛演唱更導致了「詞」這一種新的音樂文學樣式的誕生。

據載唐時樂器「至三百般」〔註 14〕，多種形制、多種演奏法和多種音色的樂器爲形成多種多樣的組合形式提供了豐厚的條件，加之思想開放、音樂理論豐富、多種形式的演出（演奏）等，使唐代的器樂藝術逐漸發展而形成中國古代音樂藝術的一個高峰，成爲值得驕傲的一個鼎盛時期。美國作曲家霍華訥斯（Alan Hovhaness）曾遍訪遠東，其後他在一篇題爲《中國唐樂的頌辭》一文中說：「……在我的孩提時代，我被錯誤地教導巴哈爲音樂之父……音樂的起源實際上早得多，同時也不是單方面的漸進；而是分別在各種文化交流上發展到極宏大的成就。其中最優越的支流，可能最偉大的一支，就是 700 年前中國唐朝的管絃樂。在當時，這種音樂不但內含了所有亞洲音樂共有的豐富旋律資產，而且包括了非常複雜和充分發展的形式，綜錯的對位、多

〔註 14〕《樂府雜錄》載：「舜時……計有八百般樂器；至周時，減樂器至五百般，至唐朝又減至三百般」。（〔唐〕段安節：《樂府雜錄》，上海，古典文學出版社 1957 年版，第 42 頁。）

聲部二重、三重卡農，各自獨立演奏，其中還有節奏與非節奏的韻律，參差的音響以及錯雜的結構。」〔註 15〕等等。都說明唐代器樂藝術在很早以前就已經達到了相當高的水準。

3、本書的研究對象和範圍界定為唐代宮廷所出現之樂器的組合形式

當我們將目光投向唐代音樂活動時，便會發現唐代宮廷音樂無疑是最值得關注的。唐代宮廷擁有較之前代更多的音樂機構，以負責不同場合的音樂表演；擁有當時最爲著名的樂工與樂伎；具有諸多音樂種類，如雅樂、清樂、凱樂、四方樂、散樂、燕樂等；產生了眾多的音樂表演技藝，如歌、舞、器樂演奏、大曲、戲弄、雜技等；民間的音樂通過各種渠道進入宮廷而得以藝術上的提升；而宮廷所表演、所創造的樂曲又在當時社會上廣爲流傳，形成一種生動的雅俗文化交流景象。所有這些，都顯示了唐代宮廷音樂文化乃是唐代音樂文化的一個縮影，當然也就成爲研究唐代音樂的一個學術聚集點。如任半塘先生在研究唐代音樂時，敏銳地將唐代「教坊」的研究作爲唐代音樂文藝研究的「鎖鑰」，說明唐代宮廷音樂文化乃是研究唐代音樂的學術樞紐所在。

唐代宮廷的雅樂、俗樂其組合方式、樂器組合以及樂人的來源，都有自己的歷史特點。由於唐代政治的穩定、經濟的繁榮、開放的外交政策、統治者的對音樂藝術的青睞與倡導，使得唐代宮廷樂隊編制的形式空前繁盛。而唐代宮廷樂隊的形式中有相當一部分與外來的音樂形式有種種聯繫，且宮廷樂隊與民間樂隊之間相互影響，宗教性質的樂隊也同樣與宮廷樂隊相互滲透。因此，將唐代宮廷樂隊的編製作爲本課題研究的對象。

二、研究方法

關於本課題的研究方法，主要依據的是記錄唐代音樂活動和相關史實的文獻，運用文獻學的方法對相關史料進行詳盡、系統的分析，對唐代宮廷樂器組合進行共時性和歷時性的研究〔註 16〕。

〔註 15〕臺灣《功學月刊》，第四十一期。

〔註 16〕項陽《音樂史學與民族音樂學論域的交叉》一文指出：「(音樂) 通史，基本的框架是按朝代縱向與橫向展開。各個朝代新出現的一些音樂文化現象，著述者一般不會有遺漏，但卻忽略了某一事物或者問題的連續性和演化的層面，有些問題也僅僅是提到而沒有深入，甚至還因爲認識上的局限性，對一些重要的問題尚不到位。」(項陽：《當傳統遭遇現代》音樂論文集，上海音樂學院出版社 2004 年版，第 53 頁。)

文獻是歷史研究最重要的資料來源，歷史研究者都將文獻史料的收集、整理作爲其研究的基本途徑。有關唐代宮廷樂器組合的歷史記載較爲豐富，自然是本課題研究的資料基礎。

文物考古有關樂器組合的圖像材料，生動展示了隋唐多姿多彩的樂隊組合，可與文獻材料相互印證，甚至可以糾正補充文獻記載的錯漏與不足。敦煌、榆林及洛陽龍門等石窟壁畫佛前樂舞圖中所展現的樂隊，以及陝西、河南等地出土的樂舞俑所展示的伴奏樂隊，有大型、超大型的樂隊，也有小型樂隊，雖然形式豐富多彩，充分體現了中、外音樂的交融結合，亦從一定程度上反映了隋唐宮廷現實生活中的樂隊組合形式，但這些考古資料有其特殊性和特指性，具有一定的局限性，如描繪不十分精細，難以具體，或由於繪製者並不精通音樂或繪製時運用了某些誇張的表現手法等，因此不能直接視爲現實宮廷音樂的寫實記錄和描繪，只能提供某種程度的旁證作用，且需要結合相關文獻記載，認眞去甄別。由於直接反映當時宮廷樂器組合的考古材料有限，故本書不能不以文獻爲主，兼及考古材料。筆者努力學習、運用文獻學校勘方法，在前人基礎上，對各種史籍文獻中有關唐代宮廷樂隊組合的記述，進一步考察梳理，求眞辨異，考鏡源流，以期更眞實、更完整地還原唐代宮廷各種樂隊的組合形式。對於考古材料部分的考證、研究，由於時間、本人精力及客觀研究條件所限，本書僅將其收集、整理、歸類，作爲附錄（唐代樂器組合之實物資料輯要）附於文後。當然，這一部分的內容及研究工作，會留於以後補充與完善。

三、相關研究成果綜述

有關本課題的相關的研究成果，以下分別從古代樂器組合、唐代樂器組合二個層面進行梳理：

1、有關中國古代樂器組合的研究成果

（1）資料性的研究成果：現所見只有一本專著——唐樸林的《中國樂器組合錄》，書中以朝代爲節序，共輯錄了由先秦到現存的各種樂器組合形式1084例，包括樂器364種，爲研究中國古代樂器組合提供了一定的資料基礎。

（2）專題性的研究成果有：徐豔霞《〈詩經〉樂器研究》〔註17〕，文中

〔註17〕徐豔霞：《〈詩經〉樂器研究》，導師：劉再生，山東師範大學音樂學專業碩士學位論文2001年打印稿。

對《詩經》中的樂器進行了分類與考證，對《詩經》中的樂器組合的社會文化意義進行分析，將其所體現出來的周代音樂面貌和禮樂文化進行了梳理。李樂《漢代的樂隊》〔註 18〕通過對漢代的正史、文學著作等文獻資料研究，結合漢代畫像石、畫像磚、壁畫及其他繪畫等圖像資料的分析，對漢代樂器組合進行了分類與考證，並總結出漢代樂器組合的特點。張麗《宋代樂隊編制研究》〔註 19〕，張國強《宋代教坊樂制研究》〔註 20〕，韓啓超《宋代宮廷燕樂盞制研究》〔註 21〕，王秀萍《宋代樂器研究》〔註 22〕，則分別從各個不同的側面對宋代的樂器組合進行了研究與考證。此外還有伍國棟《兩漢魏晉南北朝「絲竹樂」窺探》〔註 23〕，詹皖《絲竹音樂的源流及演奏特徵》〔註 24〕，張醫杭《絲竹音樂》〔註 25〕，侍建強《南北朝橫吹曲研究》〔註 26〕等等，這些都是本書可資參考的重要成果。

2、有關唐代樂器組合的研究成果

唐代樂器組合的研究成果，大致可概括爲以下幾個方面：

（1）從音樂史學的角度出發，在對唐代音樂文化的發展進行闡述時，將唐代樂器組合作爲其中的一方面納入其中進行概述，或對其分類和功用進行一定詮釋。如中國古代音樂的通史類專著中，雖有所表述，但一般較爲簡略，唯楊蔭瀏先生的《中國古代音樂史稿》一書所述較詳，其中根據有關史料，對唐代宮廷樂隊編制、民間器樂組合形式進行梳理。關也維的《唐代音樂史》〔註 27〕一書將唐代樂器組合單列一節，進行了歸納與總結，

〔註 18〕 李樂：《漢代的樂隊》，《中國音樂學》，1996 年增刊。

〔註 19〕 張麗：《宋代樂隊編制研究》，導師：劉再生，山東師範大學音樂學專業碩士學位論文 2001 年打印稿。

〔註 20〕 張國強：《宋代教坊樂制研究》，導師：秦序、崔憲，中國藝術研究院音樂學專業博士學位論文 2004 年打印稿。

〔註 21〕 韓啓超：《宋代宮廷燕樂盞制研究》，導師：趙爲民，河南大學音樂學專業碩士學位論文 2004 年打印稿。

〔註 22〕 王秀萍：《宋代樂器研究》，導師：趙爲民，河南大學音樂學專業碩士學位論文 2004 年打印稿。

〔註 23〕 伍國棟：《兩漢魏晉南北朝「絲竹樂」窺探》，《交響》，2006 年第 1 期。

〔註 24〕 詹皖：《絲竹音樂的源流及演奏特徵》，《南通師範學院學報（哲學社會科學版）》，2004 年第 2 期。

〔註 25〕 張醫杭：《絲竹音樂》，《音響技術》，2004 年第 3 期。

〔註 26〕 侍建強：《南北朝橫吹曲研究》，導師：趙敏俐，首都師範大學中國古代文學專業碩士學位論文 2002 年打印稿。

〔註 27〕 關也維：《唐代音樂史》，北京，中央民族大學出版社，2006 年 5 月版。

然而文中將考古資料如敦煌石窟壁畫中的樂器組合形式，不加甄別地作爲天寶十三年之後的唐代胡漢之樂「合作」的新的樂器組合形式，這是缺少依據的。此外，還有孫尙勇的《樂府史研究》〔註 28〕等，但這些著述限於通史或斷代史的表述方式，不可能對唐代樂器組合作系統詳細的歸納梳理以及相應的研究。

（2）在研究唐代音樂的某一專題或其他專項研究時，涉及到有關唐代樂器組合的問題。如柏紅秀《唐代宮廷音樂文藝研究》〔註 29〕，以唐代宮廷音樂活動爲研究對象，對唐代宮廷音樂文藝進行較全面的整體研究，其中涉及了宮廷樂器組合的問題。戴寧《隋唐朝的打擊樂論》〔註 30〕一文對唐朝的打擊樂器的分類及其功用進行了探討。鄭祖襄《唐代樂工「翻曲」考》〔註 31〕，曾美月《唐代宴樂活動類型考》〔註 32〕，柏紅秀、王定勇《關於唐代教坊的三個問題》〔註 33〕，沈冬《論隋唐燕樂樂部》〔註 34〕，康瑞軍《唐代音樂繁盛原因探索》〔註 35〕，邱源媛《唐宋雅樂的對比研究》〔註 36〕，王旭《唐大曲之流變》〔註 37〕，陳四海《「梨園」考》〔註 38〕，魏晶《隋唐時期西域音樂文化研究成果述要》（上、下）〔註 39〕，鄭錦揚《日本「清樂」研究》〔註 40〕，

〔註 28〕孫尚勇：《樂府史研究》，導師：王小盾教授，揚州大學中國古代文學專業博士學位論文 2002 年打印稿。

〔註 29〕柏紅秀：《唐代宮廷音樂文藝研究》，導師：李昌集，揚州大學中國古代文學專業博士學位論文 2004 年打印稿。

〔註 30〕戴寧：《隋唐朝的打擊樂論》，《交響》，1996 年第 3 期。

〔註 31〕鄭祖襄：《唐代樂工「翻曲」考》，《中國音樂》，1993 年第 4 期。

〔註 32〕曾美月：《唐代宴樂活動類型考》，導師：修海林，河南大學音樂學專業碩士學位論文 2004 年打印稿。

〔註 33〕柏紅秀、王定勇：《關於唐代教坊的三個問題》，《鹽城師範學院學報（人文社會科學版）》第 25 卷第 1 期。

〔註 34〕沈冬：《論隋唐燕樂樂部》，《民族藝術》，1997 年第 2 期。

〔註 35〕康瑞軍：《唐代音樂繁盛原因探索》，導師：高興，山西大學音樂學專業碩士學位論文 2003 年打印稿。

〔註 36〕邱源媛：《唐宋雅樂的對比研究》，導師：劉復生，四川大學中國古代史專業碩士學位論文 2003 年打印稿。

〔註 37〕王旭：《唐大曲之流變》，導師：趙會生，東北師範大學音樂學專業碩士學位論文 2005 年打印稿。

〔註 38〕陳四海：《「梨園」考》，《寧夏大學學報（人文社會科學版）》，2005 年第 6 期。

〔註 39〕魏晶：《隋唐時期西域音樂文化研究成果述要》（上、下），《新疆師範大學學報（哲學社會科學版）》，2005 年第 1、2 期。

〔註 40〕鄭錦揚：《日本「清樂」研究》，導師：王耀華，福建師範大學民族音樂學專業博士學位論文 2002 年打印稿。

馮亞蘭《探本窮源——論長安古樂之「古」》〔註41〕等，其中所涉及有關唐代樂器組合的研究成果，爲本書作進一步的考證與分析提供了大量可資參考的材料基礎。此外，以往對唐代樂器大量的研究成果，也涉及到有關唐代樂器編制與組合的問題，同樣是本課題重要的參考資料。

（3）以往唐代樂器組合的專題性研究成果，包括考古學、音樂考古學以及音樂史學的不同研究成果。其中多數是從考古學角度，對唐代墓葬石窟壁畫、石刻、畫像磚包含的樂器組合的內容以及樂器實物等進行介紹、考察，或其中涉及唐代樂器組合的研究。如岸邊成雄、樊一《王建墓棺床石刻二十四樂妓》〔註42〕，秦方瑜《五代南方藝苑的奇葩——王建墓石刻伎樂與南唐顧閎中〈韓熙載夜宴圖〉的比較研究》〔註43〕，舒言《唐樂風采存人間——記前蜀皇帝王建墓石刻伎樂隊》〔註44〕，馮漢驥《前蜀王建墓內石刻伎樂考》〔註45〕，俞松雲《永陵樂舞石刻》〔註46〕，崔陳《淺談長寧漢代石刻體育圖像》〔註47〕，郭曉冰《敦煌莫高窟中天宮伎樂的表現形式及特點》〔註48〕，胡小滿《說「伎」》〔註49〕，劉忠貴《大足石刻中所見的伎樂》〔註50〕，郝樹聲《敦煌懸泉里程簡地理考述（續）》〔註51〕，勞沃格林、方建軍、林達《絲綢之路樂器考》〔註52〕，廖暘《新疆克孜爾石窟早期洞窟研究》〔註53〕，王

〔註41〕馮亞蘭：《探本窮源——論長安古樂之「古」》，《交響》，2005 年第 2 期。

〔註42〕岸邊成雄，樊一：《王建墓棺床石刻二十四樂妓》，《四川文物》，1988 年第 4 期。

〔註43〕秦方瑜：《五代南方藝苑的奇葩——王建墓石刻伎樂與南唐顧閎中〈韓熙載夜宴圖〉的比較研究》，《成都大學學報（社會科學版）》，1988 年第 1 期。

〔註44〕舒言：《唐樂風采存人間——記前蜀皇帝王建墓石刻伎樂隊》，《國際音樂交流》，1994 年第 3 期。

〔註45〕馮漢驥：《前蜀王建墓内石刻伎樂考》，《四川大學學報（哲學社會科學版）》，1957 年第 1 期。

〔註46〕俞松雲：《永陵樂舞石刻》，《中國音樂》，1982 年第 1 期。

〔註47〕崔陳：《淺談長寧漢代石刻體育圖像》，《體育文化導刊》，1990 年第 1 期。

〔註48〕郭曉冰：《敦煌莫高窟中天宮伎樂的表現形式及特點》，《安陽師範學院學報》，2005 年第 4 期。

〔註49〕胡小滿：《說「伎」》，《河北師範大學學報（哲學社會科學版）》，1998 年第 2 期。

〔註50〕劉忠貴：《大足石刻中所見的伎樂》，《四川文物》，1986 年第 S1 期。
秦方瑜：《五代南方藝苑的奇葩——王建墓石刻伎樂與南唐顧閎中〈韓熙載夜宴圖〉的比較研究》，《成都大學學報（社會科學版）》，1988 年第 1 期。

〔註51〕郝樹聲：《敦煌懸泉里程簡地理考述（續）》，《敦煌研究》，2005 年第 6 期。

〔註52〕勞沃格林，方建軍，林達：《絲綢之路樂器考》，《交響》，2004 年第 3 期。

鴻昀《唐代樂舞文化成因與藝術形態考釋》〔註 54〕，王克芬《多元薈萃 歸根中華——敦煌舞蹈壁畫研究》〔註 55〕、《雲岡石窟舞蹈雕像多元風格溯源》〔註 56〕，魏文斌《20 世紀早中期甘肅石窟的考察與研究綜述》〔註 57〕，葉棟《敦煌壁畫中的五弦琵琶及其唐樂》〔註 58〕，于向東《試論莫高窟屏風畫與敦煌變文的關係》〔註 59〕，張寶璽《慶陽北石窟幾則唐代造像銘記》〔註 60〕，莊壯《甘肅炳靈寺石窟第 169 窟佛背光樂伎研究》〔註 61〕、《敦煌壁畫樂隊排列剖析》〔註 62〕、《敦煌壁畫樂伎形式》〔註 63〕、《敦煌壁畫上的吹奏樂器》〔註 64〕、《敦煌壁畫上的打擊樂器》〔註 65〕、《敦煌壁畫上的彈撥樂器》〔註 66〕、《敦煌樂器研製使用的回顧和思考》〔註 67〕、《敦煌樂舞的研究、實踐和發展問題》〔註 68〕、《敦煌音樂舞蹈研究的成果與發展趨勢》〔註 69〕、《豐富多彩的敦煌音樂》〔註 70〕、《復活的敦煌樂器》〔註 71〕、《關於組建「敦煌壁畫樂器演奏團」的構想》〔註 72〕、《論早期敦煌壁畫音樂藝術》〔註 73〕、

〔註 53〕 廖暘：《新疆克孜爾石窟早期洞窟研究》，《新疆藝術學院學報》，2004 年第 1 期。

〔註 54〕 王鴻昀：《唐代樂舞文化成因與藝術形態考釋》，《交響》，2004 年第 2 期。

〔註 55〕 王克芬：《多元薈萃 歸根中華——敦煌舞蹈壁畫研究》，《敦煌研究》，2005 年第 3 期。

〔註 56〕 王克芬：《雲岡石窟 舞蹈雕像多元風格溯源》，《北京舞蹈學院學報》，2005 年第 3 期。

〔註 57〕 魏文斌：《20 世紀早中期甘肅石窟的考察與研究綜述》，《敦煌學輯刊》，2005 年第 1 期。

〔註 58〕 葉棟：《敦煌壁畫中的五弦琵琶及其唐樂》，《音樂藝術》，1984 年第 1 期。

〔註 59〕 于向東：《試論莫高窟屏風畫與敦煌變文的關係》，《東南文化》，2005 年第 4 期。

〔註 60〕 張寶璽：《慶陽北石窟幾則唐代造像銘記》，《敦煌研究》，2000 年第 4 期。

〔註 61〕 莊壯：《甘肅炳靈寺石窟第 169 窟佛背光樂伎研究》，《交響》，2005 年第 3 期。

〔註 62〕 莊壯：《敦煌壁畫樂隊排列剖析》，《音樂研究》，1998 年第 3 期。

〔註 63〕 莊壯：《敦煌壁畫樂伎形式》，《音樂研究》，1993 年第 3 期。

〔註 64〕 莊壯：《敦煌壁畫上的吹奏樂器》，《交響》，2003 年第 4 期。

〔註 65〕 莊壯：《敦煌壁畫上的打擊樂器》，《交響》，2002 年第 4 期。

〔註 66〕 莊壯：《敦煌壁畫上的彈撥樂器》，《交響》，2004 年第 4 期。

〔註 67〕 莊壯：《敦煌樂器研製使用的回顧和思考》，《中國音樂》，1997 年第 4 期。

〔註 68〕 莊壯：《敦煌樂舞的研究、實踐和發展問題》，《藝術導刊》，1996 年第 5 期。

〔註 69〕 莊壯：《敦煌音樂舞蹈研究的成果與發展趨勢》，《人民音樂》，1997 年第 2 期。

〔註 70〕 莊壯：《豐富多彩的敦煌音樂》，《中國音樂》，1983 年第 4 期。

〔註 71〕 莊壯：《復活的敦煌樂器》，《樂器》，1999 年第 6 期。

〔註 72〕 莊壯：《關於組建「敦煌壁畫樂器演奏團」的構想》，《人民音樂》，2004 年第 11 期。

《拓寬敦煌音樂研究的路子》〔註 74〕、《榆林窟、東千佛洞壁畫上的拉絃樂器》〔註 75〕、《榆林窟壁畫伎樂》〔註 76〕、《榆林窟壁畫中的音樂形象》〔註 77〕等研究成果爲本課題的研究提供了豐富的資料基礎。

3、有關唐代宮廷樂器組合的研究

從整體上看，目前對這一課題，仍然缺乏系統的、整體的研究。

本書運用文獻學的方法，在前人基礎上，對各種史籍文獻中有關唐代宮廷樂隊組合的記述，進一步考察梳理，求眞辨異，考鏡源流，以期更眞實更完整地還原唐代宮廷各種樂隊的組合形式，探究其演變過程。另一方面，筆者力求「歷史地」看問題，從發展的角度，從文化傳播的不同層面，多維、立體地考察唐代宮廷樂隊的組合問題。希望通過對唐代宮廷樂隊組合之源流、同異、興衰等問題的深入分析，探索唐代宮廷樂隊組合內在結構的規律及其身後的歷史、文化、政治等諸多原因，這亦是本課題研究中具有一定史學價值、值得開拓的研究領域。

四、唐代宮廷樂器組合形式的分類

樂器是音樂的物質載體，樂隊組合是音樂最直接的物化體現，故以唐代音樂的分類標準來劃分宮廷所用之樂隊組合的種類，是較爲合理的分類方法。本書章節劃分，即本課題對唐代宮廷樂隊組合的分類，考慮到宮廷、太常等下屬樂舞機構的歷史存在，故以相應機構爲經，以音樂性質爲緯加以敘述。

唐代音樂的性質，過去往往簡單區分爲雅樂、燕樂兩大類，以燕樂等同與俗樂。其實這不是一個恰當的好的分類（參閱秦序《「燕樂」並非唐代音樂的一種恰當分類——隋唐樂舞的分類問題》〔註 78〕）。應以任二北先生「以唐治唐」的史學觀念爲指導，尤其應堅持實事求是原則，從唐時宮廷樂舞實際存在的分類來劃分。

〔註 73〕莊壯：《論早期敦煌壁畫音樂藝術》，《中國音樂》，2004 年第 1 期。
〔註 74〕莊壯：《拓寬敦煌音樂研究的路子》，《敦煌研究》，1994 年第 2 期。
〔註 75〕莊壯：《榆林窟、東千佛洞壁畫上的拉絃樂器》，《交響》，2004 年第 2 期。
〔註 76〕莊壯：《榆林窟壁畫伎樂》，《交響》，1988 年第 2 期。
〔註 77〕莊壯：《榆林窟壁畫中的音樂形象》，《中國音樂》，1985 年第 3 期。
〔註 78〕秦序：《「燕樂」並非唐代音樂的一種恰當分類——隋唐樂舞的分類問題》，《交響》，2006 年第 3 期。

唐代掌管宮廷音樂的機構，主要爲太常寺所轄八署中之太樂署與鼓吹署兩大音樂機構，以及玄宗時期所設立的梨園與教坊。

唐代劉貺的《太樂令壁記》佚文，明確記載了關於盛唐時期太樂署所轄宮廷音樂的分類情況。文中將其所轄之宮廷音樂大致分爲「正樂」和「四夷樂」兩大類。「雅樂」有廣義和狹義之分。中卷記述「正樂」，也就是「雅正之樂」，即爲廣義的「雅樂」，一般指郊廟、祭祀和各種朝會、宴饗、典禮等活動所使用的與禮制相配合的樂舞體系。包括雅樂，坐、立二部伎，以及屬於十部樂中的清樂、西涼兩樂。此處「正樂」中所包括的「雅樂」，是狹義的祭祀、朝會、大典所用之雅樂，主要是郊廟祭祀以及皇帝於正殿朝會、大典一類禮儀活動中所使用的大型禮儀性樂舞。且「正樂」、「正聲」這種分類概念，至晚唐時期仍然存在。唐代宮廷樂舞的另一類「四夷樂」，分爲東、南、西、北四方樂舞。「劉貺《壁記》中有關唐代宮廷樂舞分類的記載，清楚表明盛唐如何區分這些樂舞，如何看待這些樂舞的性質特點。」秦序於《「燕樂」並非唐代音樂的一種恰當分類——隋唐樂舞的分類問題》一文中指出，這種唐時宮廷音樂的實際分類「應是我們研究唐代樂舞分類的最重要的參考之一」。

唐代鼓吹署主要掌管鹵簿鼓吹，京城夜警，合朔伐鼓，軍禮之射禮，大儺等這些禮樂之制。此外，鼓吹署還執掌殿庭鼓吹中之「鼓吹十二案」，配合樂懸使用。唐時將鼓吹署與太樂署並立，同隸於太常寺領導之下，將正樂與四夷樂歸於太樂署管轄，而將即不屬於四夷樂，也不屬於正樂的鼓吹樂，獨立一類歸鼓吹署管理。說明在唐代，音樂管理機構的設立及其對所轄音樂的劃分是經過精心考慮的。換言之，這樣一種管理機構的劃分，也同樣反映出鼓吹樂與四夷樂和正樂不屬同類之本質。

教坊是專門管理俗樂的音樂機構。玄宗爲區別雅、俗，改變唐初以來雅、俗樂同隸屬於太常寺的不合理狀況，而另設左、右教坊，於宮內設內教坊，專門教習散樂、百戲、倡優、雜伎等「俗樂」。據《資治通鑒》卷二一一「開元二年」載：「舊制，雅俗之樂，皆隸太常。上（玄宗）曉音律，以太常掌禮樂之司，不應典倡優雜伎，乃更置左、右教坊，以教俗樂。令右驍衛將軍范（安）及爲之使。」唐・杜佑《通典》卷一四六「散樂」條，簡略敘述唐代散樂百戲的歷史沿革，介紹了「橦末伎」、「杯盤舞」、「透飛梯」、「弄椀珠伎」等重要雜技節目，以及「大面」、「撥頭」等「歌舞戲」，隨後指出：「元（玄）宗以其非正聲，置教坊于禁中以處之。」這一記載，從另一側面反映了設置教坊負責散樂、百戲等俗樂教習表演的事實。

此外，梨園是開元時期專爲演奏法曲而設立的音樂機構。唐玄宗挑選技藝尤其傑出的太常坐部伎樂工子弟三百人，集中於禁苑梨園，組成一個龐大的專習絲竹等管絃樂器的樂團，用以演奏「法曲」。《舊唐書・音樂志》載：「玄宗又於聽政之暇，教太常樂工子弟三百人爲絲竹之戲。音響齊發，有一聲誤，玄宗必覺而正之。號爲皇帝弟子。又云梨園弟子，以置院近於禁苑之梨園。太常又有別教院，教供奉新曲。太常每淩晨，鼓笛亂發於太樂署。別教院廩食常數千人。」梨園樂團性質單純，完全是純器樂形式表演「法曲」及部分歌舞，可以說是一個「藝術至上」的純音樂組織。玄宗對此樂隊格外關注，聽政之餘，經常親自加以教習。

故本書主要的章節劃分，是以唐時宮廷音樂的實際分類爲基礎，運用唐人所言其時宮廷音樂之類別稱謂，並對其中章節名稱之概念、性質及外延加以界定而完成的。

五、本書所運用的樂器分類法

任何一門學科都要求把它所研究的對象，看成是由一些相互聯繫、相互作用的若干組成部分系統構成的，具有特定功能和運動規律的整體。在進行研究時，將研究對象內部剖析、割裂，是將研究深入化行之有效的手段與方法。正如恩格斯指出的：「把自然界分解爲各個部分，把自然界的各種過程和事物分成一定的門類，對有機體的內部按其多種多樣的解剖形態進行研究，這是最近四百年來在認識自然界方面獲得巨大進展的基本條件。」〔註 79〕因而若要尋求有秩序的框架來解釋它所研究的事物，就必須借助於分類來實現。

分類就是把一個概念的外延分爲幾個小類的邏輯方法，也是根據事物屬性的同和異把事物集合成類的過程。〔註 80〕任何事物的分類都有其劃分的標準，但是事物的屬性是多方面的，因此劃分時究竟採取哪一種或哪幾種屬性爲標準，則是根據實踐的要求和研究的目的來決定。

唐代宮廷各種樂隊組合形式龐大繁雜，尤其如九、十部樂這樣龐大的樂隊，其中所涉樂器較多，爲了便於研究，首先要考慮如何對它們進行合理的分類。有關樂器的分類問題，自古以來就有許多探索，並形成了各種

〔註 79〕《馬克思 恩格斯選集》，第 3 卷，北京，人民出版社 1995 年版，第 60 頁。
〔註 80〕參見《辭海》，上海辭書出版社，1979 年版（縮印本），第 275 頁。

體系。李哲洋先生曾就世界範圍內各種著名的樂器分類法體系進行了歸納〔註 81〕，它們分別爲中國式樂器分類法、阿拉伯式樂器法、西式樂器分類法、印度式樂器分類法、樂器振動體分類法。而目前學界比較通行的樂器分類法可歸爲兩種：一種是從音樂藝術角度出發，按照組成樂隊各個聲部的管、弦、擊劃分，即西式樂器分類法，這是廣泛用於音樂界的傳統分類法。另一種是 20 世紀初從物理科學角度提出的現代分類法，即以霍－薩分類法爲代表的樂器振體分類法，霍－薩分類法是以德國音樂學家 C・薩克斯和他的合作者奧地利音樂學家 E・M・恩博斯特爾（Erich Moritz Von Hornbostel，1877～1935）的名字命名的樂器分類法。1914 年，二位學者在比利時樂器師、音響學家 V・C・馬依永（Vicher Charies Mahillon，1841～1924）樂器理論的基礎上予以發展，以「發聲的物理特性是劃分的最重要原則」而提出了 HS 樂器分類體系，即體鳴樂器、膜鳴樂器、弦鳴樂器、氣鳴樂器，從而創立了系統的樂器現代分類法，這種分類法較爲合理，有利於對樂器進行科學研究，此分類法目前爲大多數樂器學研究者所採用。然而，基於本書的研究對象與研究目的而言，本書主要是以唐代宮廷各種樂隊的組合形式爲研究對象，而非以研究樂隊中各個樂器的性能等爲主，因霍－薩分類法是以樂器聲源的不同屬性作爲分類依據，故不太適合本書對樂器合奏的研究。若從樂器演奏方式的角度去考慮，將它們分爲擊奏樂器、彈奏樂器和吹奏樂器，此法雖有一定的不足之處，但從本書研究對象的角度而言，也爲了敘述的方便，還是較爲科學、合理的分類。若依照此法，則唐代樂隊中的樂器應做如下劃分（如表 1 所舉示例）：

表 1　唐代樂隊所用樂器分類法示意表〔註 82〕

樂器分類	樂器名稱	
擊奏樂器	旋　律	鍾、磬、方響等
	非旋律	節鼓、羯鼓等
吹奏樂器	笙、簫、笛、竽、吹葉、塤等	
彈奏樂器	琴、瑟、箏、琵琶、箜篌、筑等	

〔註 81〕李哲洋：《樂器的分類》，《中國音樂》，1987 年第 2 期，第 43～45 頁。
〔註 82〕表中所示樂器僅爲分類示意所用，具體各樂隊的樂器分類詳見各章節。

需要說明的是擊奏樂器依是否定音，劃分爲旋律性樂器和非旋律性樂器兩類，非旋律性的擊奏樂器在樂隊中主要起節奏性的功能。

此外，由於彈奏類樂器主要爲弦類樂器，就彈奏類樂器的本質而言，其特徵在於通過外力的作用引起弦體的振動，是演奏者運用手指或通過其他激勵體撥動弦體發出聲響，而唐時筑的演奏主要以擊奏爲主，其弦體振動發出聲響的方式與其他彈奏樂器並無本質不同，且唐代樂隊中多將筑與彈奏類樂器編爲一組，因此出於研究的便利，本書在分類時將擊奏類的絃樂器也一併歸入彈奏類樂器的範疇進行考述。

因此，本書在對各樂部樂隊編制研究時，將以樂器演奏方式作爲初級分類標準，對各種樂器組合中之樂器進行歸類，並對個別樂器加以考辨，且在對其樂隊編制作橫向剖析的同時，與文獻所載前後不同時期不同樂器組合形式進行歷時性的縱向分析，以期梳理出唐代宮廷各樂部演變的歷史形態。

第一章　唐代正樂之樂器組合形式

唐代「雅樂」有廣義和狹義之分。《太樂令壁記》等文獻的「正樂」，也就是「雅正之樂」，即爲廣義的「雅樂」，一般指郊廟、祭祀和各種朝會、宴饗、典禮等活動所使用的與禮制相配合的樂舞體系。包括雅樂，坐、立二部伎，以及屬於十部樂中的讌樂及文康樂、清樂、西涼樂。其概念與外延與本章之名稱「正樂」是相一致的。而「正樂」中所包括的「雅樂」，是狹義的祭祀、朝會、大典所用之雅樂，主要是郊廟祭祀以及皇帝於正殿朝會、大典一類禮儀活動中所使用的大型禮儀性樂舞。

本章是立足於本課題自身的研究目的與側重方面，以本書的研究對象，即樂器組合形式的角度，來度量正樂及雅樂的概念、性質與外延的。

第一節　隋、唐雅樂之樂器組合

本節主要研究狹義的「雅樂」（郊廟祭祀禮樂）樂隊組合爲研究對象，進一步分析當時「雅樂」的概念、性質與外延，考證、探討以樂懸爲主體的唐代宮廷雅樂樂隊的各種組合形式及其發展變化。

南朝王僧虔上表曾云「懸鍾之器，以雅爲用」，闡明雅樂以懸鍾之器爲用，金石以雅樂爲體。金石樂懸的組合形式反映雅樂的規模、等級，可以作爲雅樂的具體表現形式。故本書將雅樂置於其存在的物質層面，並以此來定義雅樂，也可以使本節的研究對象——雅樂樂隊，有明確的判斷標準。本節所研究的唐代的雅樂，主要指太常寺所掌管的，以宮廷郊廟祭祀、朝會大典音樂爲主體的大型儀式音樂。它們的樂器組合，主要是以鍾、磬等大型編懸類樂器爲主體，並加上琴、瑟、笙、簫等絲竹樂器和建鼓等打擊樂器。雅樂的樂器組合必須按照一定的排列方式來演奏，並根據不同的祭祀對象及應用場合，如郊廟、朝會等不同儀式，而配以不同的樂器組合形式，如增減鼓吹樂隊、登歌樂隊或編懸樂器數量等。

與雅樂舞蹈須由出身較高的貴族、官僚子弟以及「良民」子弟來完成不同，雅樂樂器的演奏，一般是由太常專業樂工即社會地位低下的所謂「賤民」（音聲人或樂戶）負責完成的。

狹義的雅樂，除太常寺管轄和演奏者外，還有表演於宮內、由女樂人演奏的「房中樂」等，也運用金石等樂器。

一、以宮懸樂隊爲核心的隋唐雅樂之制

（一）宮懸之樂

隋唐雅樂中，皇帝郊祀、宗廟、朝會時使用的雅樂樂隊，規格最高，樂隊分四廂擺列，即所謂「宮懸」，是隋唐時期雅樂之制的核心內容，亦是最爲重要、最具代表性的雅樂樂隊形式。與其他樂隊相較，這一樂隊組合最直觀的特點在於其演奏時的特殊「樂懸」陳列方式，所以，本書將此樂隊冠名爲「宮懸樂隊」。

隋、唐時期以樂懸爲主體的宮懸樂隊，主要由三組樂隊構成：1、包括以編懸樂器爲主的樂懸樂隊；2、以吹打樂器爲主的鼓吹十二案，即鼓吹樂隊；3、以絲竹樂器爲主的「登歌」樂隊。

（二）軒懸之樂

「軒懸」是皇太子所使用的雅樂樂隊，其規格僅次於皇帝使用的「宮懸」，軒懸樂隊分三面擺列，是隋唐雅樂中一種重要的樂隊組合形式，這種樂隊組合與其他樂隊相比較，最爲直觀的特點也在於其樂隊演奏時的陳列方式，就這點而言與「宮懸」具有相似的特點，本書在記述中將此樂隊冠名爲「軒懸樂隊」。一般而言，隋唐時期軒懸樂隊其主要特點爲三面擺列、樂懸九架、建鼓三具、樂舞六佾，除此四點不同於宮懸樂隊，其餘皆與宮懸之制相同。軒懸之樂的樂隊形式也隨著不同時期宮懸樂隊的變化而發生改變。

隋唐以樂懸爲主體的軒懸樂隊，亦主要由三組樂隊構成：1、包括以編懸樂器爲主的樂懸樂隊；2、以吹打樂器爲主的鼓吹十二案，即鼓吹樂隊；3、以絲竹樂器爲主的「登歌」樂隊。

（三）房中樂

房中樂始於周代，爲後宮祠樂及皇后享用之樂，演奏之樂工均爲女樂。房中樂樂隊編制於隋唐時期經歷了幾次較大的變化：由隋初文帝時期絲竹樂器的編配，至煬帝時期除無建鼓、鎛鍾（以大磬代），其餘與殿庭宮懸皆同的樂隊形式，而在唐代則僅武后時期於樂隊中設鎛鍾。總體而言，隋唐時期房中樂較具代表性的樂隊形式，與當時之宮懸樂隊編制，還是較爲相近的。

《通志》卷四九云：

> 房中樂本周樂，秦改曰《壽人》，漢惠改曰《安世樂》。（原注：右房中樂者婦人禱祠於房中也，故宮中用之。漢房中祠樂乃高祖唐山夫人所作也，高祖好楚聲，故房中樂楚聲也。孝惠二年，使樂府令夏侯寬備其簫管，更名曰安世樂。）隋房內曲二首《地厚》、《天高》。（原注：右高祖龍潛時頗好音樂，常倚琵琶。作歌二首，名曰《地厚》、《天高》。託言夫婦之義，因即取之爲皇后房內曲，命婦人並登歌上壽並用之。）

二、隋朝之雅樂

隋時以樂懸爲核心的雅樂之制的制定，伴隨著期間幾次議樂活動，發生了幾次大的變化。爲便於本書研究，並突出本課題之研究對象，下文依照隋朝雅樂之制的前後變化，將其大致分爲兩個階段。

考述隋唐雅樂之制，有必要對魏晉南北朝以來雅樂之大致情況略加考察。

（一）隋朝之前以宮懸為核心的雅樂之制

《舊唐書》卷二九《音樂志》載昭宗朝宰相李濬上奏議雅樂之制，其論及前朝樂懸之制時云：

> 周、漢、魏、晉、宋、齊六朝，並只用二十架。……今請依周、漢、魏、晉、宋、齊六代故事，用二十架。

其後又云：

> 魏、晉已來，但云四廂金石，而不言其禮，或八架，或十架，或十六架。梁武始用二十六架。……後魏、周、齊皆二十六架。建德中，復梁三十六架。隋文省。煬帝又復之。

《隋書》卷十四《音樂志》云：

> 建德二年十月甲辰，六代樂成，奏於崇信殿。群臣咸觀。其宮

懸，依梁三十六架。〔註1〕

由上引文獻可知，魏、晉時期，所用樂懸爲八架、十架、十六架不等。晉及宋、齊，鍾磬樂懸架數大致相同，以十六架居多，亦有周、漢、魏、晉、宋、齊六朝用樂懸二十架的記述。

梁武帝時（502～549年），始用樂懸二十六架，後增爲三十六架。《通典》卷一四四云：「梁去衡鍾，設十二鎛鍾，各依辰位，而應其律。每一鎛鍾，則設編鍾磬各一簴，合三十六架。植建鼓於四隅。元正大會備用之。」〔註2〕可知梁時將前朝（晉及宋、齊時期）樂懸中所設衡鍾去之，而始設鎛鍾十二架，各依辰位擺列，並植建鼓於四隅。其鍾、磬懸法爲每架編鍾懸鍾21具，即七個正音（宮、商、角、徵、羽及變宮、變徵）、七個低音、七個倍低音。《隋書》卷十五《音樂志》述曰：「初，後周故事，懸鍾磬法，七正七倍，合爲十四。蓋準變宮、變徵，凡爲七聲，有正有倍，而爲十四也……又引《尚書大傳》『謂之七始』，其注云：『謂黃鍾、林鍾、太簇、南呂、姑洗、應鍾、蕤賓也。』歌聲不應此者，皆去之。然據一均言也。宮、商、角、徵、羽爲正，變宮、變徵爲和，加倍而有十四焉。又梁武帝加以濁倍，三七二十一而同爲架，雖取繁會，聲不合古。」〔註3〕

後魏、北周、北齊所用樂懸均爲二十六架。然此期間於北周建德二年（573年），曾復用梁時三十六架樂懸之制。

《通典》卷一四四對晉及宋、齊時期所用的「十六架」樂懸之制有較爲詳細的闡述，其文云：

> 魏杜夔修雅樂，稍備。遭晉喪亂，江左金石不具。本史云，至（晉）孝武帝太元中，破苻堅，獲樂工楊蜀等，正四廂樂，金石始備。
>
> 宋文帝元嘉中，鍾宗之更調金石。十四，奚縱之又改之。晉及宋、齊，懸鍾磬大準相似，皆十六架。黃鍾之宮：北方，北面，編磬起西，其東編鍾，衡大於鎛，不知何代所作，其東鎛鍾。太簇之宮：東方，西面，起北。蕤賓之宮：南方，北面，起東。姑洗之宮：西方，東面，起南。所次皆如黃鍾之宮。設建鼓於四隅，懸內四面，

〔註1〕〔唐〕魏徵、房玄齡、長孫無忌等：《隋書》，北京，中華書局1973年版，第332頁。

〔註2〕〔唐〕杜佑：《通典》，北京，中華書局1984年版，第754頁。

〔註3〕〔唐〕魏徵、房玄齡、長孫無忌等：《隋書》，北京，中華書局1973年版，第354頁。

各有柷敔。諸家著晉史者，皆言太元四年，四廂金石大備。其實樂府止有黃鍾、姑洗、蕤賓、太蔟四格而已。六律不具，何謂四廂？備樂之文，其義焉在？〔註4〕

由此段文獻所載，可知晉及宋、齊時期所用的「十六架」樂懸之制，其樂隊設置大致有以下特點：

1、從樂律學的角度來看，體現了兩個問題：（1）設於同一面的樂懸是建立於同一均或同一調；（2）四面樂懸分立於四均或四調之上。與軒懸等樂隊形式相比較，可演奏四種不同均高或調高的樂曲，其表現能力或應用範圍顯然較其他樂懸形式爲廣。

2、從樂隊擺列方式來看，文中云「黃鍾之宮：北方，北面，編磬起西，其東編鍾，……太蔟之宮：東方，西面，起北。蕤賓之宮：南方，北面，起東。姑洗之宮：西方，東面，起南。」《隋書》卷十五《音樂志》亦云：「參用儀禮及尚書大傳，爲宮懸陳布之法。北方北向，……東方西向，……南方北向，……西方東向」。〔註5〕

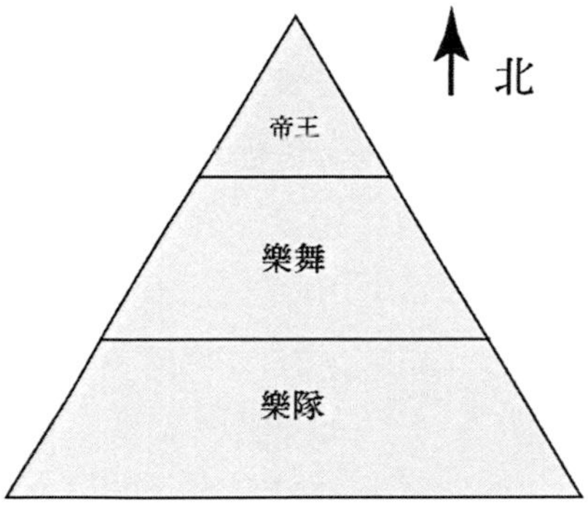

圖1　唐代帝王賞樂方位示意圖

《新唐書》卷二一《禮樂志》載唐時祭祀禮儀所用宮懸之制，曰：「樂縣之制，宮縣四面，天子用之。若祭祀，則前祀二日，大樂令設縣於壇南內壝之外，北向。……設歌鍾、歌磬於壇上，南方北向。磬簴在西，鍾簴在東。」〔註6〕爲我們傳遞出一條較重要的信息，即宮懸樂隊設置與觀演者（主要爲帝王、大臣等）之間的方位配合問題。觀演者係置於樂隊其外，即位於整個樂隊之北面，而非置身於樂隊的中央，即四面樂懸之內。其依據主要有以下三點：一，由文獻所載可知，這組主要由編懸類樂器構成而四面擺列的大型宮懸樂隊，其中擺列於北面及南面的樂懸及樂器，均面朝向北方。二，由樂隊北面、南面樂懸及樂器皆朝北及皇帝其座須朝南，確定了觀賞者是置於樂隊其外的北面。再者歷代帝王大多面南背北而安坐，若將其置於樂隊之內來觀賞演奏，其背後即樂隊北面所陳樂懸、樂器

〔註4〕〔唐〕杜佑：《通典》，北京，中華書局1984年版，第754頁。

〔註5〕〔唐〕魏徵、房玄齡、長孫無忌等：《隋書》，北京，中華書局1973年版，第355頁。

〔註6〕〔宋〕歐陽修：《新唐書》，北京，中華書局1975年版，第462～463頁。

及演奏的樂人，皆背對帝王，這在當時顯然是對皇帝的大不敬之舉，為禮制所不允許，故皇帝置身於四廂樂隊其中觀賞是行不通的。三，從宮懸之樂中樂舞與樂隊及觀賞者三者所處方位來分析：據文獻所述可知，樂舞之隊或位於樂隊之內或位於樂隊其外之北面，《舊唐書》卷二九《音樂志》云：「隋氏二十架，……舞人立於其中。」《通典》卷一四四曰：「大唐造蓬萊宮成，充庭七十二架。武后還東都，乃省之。皇后庭、諸后廟及郊祭二十架，同舞八佾。先聖廟及皇太子朝廟並九架，舞六佾。……舞人列於懸北。……燕享陳清樂、西涼樂。架對列於左右廂，設舞筵於其間。」〔註7〕《舊唐書》卷二九《音樂志》亦言：「唐禮，天子朝廟用三十六架。……武后遷都，乃省之。……舞人列於縣（懸）北。……宴享陳《清樂》、《西涼樂》。架對列於左右廂，設舞筵於其間。」《樂府雜錄》「雅樂部」條曰：「八佾舞則六十四人，文武各半，皆著畫幘，俱在樂懸之北。文舞居東，……武舞居西，……太常卿押樂在樂懸之北面。太樂令、鼓吹令俱在太常卿之後，太樂在東，鼓吹居西。協律郎二人，皆執翬竿，亦用彩翠妝之，一人在殿上。翬竿倒，殿下亦倒，遂奏樂。」據此可知唐時宮懸之樂舞一般或於四廂樂隊其外之北面（由文獻所述，推測隋時樂舞一般列於四面樂懸之內），或列於左右廂之間。僅從視聽效果而言，觀眾在觀看樂隊演奏時，最佳的觀賞方位應為四廂樂懸樂隊之外的北面。其方位大致如圖所示。而宴饗陳清樂、西涼樂樂隊時，樂懸僅為兩面，分左右兩廂而列，樂舞則在兩面樂懸的中間場地表演。

3、就樂隊的樂器配置而言，與文獻所載其後各朝宮懸之制相比較，主要有兩處較大不同：一為樂隊中四面各設有衡鍾，由文獻所述可知衡鍾其形制要比鎛鍾大，雖不能確定為何代所作，然至梁時，宮懸之樂中已將其去之不用；二為樂隊中所設柷、敔四面各一具，共用柷、敔各 4 具。《隋書》卷十四《音樂志》云：「高祖既受命，定令，宮懸四面各二簴，……柷敔各一人。」〔註8〕《隋書》卷十五《音樂志》亦云：「懸內柷、敔各一人，柷在東，敔在西。……晉、宋故事，箱（四廂）別各有柷、敔，既同時戛之，今則不用。」〔註9〕可知柷、敔二器於隋時分別由四具減為一具，從樂隊配器的角

〔註7〕〔唐〕杜佑：《通典》，北京，中華書局 1984 年版，第 754 頁。

〔註8〕〔唐〕魏徵、房玄齡、長孫無忌等：《隋書》，北京，中華書局 1973 年版，第 343 頁。

〔註9〕〔唐〕魏徵、房玄齡、長孫無忌等：《隋書》，北京，中華書局 1973 年版，第 356 頁。

度而言，這種在樂隊演奏中起起樂、止樂作用的重要樂器，過多之反而有可能引起樂隊演奏的混亂，這亦是隋代雅樂樂隊優化、合理化的改進措施的一種體現。

由《通典》卷一四四所述，晉及宋、齊時期所用「十六架」樂懸之制其樂器編配及擺列情況，大致如下圖所示：

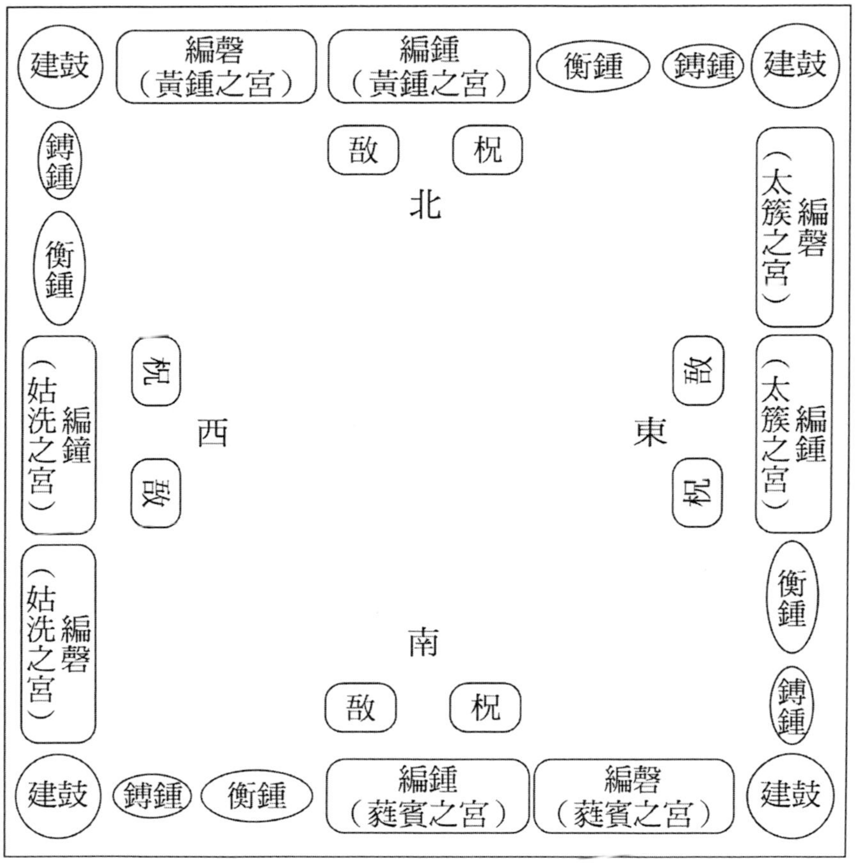

圖 2　晉及宋、齊時期「十六架」樂懸樂隊排列方式示意圖

（二）隋文帝時期——樂懸二十架

1、開皇元年

開皇元年（581 年），隋文帝便開始制禮作樂，定宗廟樂、樂懸、鹵簿鼓吹及朝會用樂之制。對雅樂宮懸、軒懸、登歌、文武二舞的「樂器工衣」皆有明確規定。唯所制雅樂多沿用周樂。

《隋書》卷十四《音樂志》云：

> 高祖既受命，定令，宮懸四面各二虡，通十二鎛鍾，爲二十虡。

虡各一人。建鼓四人，柷敔各一人。歌、琴、瑟、簫、筑、箏、搊箏、臥箜篌、小琵琶，四面各十人，在編磬下。笙、竽、長笛、橫笛、簫、篳篥、篪、塤，四面各八人，在編鍾下，舞各八佾。……天神懸內加雷鼓，地祇加靈鼓，宗廟加路鼓。登歌，鍾一虡，磬一虡，各一人；歌四人，兼琴、瑟；簫、笙、竽、橫笛、篪、塤各一人。……文舞，……左執籥，右執翟。……武弁，……二人執鼗，二人執鐸，二人執鐃，二人執錞。……皇帝宮懸及登歌，與前同。應漆者皆五色漆畫。懸內不設鼓。〔註 10〕

由此段文獻記述開皇元年（581 年）高祖所定宮廷禮樂中，整個宮懸樂隊主要由三組樂隊構成：

一爲「樂懸」樂隊：置宮懸 20 架，分別爲鎛鍾 12 具，每面各 3 具；編鍾 4 架，每面各 1 架；編磬 4 架，每面各 1 架；建鼓 4 具，分別置於四隅；設有柷、敔各一具；每面編磬之下，置琴、瑟、簫（？）、筑、箏、搊箏、臥箜篌、小琵琶與歌工，四面各 10 人，可以看出，這是一組以絲絃樂器爲主的小型樂隊；每面編鍾之下，置笙、竽、長笛、橫笛、簫、篳篥、篪、塤，四面各 8 人，這是一組由吹奏樂器組成的小型樂隊；此外，祭祀天神時，樂懸內加雷鼓，祭祀地祇時加靈鼓，宗廟祭祀時加路鼓。此樂隊中所用樂器 21 種，共由 98 名樂工演奏；祭祀天神、地祇或祭拜宗廟時，所用樂器爲 22 種，可謂是規模較大的樂隊組合形式。

另需加以說明的是，文獻所記於編磬下所置之小型樂隊中，有「簫」此種樂器，比勘隋開皇元年之後及唐時宮懸樂隊之編配情況，編磬之下所置樂隊均爲絲絃類樂器，編鍾之下所置樂隊均爲吹奏類樂器，故筆者懷疑此處文獻所載之「簫」或係訛誤，或爲一其他弦類樂器。

此外，有關每架鍾、磬懸法，《隋書》卷十五《音樂志》中有云：「（隋）初後周故事，懸鍾磬法，七正七倍，合爲十四。蓋準變宮、變徵，凡爲七聲，有正有倍，而爲十四也。」〔註 11〕可見隋建立之初，其鍾、磬懸法依後周舊制，每架編鍾、編磬各懸鍾、磬爲 14 具，分別爲七個正音，即宮、商、角、徵、羽及變宮、變徵，和七個低八度音。

〔註 10〕〔唐〕魏徵、房玄齡、長孫無忌等：《隋書》，北京，中華書局 1973 年版，第 343～344 頁。

〔註 11〕〔唐〕魏徵、房玄齡、長孫無忌等：《隋書》，北京，中華書局 1973 年版，第 354 頁。

二爲「登歌」樂隊：編鍾 1 架，編磬 1 架；歌 4 人（兼彈奏琴、瑟）；琴、瑟共 4 具；簫、笙、竽、橫笛、篪、塤各 1 具。共 10 種樂器，10 名樂工。

三爲「文、武二舞」樂隊：文舞時，舞者左執籥，右執翟，此處「籥」在文舞中的作用，存在兩種可能性，既可以是舞者表演時所使用的舞具，又可以是用以伴奏「文舞」而吹奏的樂器〔註 12〕；武舞亦有其專門的樂器組合，其中䥫 2 具，鐸 2 具，鐃 2 具，二人執錞。是由 4 種擊奏樂器組成的小型樂隊。

《舊唐書》卷二九《音樂志》亦有關於隋時舞隊用樂的記載：「隋氏二十架，……設柷敔於四隅。舞人立於其中。錞于、鐃、鐸、撫拍、舂牘，列於舞人間。」由文獻所記錞于、鐃、鐸、撫拍、舂牘這幾件擊奏樂器的組合形式來看，可推測此亦應是專爲武舞伴奏而使用於舞人隊列間的小型樂隊。文獻中未言明具體爲隋代何時所用雅樂之制，然由「隋氏二十架」可推斷非隋煬帝時期〔註 13〕，雖與《隋書》所載隋初所定武舞樂隊樂器配置有所出入，但亦極有可能爲隋文帝時期〔註 14〕所定武舞伴奏樂隊的一種樂器組合形式。

開皇元年（581 年）隋文帝所定軒懸樂隊之制，《隋書》卷十四《音樂志》述云：「高祖既受命，定令，……皇太子軒懸，去南面，設三鎛鍾於辰、丑、申。三建鼓亦如之。其登歌，去兼歌者，減二人。其簨虡金三博山。樂器漆者，皆硃漆之。其餘與宮懸同。」〔註 15〕可知軒懸樂隊去宮懸樂隊之南面樂懸及樂器；樂隊中設鎛鍾 3 具，分別置於辰、丑、申之位；編鍾、編磬各 3 架；共計陳 9 架樂懸；並僅設建鼓 3 具；登歌樂隊中減歌者 2 人；軒縣之文、武二舞爲六佾；及個別裝飾等與宮懸之制有所不同外，其餘皆同。

作爲隋初雅樂之宮懸樂隊的樂器編配，較之其後隋宮懸之制及唐時宮懸樂隊中樂器的編配，較爲特殊之處是使用了多種外來樂器，如彈奏類樂器中使用了臥箜篌、小琵琶，吹奏類樂器中運用了橫笛〔註 16〕、篳篥。這些外來西域樂器在隋後期及唐時的雅樂樂隊中均未見使用。

開皇二年（582 年），原北齊黃門侍郎顏之推請正雅樂，《隋書》卷十四《音樂志》云：

〔註 12〕有關文舞中「籥」的使用，在下文中亦將有所詳述。

〔註 13〕隋煬帝時期，所用宮懸之制增至爲「三十六架」，詳見下文所述。

〔註 14〕隋文帝時期，宮懸樂隊中列樂懸架數爲「二十架」。

〔註 15〕〔唐〕魏徵、房玄齡、長孫無忌等：《隋書》，北京，中華書局 1973 年版，第 344 頁。

〔註 16〕有關「橫笛」的來源，下文盛唐時期「宮懸中登歌樂隊的樂器編配」一段，有較爲詳細的考述。

> 齊黃門侍郎顏之推上言：「禮崩樂壞，其來自久。今太常雅樂，並用胡聲，請馮（憑）梁國舊事，考尋古典。」高祖不從，曰：「梁樂亡國之音，奈何遣我用邪？」是時尚因周樂，命工人齊樹提檢校樂府，改換聲律，益不能通。俄而柱國、沛公鄭譯奏上，請更修正。於是詔太常卿牛弘、國子祭酒辛彥之、國子博士何妥等議正樂。〔註17〕

顏之推上言「並用胡聲」，所指有二兩種可能：一爲所奏之雅樂，含有胡樂之旋律、調式等；二爲樂隊中，使用著胡樂之樂器。後一所指應包括上文中指出的西域樂器，如臥箜篌、小琵琶、橫笛、篳篥等。顏之推的上言，雖然未獲採納，此舉卻埋下了「開皇樂議」的伏線。

秦漢以來，各種胡樂陸續傳來中原，北朝時期，諸多民族在黃河流域大交流大融合，胡樂大盛，眾多胡樂器活躍於朝野樂壇舞臺。《隋書》卷十四《音樂志》云：「太祖輔魏之時，高昌款附，乃得其伎，教習以備饗宴之禮。及天和六年，武帝罷掖庭四夷樂。其後帝娉皇后於北狄，得其所獲康國、龜茲等樂，更雜以高昌之舊，並於大司樂習焉。採用其聲，被於鍾石，取《周官》制以陳之。」〔註18〕《舊唐書》卷二九《音樂志》亦曰：「周武聘虜女爲后，西域諸國來媵，於是龜茲、疏勒、安國、康國之樂，大聚長安」，說明因北周武帝與突厥「和親」，龜茲、疏勒等西域音樂隨阿史那公主出嫁北周而在中原出現新的興盛。北周音樂與西域音樂高度融合，宮廷雅樂也雜以胡夷之聲，所以隋開皇之初宮廷雅樂中，可以見到臥箜篌、小琵琶、橫笛、篳篥等來自西域的樂器。

剛以「禪讓」方式奪得北周政權的隋文帝，立足未穩，爲了維持「禪讓」假象，鞏固自己的統治，所以排斥南朝音樂，沿用「雜有胡聲」的北周舊樂，故駁回顏之推的建議。但沒過幾年，他就主動地提出了修改雅樂的要求，甚至嫌負責修定舊樂的大臣其進展太慢，「積年議不定」，斥責「我受天命七年，樂府猶歌前代功德邪？」因此時隋文帝覺得自己政權已穩，對仍歌頌前朝的舊樂就愈加反感，所以急不可待地要重新詳定雅樂之制。

開皇樂議的開始，亦是其後雅樂之制發生變化的直接原因，同時亦是臥箜篌、小琵琶、橫笛、篳篥這些西域外來樂器在隋其後的時期及唐時雅樂樂隊中均未見有所使用的重要原因。

〔註17〕〔唐〕魏徵、房玄齡、長孫無忌等：《隋書》，北京，中華書局1973年版，第345頁。

〔註18〕〔唐〕魏徵、房玄齡、長孫無忌等：《隋書》，北京，中華書局1973年版，第342頁。

2、開皇九年

開皇九年（589年）正月，隋師渡江進軍建康，俘獲陳後主，陳朝滅亡。平陳後所得清商樂、樂器和樂官等皆入隋朝宮廷之中。滅陳之後，隋文帝爲了顯示自己是一統天下的眞命天子，受天命繼承了南朝所代表的「正統」，所以一反舊態，將南朝清商樂贊爲「九代遺聲」，奉之爲「華夏正聲」，隨後隋文帝還下詔議樂，以之爲古法，詳定雅樂。《隋書》卷十五《音樂志》載：「開皇九年平陳，獲宋、齊舊樂，詔於太常置清商署，以管之。求陳太樂令蔡子元、於普明等，復居其職。」〔註19〕又云「高祖時，宮懸樂器，唯有一部，殿庭饗宴用之。平陳所獲，又有二部，宗廟郊丘分用之。」〔註20〕《舊唐書》卷二八《音樂志》亦云：「開皇九年平陳，始獲江左舊工及四懸樂器，帝令廷奏之，歎曰：『此華夏正聲也，非吾此舉，世何得聞。』乃調五音爲五夏、二舞、登歌、房中等十四調，賓、祭用之。」

自開皇九年（589年）議樂以重新詳定雅樂，直至十四年（594年）三月，樂定。牛弘、姚察、虞世基等臣上奏，言「臣等伏奉明詔，詳定雅樂，博訪知音，旁求儒彥，研校是非，定其去就，取爲一代正樂，具在本司。」〔註21〕牛弘所定雅樂主要爲樂懸、登歌、文武二舞之制及房中之樂。

樂懸樂隊之編制：

《隋書》卷十五《音樂志》云：

> 開皇九年，平陳，獲宋、齊舊樂……（牛弘等）又參用《儀禮》及《尚書大傳》，爲宮懸陳布之法。北方北向，應鍾起西，磬次之，黃鍾次之，鍾次之，大呂次之，皆東陳。一建鼓在其東，東鼓。東方西向，太簇起北，磬次之，夾鍾次之，鍾次之，姑洗次之，皆南陳。一建鼓在其南，東鼓。南方北向，中呂起東，鍾次之，蕤賓次之，磬次之，林鍾次之，皆西陳。一建鼓在其西，西鼓。西方東向，夷則起南，鍾次之，南呂次之，磬次之，無射次之，皆北陳。一建鼓在其北，西鼓。其大射，則撤北面而加鉦

〔註19〕〔唐〕魏徵、房玄齡、長孫無忌等：《隋書》，北京，中華書局1973年版，第349頁。

〔註20〕〔唐〕魏徵、房玄齡、長孫無忌等：《隋書》，北京，中華書局1973年版，第374頁。

〔註21〕《全隋文》卷二四題作《奏言雅樂定》，《隋書》卷十五《音樂志》中亦有其記載。

鼓。祭天用雷鼓、雷鼗，祭地用靈鼓、靈鼗，宗廟用路鼓、路鼗。各兩設在懸内。

又準《儀禮》，宮懸四面設鎛鍾十二虡，各依辰位。又甲、丙、庚、壬位，各設鍾一虡，乙、丁、辛、癸位，各陳磬一虡。共爲二十虡。其宗廟殿庭郊丘社並同。樹建鼓於四隅，以象二十四氣。依月爲均，四箱同作，蓋取毛傳《詩》云「四懸皆同」之義。古者鎛鍾據《儀禮》擊爲節檢，而無合曲之義。又大射有二鎛，皆亂擊焉，乃無成曲之理。依後周以十二鎛相生擊之，聲韻克諧。每鎛鍾、建鼓各一人。每鍾、磬簨簴各一人，歌二人，執節一人，琴、瑟、箏、筑各一人。每鍾虡，竽、笙、簫、笛、塤、篪各一人。懸内柷、敔各一人，柷在東，敔在西。二舞各八佾。樂人皆平巾幘、絳褠衣。樂器並采《周官》，參之梁代，擇用其尤善者。……晉、宋故事，箱別各有柷、敔，既同時戛之，今則不用。〔註22〕

《通典》卷一四四曰：

隋參用《儀禮》及《尚書大傳》，爲宮懸陳布之法。北方北向，應鍾起西，磬次之，黃鍾次之，林鍾次之，大呂次之，皆東陳。一建鼓在其東，東鼓。東方西向，太蔟起北，磬次之，夾鍾次之，姑洗次之，皆南陳。一建鼓在其南，東鼓。南方北向，中呂起東，黃鍾次之，蕤賓次之，磬次之，林鍾次之，皆西陳。一建鼓在其西，西鼓。西方東向，夷則起南，鍾次之，南呂次之，磬次之，無射次之，皆北陳。一建鼓在其北，西鼓。大射，則徹北面而加鉦鼓。又準《儀禮》，宮懸四面設鎛鍾十二簴，各依辰位。又甲、丙、庚、壬位各設鍾一簴，乙、丁、辛、癸位各陳磬一簴。共爲二十簴。其宗廟殿庭郊丘社並同。樹建鼓於四隅，以象二十四氣。依月爲均，四廂同作，蓋取毛詩傳曰「四懸皆同」之義。古者鎛鍾據儀禮擊爲節檢，而無合曲之義。又大射有二鎛，皆亂擊焉，乃無成曲之理。依後周以十二鎛相生擊之，聲韻克諧。〔註23〕

由《通典》此文可知，其所述隋代樂懸之制爲隋文帝開皇議樂之後所定之制，

〔註22〕〔唐〕魏徵、房玄齡、長孫無忌等：《隋書》，北京，中華書局1973年版，第355～356頁。

〔註23〕〔唐〕杜佑：《通典》，北京，中華書局1984年版，第754頁。

與上段引《隋書》卷十五《音樂志》文所記隋樂懸之制爲同一時期。

《舊唐書》卷二九《音樂志》亦有關於隋時樂懸之制的記載：

> 隋氏二十架，先置建鼓於四隅，鎛鍾方面各三，依其辰位，雜列編鍾、磬各四架於其間。二十六架，則編鍾十二架，磬亦如之。軒縣九架，鎛鍾三架，在辰、丑、申地，編鍾、磬皆三架。設路鼓二於縣內戌、巳地之北。設柷敔於四隅。舞人立於其中。錞于、鐃、鐸、撫拍、舂牘，列於舞人間。

茲參照文獻所述，隋開皇九年至十四年（589～594 年）所定宮懸之樂懸樂隊的樂器配置、陳列方式等，大致如下圖所示：

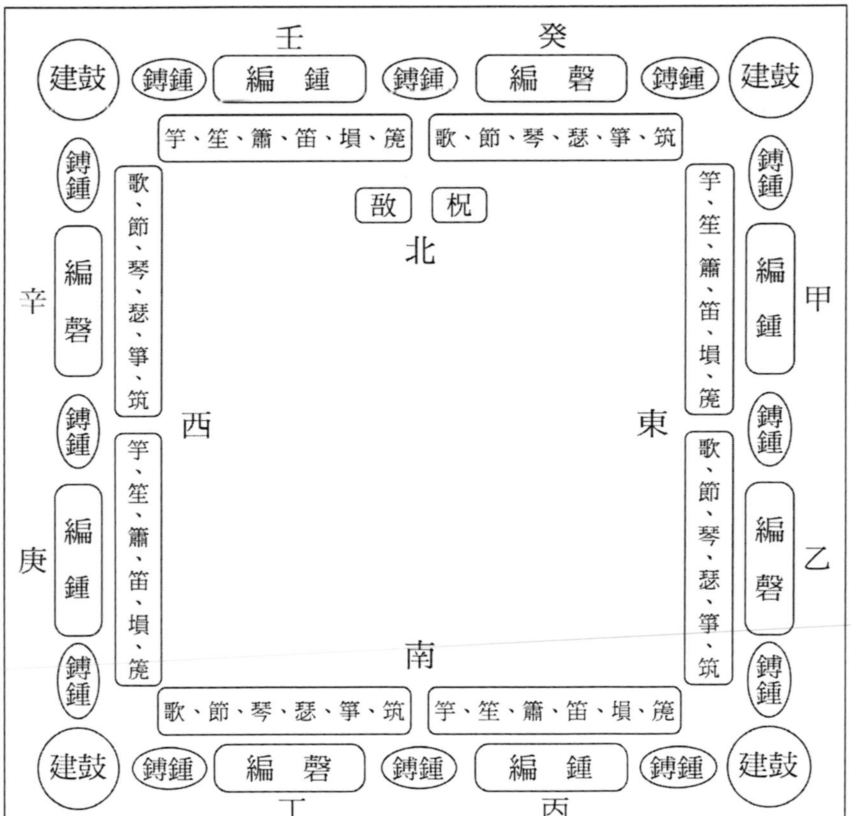

圖 3　隋開皇九年至十四年宮懸之樂懸樂隊排列方式示意圖

由文獻所述，鎛鍾爲 12 具，編鍾、編磬各爲 4 架，均爲 4 面排列，樂懸總數未有改變仍爲 20 架；懸內設柷、敔各 1 具，柷在東，敔在西；四隅各設建鼓 1 具；各面編磬之下設以弦類樂器爲主的小型樂隊，分別由歌 2 人，節 1

具，琴、瑟、箏、筑各 1 具組成；各面編鍾之下置竽、笙、簫、笛、塤、篪各 1 具。此樂隊共計有 17 種、37 件（架）樂器，39 名樂工，爲一大型樂隊組合形式。

鍾、磬懸法：

此外有關每架鍾、磬的懸法，牛弘亦將其重新進行了詳定。《隋書》卷十五《音樂志》述曰：

> 初，後周故事，懸鍾磬法，七正七倍，合爲十四。蓋準變宮、變徵，凡爲七聲，有正有倍，而爲十四也。長孫紹遠引《國語》冷州鳩云：「武王伐殷，歲在鶉火。」自鶉及駟，七位故也。既以七同其數，而以律和其聲，於是有七律。又引《尚書大傳》「謂之七始」，其注云：「謂黃鍾、林鍾、太簇、南呂、姑洗、應鍾、蕤賓也。」歌聲不應此者，皆去之。然據一均言也。宮、商、角、徵、羽爲正，變宮、變徵爲和，加倍而有十四焉。又梁武帝加以濁倍，三七二十一而同爲架，雖取繁會，聲不合古。又後魏時，公孫崇設鍾磬正倍，參懸之。弘等並以爲非，而據《周官．小胥職》「懸鍾磬，半之爲堵，全之爲肆」。鄭玄曰：「鍾磬編懸之，二八十六而在一虡。鍾一堵，磬一堵，謂之肆。」又引《樂緯》「宮爲君，商爲臣，君臣皆尊，各置一副，故加十四而懸十六」。又據漢成帝時，犍爲水濱得石磬十六枚，此皆懸八之義也。懸鍾磬法，每虡準之，懸八用七，不取近周之法懸七也。〔註 24〕

由文獻所述可知，開皇九年樂議之後，每架鍾、磬由隋初懸 14 具，即正音七個（宮、商、角、徵、羽、變宮、變徵）及低音七個，增至 16 具，即每架編鍾、編磬各懸鍾、磬 16 具，依照七聲音階排列，低音爲七個，正音爲七個，又加宮音和商音（分別代表君和臣），共計 16 個音、16 具鍾或磬。關於其編懸序列，楊蔭瀏先生認爲是由低八度的宮音排起，後加的宮音、商音爲正音宮、商二音之高八度音。〔註 25〕然而，在實際演奏時，還是只使用七個正音、七個低音的 14 具鍾或磬。

《舊唐書》卷二九《音樂志》亦云：「古制，雅樂宮縣之下，編鍾四架，

〔註 24〕〔唐〕魏徵、房玄齡、長孫無忌等：《隋書》，北京，中華書局 1973 年版，第 354～355 頁。

〔註 25〕楊蔭瀏：《中國古代音樂史稿》（上冊），北京，人民音樂出版社，1981 年 2 月版，第 249 頁。

十六口。」所言「古制」可能即指隋開皇九年議樂改鍾、磬懸法而使用的「懸八」之制。

登歌樂隊之編制：

牛弘等所定登歌樂隊，其制之淵源均有詳細之解，且有關其所用場合亦均有詳述。

《隋書》卷十五《音樂志》云：

> ……其登歌法，準《禮・效特牲》「歌者在上，匏竹在下。」《大戴》云：「清廟之歌，懸一磬而尚拊搏。」又在漢代，獨登歌者，不以絲竹亂人聲。近代以來，有登歌五人，別陛於上，絲竹一部，進處階前。此蓋《尚書》「戛擊鳴球，搏拊琴瑟以詠，祖考來格」之義也。梁武《樂論》以爲登歌者頌祖宗功業，檢《禮記》乃非元日所奏。若三朝大慶，百辟俱陳，升工籍殿，以詠祖考，君臣相對，便須涕洟。以此說非通，還以嘉慶用之。後周登歌，備鍾、磬、琴、瑟，階上設笙、管。今遂因之。合於《儀禮》荷瑟升歌，及笙入，立於階下，間歌合樂，是燕飲之事矣。登歌法，十有四人，鍾東磬西，工各一人，琴、瑟、箏、筑各一人，並歌者三人，執節七人，並坐階上。笙、竽、簫、笛、塤、篪各一人，並立階下。悉進賢冠，絳公服。斟酌古今，參而用之。祀神宴會通行之。若有大祀臨軒，陳於階壇之上。若冊拜王公，設宮懸，不用登歌。釋奠則唯用登歌，而不設懸。〔註 26〕

登歌樂隊分堂上、堂下兩組小型樂隊。堂上是以絲絃類樂器及鍾、磬爲主的樂隊，有編鍾、編磬各 1 架，編鍾置於東面，編磬置於西面，工各一人，絲絃類樂器琴、瑟、箏、筑各一人，歌者三人，執節七人；堂下是由吹奏樂器組成的小型樂隊，有笙、竽、簫、笛、塤、篪各一人。由文獻所述，此樂隊共需樂工（包括歌工）22 名，與文獻中所言「登歌法，十有四人」之說相矛盾，或許此說不確，或許所指僅爲堂上除演奏鍾、磬樂伎之外的樂工人數。

有關登歌樂隊的運用，也有嚴格的規定。「祀神宴會通行之」（樂懸樂隊和登歌樂隊均要使用）；若有大祀臨軒，需陳於階壇之上；若冊拜王公，則只

〔註 26〕〔唐〕魏徵、房玄齡、長孫無忌等：《隋書》，北京，中華書局 1973 年版，第 357～358 頁。

需設宮懸之樂懸樂隊，而不用登歌樂隊；釋奠則唯用登歌樂隊，而不設樂懸樂隊。據此看來，宮懸之樂中的登歌樂隊既可作爲整個宮懸樂隊的一部分，與樂懸樂隊合作演奏；亦可作爲一個獨立的樂隊進行單獨演奏。故，登歌樂隊的樂器編配也是宮廷樂隊中一種獨立的樂器組合形式。

文、舞二舞樂隊之編制：

《隋書》卷十五《音樂志》云牛弘開皇九年所定文、武二舞之制：

> 又文舞六十四人，並黑介幘，冠進賢冠，絳紗連裳，內單，皁褾、領、襈、裾、革帶，烏皮履。十六人執翿，十六人執帗，十六人執旄，十六人執羽，左手皆執籥。……武舞六十四人，並服武弁，硃褠衣，革帶，烏皮履。左執硃干，右執大戚，依硃干玉戚之文。二人執旌，居前，二人執鼗，二人執鐸。金錞二，四人輿，二人作。二人執鐃次之。二人執相，在左，二人執雅，在右，各工一人作。自旌以下來引，並在舞人數外，衣冠同舞人。《周官》所謂「以金錞和鼓，金鐲節鼓，金鐃止鼓，金鐸通鼓」也。〔註 27〕

由文獻可知，文舞 64 人，其「左手皆執籥」。然由於文獻語焉不詳，所以「籥」在此還無法斷定究竟是舞蹈所用的「舞具」，還是爲舞蹈伴奏而演奏的樂器。若「籥」在表演過程中爲一實用樂器，即用以吹奏的話，可以想見這將是一個由 64 具「籥」進行合奏的宏大場面。〔註 28〕

武舞的樂隊較爲詳明，即鼗 2 具，鐸 2 具，金錞 2 具（「四人輿，二人作」，即 2 具金錞分別由 2 人擡，1 人演奏），鐃 2 具，相 2 具（在左），雅 2 具（在右），「各工一人作」。共由 6 種 12 件擊奏樂器組成。

房中樂之樂隊配置：

此外，牛弘還制定了房中之樂的樂隊配置，提出皇后房內之樂中不可設有「鍾」之器。

《隋書》卷十五《音樂志》云：

> 開皇九年，平陳，獲宋、齊舊樂……弘又修皇后房內之樂，據毛萇、侯苞、孫毓故事，皆有鍾聲，而王肅之意，乃言不可。又陳統云：「婦人無外事，而陰教尚柔，柔以靜爲體，不宜用於鍾。」弘

〔註 27〕〔唐〕魏徵、房玄齡、長孫無忌等：《隋書》，北京，中華書局 1973 年版，第 358 頁。

〔註 28〕有關文舞中「籥」的使用，在下文中亦將有所詳述。

等採肅、統以取正焉。高祖龍潛時，頗好音樂，常倚琵琶，作歌二首，名曰《地厚》、《天高》，託言夫妻之義。因即取之爲房内曲。命婦人並登歌上壽並用之。職在宮内，女人教習之。〔註 29〕

開皇九年至十四年（589～594 年）重新詳定的雅樂樂懸之制，較之開皇元年所定之制，最爲主要的變化在於將臥箜篌、小琵琶、篳篥這些西域外來樂器減去，以正太常之雅樂；樂隊中除個別樂器種類、具數有所變動之外，核心樂器——鎛鍾、編鍾、編磬的數目並未改變，樂懸總數仍爲二十架。

（三）隋煬帝時期——樂懸三十六架

隋煬帝繼位後，於大業元年（605 年）重新議定雅樂，至大業六年（610 年）大造殿庭宮懸樂器，更造三部雅樂宮懸，用於五郊、廟庭、饗宴。據此而言，至隋末共有五部雅樂宮懸樂器。所定雅樂樂隊之編制較之隋文帝時期，其變化主要體現在樂懸樂隊及房中樂之制的更改，雖「雅樂鼓吹，多依開皇之故」〔註 30〕，但其中殿庭鼓吹之制亦有較大改變。

樂懸樂隊之制：

大業六年（610 年）所定樂懸之制主要有：饗宴殿庭宮懸樂隊的樂懸數目由隋文帝時期的 20 架增至 36 架，編鍾、編磬之架數，分別由各 4 架益爲各 12 架，鎛鍾仍爲 12 具；五郊、廟庭、饗宴時，樂隊中均用樂懸 20 架；四隅各加建鼓 2 具；又設「三案」於四隅，此處所云實指鼓吹三案，即樂隊共加設鼓吹十二案。五郊，樂隊所用樂工爲 143 人；廟庭，樂隊所用樂工爲 150 人；饗宴，樂隊所用樂工爲 107 人。

《隋書》卷十五《音樂志》云：

至六年，……又造饗宴殿庭宮懸樂器，布陳簨簴，大抵同前，而於四隅各加二建鼓、三案。又設十二鎛，鎛別鍾磬二架，各依辰位爲調，合三十六架。至於音律節奏，皆依雅曲，意在演令繁會，自梁武帝之始也，開皇時，廢不用，至是又復焉。高祖時，宮懸樂器，唯有一部，殿庭饗宴用之。平陳所獲，又有二部，宗廟郊丘分用之。至是並於樂府藏而不用。更造三部：五郊二十架，工一百四

〔註 29〕〔唐〕魏徵、房玄齡、長孫無忌等：《隋書》，北京，中華書局 1973 年版，第 349～354 頁。

〔註 30〕〔唐〕魏徵、房玄齡、長孫無忌等：《隋書》，北京，中華書局 1973 年版，第 375 頁。

十三人。廟庭二十架，工一百五十人。饗宴二十架，工一百七人。舞郎各二等，並一百三十二人。〔註31〕

殿庭鼓吹之制：

如前所述，煬帝制宴饗殿庭宮懸之制中又加設鼓吹樂隊，依梁所置爲十二案。即由12組小型鼓吹樂隊構成的，每一個小樂隊由錞于、鉦、鐸、軍樂鼓吹等樂器組成。

《隋書》卷十五《音樂志》云：

至大業中，煬帝制宴饗設鼓吹，依梁爲十二案。案別有錞于、鉦、鐸、軍樂鼓吹等一部。案下皆熊羆貙豹，騰倚承之，以象百獸之舞。〔註32〕

軒懸樂隊之制：

隋煬帝所定軒懸之制，與文帝時期所制規格並無較多改變。其樂隊形式具體爲：去宮懸樂隊之南面樂懸及樂器；樂隊中設鎛鍾 3 具，分別置於辰、丑、申之位；編鍾、編磬各 3 架；共計陳 9 架樂懸；並僅設建鼓 3 具；登歌樂隊中減歌者 2 人；軒懸之文、武二舞爲六佾；及個別裝飾等與宮懸之制有所不同外，其餘皆同；故，隨著煬帝時期宮懸樂隊形式的變化，與宮懸樂隊部分形式相同的軒懸樂隊亦隨之發生改變。

《隋書》卷十五《音樂志》云：

（大業六年）皇太子軒懸，去南面，設三鎛鍾於辰、丑、申，三建鼓亦如之。編鍾三虡，編磬三虡，共三鎛鍾爲九虡。其登歌減者二人。簨簴金三博山。樂器應漆者硃漆之。其二舞用六佾。〔註33〕

房中樂之樂隊配置：

大業六年（610年）所定房中樂之樂隊配置，較之文帝時期有較多變化。秘書監柳顧言奏請，於房內樂中益其鍾磬。

《隋書》卷十五《音樂志》云：

顧言又增房內樂，益其鍾磬，奏議曰：「房內樂者，主爲王后

〔註31〕〔唐〕魏徵、房玄齡、長孫無忌等：《隋書》，北京，中華書局1973年版，第373～374頁。

〔註32〕〔唐〕魏徵、房玄齡、長孫無忌等：《隋書》，北京，中華書局1973年版，第382頁。

〔註33〕〔唐〕魏徵、房玄齡、長孫無忌等：《隋書》，北京，中華書局1973年版，第375頁。

絃歌諷誦而事君子，故以房室爲名。燕禮鄉飲酒禮，亦取而用也。故云：『用之鄉人焉，用之邦國焉。』文王之風，由近及遠，鄉樂以感人，須存雅正。既不設鍾鼓，義無四懸，何以取正於婦道也。《磬師職》云：『燕樂之鍾磬。』鄭玄曰：『燕樂，房内樂也，所謂陰聲，金石備矣。』以此而論，房内之樂，非獨弦歌，必有鍾磬也。《内宰職》云：『正后服位，詔其禮樂之儀。』鄭玄云：『薦撤之禮，當與樂相應。』薦撤之言，雖施祭祀，其入出賓客，理亦宜同。請以歌鍾歌磬，各設二虡，土革絲竹並副之，并升歌下管，總名房内之樂。女奴肄習，朝燕用之。」制曰：「可。」於是内宮懸二十虡。其鎛鍾十二，皆以大磬充。去建鼓，餘飾並與殿庭同。〔註 34〕

由文獻可知，內宮房中樂之樂隊中設樂懸 20 架，但其中的 12 架鎛鍾皆以大磬代替，四隅所設的 4 具建鼓去之，其餘樂器之編配、裝飾與殿庭樂懸之制相同。

隋煬帝時期雅樂樂隊所用樂器

雅樂合二十器，擇其形制、演奏方法及於樂隊中之作用，簡要列之如下：

表 2　隋煬帝時期雅樂所用樂器表

<table>
<tr><td rowspan="2">擊奏樂器</td><td>旋律</td><td>金之屬二：一曰鎛鍾，每鍾懸一簨簴，各應律呂之音……二曰編鍾，小鍾也，各應律呂，大小以次，編而懸之。上下皆八，合十六鍾，懸於一簨簴。
石之屬一：曰磬，用玉若石爲之，懸如編鍾之法。</td><td>3 種</td></tr>
<tr><td>非旋律</td><td>革之屬五：一曰建鼓，……靈鼓、靈鼗，並八面。雷鼓、雷鼗，六面。路鼓、路鼗，四面。鼓以桴擊，鼗貫其中而手搖之。又有節鼓……
木之屬二：一曰柷，如桶，方二尺八寸，中有椎柄，連底動之，令左右擊，以節樂。二曰敔，如伏獸，背有二十七鉏鋙，以竹長尺，橫櫟之，以止樂焉。</td><td>7 種</td></tr>
<tr><td colspan="2">彈奏樂器</td><td>絲之屬四：一曰琴……二曰瑟，二十七弦。三曰筑，十二弦。四曰箏，十三弦……</td><td>4 種</td></tr>
</table>

〔註 34〕〔唐〕魏徵、房玄齡、長孫無忌等：《隋書》，北京，中華書局 1973 年版，第 374~375 頁。

吹奏樂器	竹之屬三：一曰簫，十六管，長二尺……二曰篪，長尺四寸，八孔……三曰笛，凡十二孔，漢武帝時丘仲所作者也。京房備五音，有七孔，以應七聲。黃鍾之笛，長二尺八寸四分四釐有奇，其餘亦上下相次，以爲長短。 匏之屬二：一曰笙，二曰竽……笙列管十九，於匏內施簧而吹之。竽大，三十六管。 土之屬一：曰塤，六孔……	6種

綜合以上所作隋代雅樂樂隊編制之考述，可以較爲清晰地看出其時以樂懸爲核心的雅樂樂隊於前後不同歷史時期的變化。

茲將不同時期雅樂樂隊不同的樂器編配列表如下〔註 35〕：

〔註 35〕表中所言「樂工」人數均包括「歌工」人數。

表 3　隋代不同時期雅樂樂隊編制變化表

樂隊名稱＼歷史時期			隋文帝時期		隋煬帝時期
			開皇元年	開皇九年	
（殿庭）宮懸之樂	樂懸樂隊	擊奏樂器	鎛鍾 12 具，編鍾 4 架，編磬 4 架，樂懸共 20 架； 鍾磬懸法爲每架懸鍾或磬 14 具； 建鼓 4 具；柷、敔各 1 具；	鎛鍾 12 具，編鍾 4 架，編磬 4 架，樂懸共 20 架； 鍾磬懸法爲每架懸鍾或磬 16 具； 建鼓 4 具；柷、敔各 1 具；節 1 具；	鎛鍾 12 具，編鍾 12 架，編磬 12 架，樂懸共 36 架；五郊〔註 36〕、廟庭〔註 37〕、饗宴〔註 38〕時，樂隊中均用樂懸 20 架；四隅各加建鼓 2 具；
		彈奏樂器	每面編磬之下，置琴、瑟、簫（？）、筑、箏、搊箏、臥箜篌、小琵琶與歌工，四面各 10 人；	每面編磬之下，置琴、瑟、箏、筑各 1 具；	
		吹奏樂器	每面編鍾之下，置笙、竽、長笛、橫笛、簫、篳篥、篪、塤，四面各 8 人；	每面編鍾之下，置竽、笙、簫、笛、塤、篪各 1 具；	
		共計	共 21 種樂器，98 名樂工；	歌 2 人，共計有 17 種、37 件（架）樂器，39 名樂工；	
	登歌樂隊	擊奏樂器	編鍾 1 架，編磬 1 架；	編鍾 1 架、編磬 1 架；節 7 具；	

〔註 36〕五郊，雅樂樂隊所用樂工爲 143 人。

〔註 37〕廟庭，雅樂樂隊所用樂工爲 150 人。

〔註 38〕饗宴，雅樂樂隊所用樂工爲 107 人。

		彈奏樂器	琴、瑟各1具；	琴、瑟、箏、筑各1具；	
		吹奏樂器	簫、笙、竽、橫笛、篪、塤各1具；	笙、竽、簫、笛、塤、篪各1具；	
		共計	歌4人，共10種、10件（架）樂器，14名樂工；	歌3人，共13種、19件（架）樂器，22名樂工；	
	文、武二舞	擊奏樂器	武舞樂隊爲2人執䕦，2人執鐸，2人執鐃，2人執錞；還有一種武舞樂隊編配形式：錞于、鐃、鐸、撫拍、舂牘；	武舞樂隊爲䕦2具，鐸2具，金錞2具，鐃2具，相2具，雅2具；	
		吹奏樂器	文舞舞者左執籥〔註39〕；	文舞64人，其「左手皆執籥」；	
		共計	武舞樂隊共4種擊奏樂器；另種爲5種擊奏樂器； 文舞樂隊爲1種吹奏樂器；	武舞樂隊共6種、12件擊奏樂器； 文舞樂隊爲1種吹奏樂器；	
	鼓吹十二案				爲12組，每一組均由錞于、鉦、鐸、軍樂鼓吹等擊奏和吹奏樂器構成。
房中樂			開皇元年未詳定房中樂之制；	皇后房內之樂中不可設有「鍾」之器。	12具大磬，編鍾、編磬各4架，共樂懸20架；建鼓去之；其餘樂器之編配、裝飾與殿庭樂懸之制相同。

〔註39〕有關文舞中「籥」的使用，在下文中亦將有所詳述。

三、初唐之雅樂

唐朝初期雅樂之制的變化，大致可劃分爲唐高祖、太宗時期；高宗時期；武后時期。

《新唐書》卷二一《禮樂志》曰：「唐爲國而作樂之制尤簡，高祖、太宗即用隋樂與孝孫、文收所定而已。」〔註 40〕

《通典》卷一四四云：

大唐造蓬萊宮成，充庭七十二架。武后還東都，乃省之。皇后庭、諸后廟及郊祭並二十架，同舞八佾。先聖廟及皇太子朝廟並九架，舞六佾。懸間設柷敔各一，柷於左，敔於右。錞于、撫拍、頓相、鐃、鐸次列於路鼓南。舞人列於懸北。登歌二架，登於堂上兩楹之前。編鍾在東，編磬在西。登歌工人坐堂上，竹人立堂下。殿庭加設鼓吹於四隅。燕享陳清樂、西涼樂。架對列於左右廂，設舞筵於其間。舊皇后庭但設絲管，隋大業尚侈，始置鍾磬，猶不設鎛鍾，以鎛磬代。武太后稱制，用鍾，因而莫革。〔註 41〕

《舊唐書》卷二九《音樂志》亦有類似之言：

唐禮，天子朝廟用三十六架。高宗成蓬萊宮，充庭七十二架。武后遷都，乃省之。皇后廟及郊祭並二十架，同舞八佾。先聖廟及皇太子廟並九架，舞六佾。縣間設柷敔各一，柷於左，敔於右。錞于、撫拍、頓相、鐃、鐸，次列於路鼓南。舞人列於縣北。登歌二架，登於堂上兩楹之前。編鍾在東，編磬在西。登歌工人坐堂上，竹人立堂下，所謂「琴瑟在堂，竽笙在庭」也。殿庭加設鼓吹於四隅。宴享陳《清樂》、《西涼樂》。架對列於左右廂，設舞筵於其間。舊皇后庭但設絲管，大業尚侈，始置鍾磬，猶不設鎛鍾，以鎛磬代。武太后稱制，用鍾，因而不革。

《新唐書》卷二一《禮樂志》：「唐初因隋舊，用三十六虡。高宗蓬萊宮成，增用七十二虡。至武后時省之。開元定禮，始依古著爲二十虡。」〔註 42〕

〔註 40〕〔宋〕歐陽修：《新唐書》，北京，中華書局 1975 年版，第 462 頁。
〔註 41〕〔唐〕杜佑：《通典》，北京，中華書局 1984 年版，第 754 頁。
〔註 42〕〔宋〕歐陽修：《新唐書》，北京，中華書局 1975 年版，第 463 頁。

昭宗時期，因「巢賊干紀，輿駕播遷，兩都覆圮，宗廟悉爲煨燼，樂工淪散，金奏幾亡」〔註 43〕。宰相張浚奉旨修置樂縣，他上呈議置樂懸之制的奏摺中，亦云及唐初樂懸之制：「周、漢、魏、晉、宋、齊六朝，並只用二十架。隋氏平陳，檢梁故事，乃設三十六架。國初因之不改。高宗皇帝初成蓬萊宮，充庭七十二架，尋乃省之。」

（一）第一階段：唐高祖、太宗時期——樂懸三十六架

由以上文獻可看出，唐建朝之初，曾沿用隋煬帝所定雅樂之制，樂懸數目不變，仍爲三十六架。其餘樂隊編制亦多因隋制，未有較多更改。此種雅樂之制在高祖與太宗時期一直使用。

（二）第二階段：高宗時期——樂懸七十二架

至高宗時期（650～683 年），造蓬萊宮殿，樂懸數目由先前的三十六架增至七十二架。這種以 72 架大型編懸類樂器爲核心構成的大型樂隊組合形式，體現了唐時「以鉅爲美」的審美取向。

《舊唐書》卷二八《音樂志》云：

> （高宗）麟德二年十月，制曰：「國家平定天下，革命創制，紀功旌德，久被樂章。今郊祀四懸，猶用干戚之舞，先朝作樂，韜而未伸。其郊廟享宴等所奏宮懸，文舞宜用《功成慶善》之樂，皆著履執拂，依舊服袴褶、童子冠。其武舞宜用《神功破陣》之樂，皆被甲持戟，其執纛之人，亦著金甲。人數並依八佾，仍量加簫、笛、歌鼓等，並於懸南列坐，若舞即與宮懸合奏。其宴樂內二色舞者，仍依舊別設。」

高宗麟德二年（665 年）所昭雅樂之制中，爲武舞伴奏的樂隊中仍適量加簫、笛、歌鼓等吹打樂器，列坐於樂懸的南面，當武舞開始之時這些所加樂器即與宮懸合奏。且文獻中所言「仍」，表明至少於麟德二年之前，爲武舞伴奏的樂隊中便已加入了這些樂器。高宗時期所制的這種爲武舞伴奏而另加樂器的樂隊組合形式，亦爲唐時宮廷樂隊組合中的一種新的樂器編配方式。

（三）第三階段：武后時期——樂懸二十架

武則天時期（685～704 年）雅樂之制發生較多變化，主要體現在殿庭樂懸之制、宗廟祭祀雅樂之制及後庭房中樂之制三個方面。

〔註 43〕〔後晉〕劉昫：《舊唐書》，北京，中華書局 1975 年版，第 1081 頁。

殿庭樂懸數目，由高宗時期的 72 架減爲 20 架，縣間仍設柷敔各 1 具，柷於左，敔於右。

登歌樂隊的編配形式變化不多，樂懸仍爲 2 架，編鍾、編磬各 1 架，登於堂上兩楹之前，編鍾設於東面，編磬設於西面。登歌樂隊仍分堂上、堂下兩個樂隊，堂上樂隊以歌工及弦類樂器爲主，堂下樂隊由吹奏樂器組成，即所謂「登歌工人坐堂上，竹人立堂下」，「琴瑟在堂，竽笙在庭」也。

殿庭鼓吹樂隊的編制仍以「鼓吹十二案」的形式演奏。將 12 組以擊奏、吹奏樂器構成的小型鼓吹樂隊，分 4 組加設於殿庭雅樂樂隊之中，即於殿庭四隅各設 3 組。

文、武二舞樂隊之制，尤其是武舞樂隊，較之先前高宗時期所定樂器配置，亦有較多變化。由文獻所云「錞于、撫拍、頓相、鐃、鐸次列於路鼓南。舞人列於懸北。」〔註 44〕且又由這幾件擊奏樂器的組合形式而言，可推知此有可能爲武則天時期專爲武舞伴奏而使用的小型樂隊，由錞于、撫拍、頓相、鐃、鐸等擊奏樂器構成，次列於路鼓的南面。舞人列於樂懸的北面。

宗廟祭祀雅樂之制，卻由於唐朝政治的變動，即武則天的稱帝而發生了諸多改變。武則天稱帝後，規定諸后廟及郊祭時雅樂樂隊用樂懸 20 架，同舞八佾，而拜祭先聖廟時所用樂懸的規格與皇太子朝廟規格相同，均用樂懸 9 架，舞六佾。

軒懸之樂及皇太子朝廟用樂懸 9 架，舞六佾。

後庭房中樂之制，隋時就發生了幾次主要的變化，由隋文帝時期其樂隊不設「鍾」之制，至隋煬帝改爲置鍾、磬，但不設鎛鍾，鎛鍾由「鎛磬」（即「大磬」）代替。而武后時期，改定其制，定後庭房中樂之樂隊中設鎛鍾，不再以「鎛磬」代其演奏。其樂隊與殿庭宮懸之制相同，設樂懸 20 架，其中陳鎛鍾 12 具，樂舞八佾。

（四）唐（初）宮懸樂隊中所用樂器

唐代「宮懸樂隊」中所使用的樂器，其種類較爲豐富，涵蓋八音之各類。有關記載僅見於《新唐書》卷二一《禮樂志》中：

> 凡樂八音，自漢以來，惟金以鍾定律呂，故其制度最詳，其餘七者，史官不記。至唐，獨宮縣與登歌、鼓吹十二案樂器有數，其餘皆略而不著，而其物名具在。八音：一曰金，爲鎛鍾，爲編鍾，

〔註 44〕〔唐〕杜佑：《通典》，北京，中華書局 1984 年版，第 754 頁。

爲歌鍾，爲錞，爲鐃，爲鐲，爲鐸。二曰石，爲大磬，爲編磬，爲歌磬。三曰土，爲塤，爲䳘，䳘，大塤也。四曰革，爲雷鼓，爲靈鼓，爲路鼓，皆有鼗；爲建鼓，爲鼗鼓，爲縣鼓，爲節鼓，爲拊，爲相。五曰絲，爲琴，爲瑟，爲頌瑟，頌瑟，箏也；爲阮咸，爲筑。六曰木，爲柷，爲敔，爲雅，爲應。七曰匏，爲笙，爲竽，爲巢，巢，大笙也；爲和，和，小笙也。八曰竹，爲簫，爲管，爲篪，爲笛，爲舂牘。此其樂器也。〔註45〕

《新唐書》卷二一《禮樂志》中的此條文獻，與其他文獻對宮懸樂隊中所用樂器按演奏組（如「登歌」、「鼓吹十二案」等）分而述之的方式有所不同，它是依照樂器的材質屬性，即以「八音」的分類加以歸類進行記述的。

茲將《新唐書》卷二一《禮樂志》中所述宮懸樂隊所用樂器列於下表：

表4 《新唐書・禮樂志》所述宮懸樂隊所用樂器表

擊奏樂器	鎛鍾、編鍾、歌鍾、錞、鐃、鐲、鐸、大磬、編磬、歌磬 雷鼓、靈鼓、路鼓（皆有鼗），建鼓、鼗鼓、縣鼓、節鼓、拊、相、柷、敔、雅、應
彈奏樂器	琴、瑟、箏（頌瑟）、阮咸、筑
吹奏樂器	塤、大塤（䳘）、笙、竽、大笙（巢）、小笙（和）、簫、管、篪、笛、舂牘

此外，文中云唐代「宮懸樂隊」中所用「雅」這一樂器，後文「宮懸中武舞鼓吹樂隊之編制」中對其有簡要考述，筆者經考證，推測「雅」應爲一種木製的擊奏樂器。另外，關於此段文字中所云唐代「宮懸樂隊」中所用「應」這一樂器，其他文獻在記錄宮懸樂隊中各個樂隊的具體構成時未見有所涉及。陳暘《樂書》卷一二四《樂圖論・雅部》其「八音木之屬」中有「應」這一樂器條目，並繪有其圖示，其中云：

應，樂猶應之，應物其獲也，小矣。故小鼓謂之應，所以應大鼓所倡之聲也；小舂謂之應，所以應大舂所倡之節也。周官笙師掌教牘長七尺，應則如桶而方，六尺五寸，中象柷，有椎連底，左右相擊，以應柷也，斯不亦大小之辨乎。《禮圖》其形正圓，而外皆朱。《唐樂圖》及《大周正樂》，皆外黑內朱。然以理推之，一在木下爲

〔註45〕〔宋〕歐陽修：《新唐書》，北京，中華書局1975年版，第464頁。

本，上爲末，在木中爲朱，則本之爲物，含陽於內，南方之火所自而藏也，故應以木爲之，而內外朱焉，固其理也，彼持內黑之說，眞臆論歟。

據此可知，「應」爲一種木製的樂器，在樂隊中起「節樂」的作用，爲節奏性樂器。

圖 4《樂書》所繪「應」

《新唐書》此段文獻雖然對唐時宮懸樂隊所用樂器進行了較爲詳細地闡述，然而不足之處在於文中未能言明時間。因唐時宮懸之制及其所使用的樂器種類，前後有所變化，其他相關文獻又未見有與此相一致的記載，所以無法判定以上所列樂器具體爲唐朝何代宮懸樂隊的樂器編配情況。然僅就文獻所載，與盛唐時期宮懸樂隊中個別樂器的記載有差異，如阮咸、鐲、拊、應、舂牘等，也許可以認爲這段文獻所述非盛唐宮懸之制。又將其與其他相關文獻比較，則多接近隋時、唐初宮懸所用樂器，且因唐初樂制多因隋制，所以筆者推測《新唐書》此段文獻記述有可能爲唐初之制。

四、盛唐玄宗朝之雅樂

玄宗朝開元時期社會、政治、經濟各方面均呈現出一派盛世風貌，可謂唐朝最爲繁榮、昌盛的時期，其禮樂之制亦進入中國封建社會歷史上的大繁榮時期。開元年間所制定的宮懸樂隊編制是盛唐時期雅樂的核心內容，亦是其時雅樂樂隊組合形式的代表。《唐六典》卷十四《太常寺》及《通典》卷一四四《樂典》中均有詳細地記述，現將有關內容列於下表，以比照之：

表 5 《唐六典》與《通典》所述開元年間宮懸樂隊編制內容比勘表

宮懸樂隊中的四組樂隊	《唐六典》卷十四《太常寺》	《通典》卷一四四《樂典》
樂懸樂隊	宮縣之樂鎛鍾十二，編鍾十二，編磬十二，凡三十有六簴。（原注：宗廟與殿庭同。郊丘、社稷，則二十簴，面別去編鍾、磬各二簴也。）東方、西方，磬簴起北，鍾簴次之；南方、北方，磬簴起西，鍾簴次之。鎛鍾在編縣之間，各依辰位。四隅建鼓，左柷、右敔。又設笙、竽、笛、簫、篪、塤，繫於編鍾之下；偶歌、琴、瑟、箏、筑，繫於編磬之下。	開元中太樂曲制：……宮懸之樂，鎛鍾十二，編鍾十二，編磬十二，凡三十有六簴。（原注：宗廟與殿庭同。郊丘、社稷，則二十簴，面別去編鍾、磬各二簴。）東方、西方，磬簴起北，鍾簴次之；南方、北方，磬簴起西，鍾簴次之。鎛鍾在於編懸之間，各依辰位。四隅建鼓，左柷、右敔。又設笙、竽、笛、簫、篪、塤，繫於編鍾之下；偶歌、琴、瑟、箏、筑，繫於編磬之下。
鼓吹十二案	其在殿庭前，則加鼓吹十二按於建鼓之外，羽葆之鼓、大鼓、金錞、歌、簫、笳置於其上焉。	其在殿庭前，則加鼓吹十二案於建鼓之外，羽葆之鼓、大鼓、金錞、歌、簫、笳置於其上焉。
登歌樂隊	又設登歌、鍾、磬、節鼓、琴、瑟、箏、筑於堂上，笙、和、簫、塤、篪於堂下。……	又設登歌、鍾、磬、節鼓、琴、瑟、箏、筑於堂上，笙、笳、簫、篪、塤於堂下。……
文、武二舞樂隊	凡宮縣、軒縣之作，則奏二舞以爲眾樂之容，一曰文舞，二曰武舞。宮縣之舞八佾，軒縣之舞六佾。文舞之制：左執籥，右執翟，二人執纛以引之。（原注：文舞六十四人，供郊廟，……）武舞之制：左執幹，右執戚，二人執旌居前；二人執鼗鼓，二人執鐸，四人持金錞，二人奏之，二人執鐃以次之，二人執相在左，二人執雅在右。（原注：武舞六十四人，供郊廟，……）	凡宮懸、軒懸之作，奏二舞以爲眾樂之容，一曰文舞，二曰武舞。宮懸之舞八佾，軒懸之舞六佾。文舞之制：左執籥，右執翟，二人執纛以引之。（原注：文舞六十四人，供郊廟，……）武舞之制：左執幹，右執戚，二人執旌居前，二人執鼗，二人執鐸，四人持金錞，二人奏之，二人執鐃以次之，二人執相在左，二人執雅在右。（原注：武舞六十四人，供郊廟，……）

其它	……凡磬，天地之神用石，宗廟及殿庭用玉。凡有事於天神用雷鼓、雷鼗，地神用靈鼓、靈鼗，宗廟及帝社用路鼓、路鼗，皆建於宮縣之內。	……凡磬，天地之神用石，宗廟及殿庭用玉。凡有事於天神用雷鼓、雷鼗，地神用靈鼓、靈鼗，宗廟及帝社用路鼓、路鼗，皆建於宮懸之內。

比照兩書所載有關開元年間宮懸樂隊之內容，僅登歌樂隊中個別樂器有出入，其餘內容均大致相同，筆者認爲《通典》此段文字應皆出自於《唐六典》。

從文獻所述可以看出，開元年間的宮懸樂隊，主要由四組樂隊構成：1、以編懸樂器爲主的樂懸樂隊；2、以吹打樂器爲主的鼓吹十二案組合，即鼓吹樂隊；3、以絲竹樂器爲主的「登歌」樂隊；4、三組樂隊以外，還有文舞、武舞兩個舞隊，文舞舞者左手均持「籥」〔註 46〕，武舞的舞隊前面，另有專供武舞所用的一個樂隊，此樂隊以擊奏樂器組成，應屬於鼓吹樂隊中的一種。

（一）宮懸之樂懸樂隊

據《唐六典》卷十四《太常寺》所錄：

> 宮縣之樂鎛鍾十二，編鍾十二，編磬十二，凡三十有六簴。……東方、西方，磬簴起北，鍾簴次之；南方、北方，磬簴起西，鍾簴次之。鎛鍾在編縣之間，各依辰位。四隅建鼓，左柷、右敔。又設笙、竽、笛、簫、篪、塤，繫於編鍾之下；偶歌、琴、瑟、箏、筑，繫於編磬之下。

宮懸中樂懸樂隊的編制爲：旋律性擊奏樂器有鎛鍾 12 具，編鍾 12 架，編磬（玉磬）12 架，分四面排列，共 36 架；非旋律性擊奏樂器有建鼓 4 具，柷 1 具，敔 1 具；吹奏樂器有笙、竽、笛、簫、篪、塤；彈奏樂器〔註 47〕有琴、瑟、箏、筑。

具體陳列方式，如下圖所示：

〔註 46〕文舞舞者左手持「籥」而舞，其中關於「籥」的使用，文中另有闡述，至於「籥」在表演過程中是否作爲爲文舞伴奏而吹奏的樂器使用，就目前材料而言，尚難下定論。

〔註 47〕本書所分「彈奏樂器」中包括擊弦類的樂器，如筑。在有關本書樂隊中樂器分類的內容中對此已有所詳述。

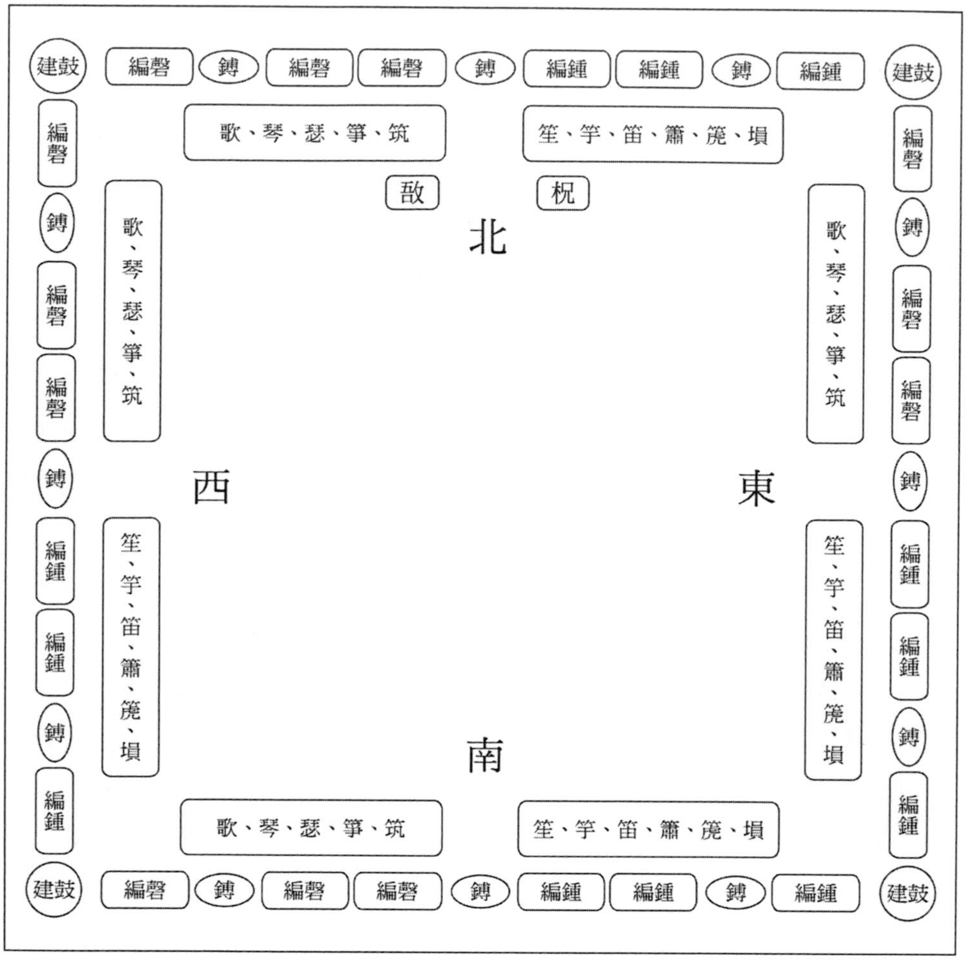

圖 5 《唐六典・太常寺》載宮懸之樂懸樂隊排列方式示意圖

此種 36 架宮懸之制用於宗廟祭祀與殿庭禮儀。而郊丘、社稷禮儀則用 20 架宮懸之制，即鎛鍾 12 具，編鍾 4 架，編磬 4 架，分四面擺列。

此外，《新唐書》卷二一曰：「開元定禮，始依古著爲二十虡。」〔註 48〕其中「始」字明確指出開元定禮之初宮懸之樂開始採用樂懸 20 架，估計此制所用時間較短。結合《唐六典》、《通典》等相關文獻可知，此制隨後用於郊丘、社稷儀禮之中。故，開元所制宗廟、殿庭陳宮懸樂隊形式，經歷了起初爲 20 架後增至爲 36 架這樣一個變化的過程，且 36 架宮懸之制，則成爲盛唐時期最爲主要的宮懸樂隊形式。

〔註 48〕〔宋〕歐陽修：《新唐書》，北京，中華書局 1975 年版，第 463 頁。

（二）宮懸之鼓吹十二案

有關鼓吹十二案的樂隊編制，本書在「唐代鼓吹樂隊及其組合形式」一章中另有詳述。這種於殿庭前、建鼓之外而設立的「十二案」，實爲配合殿庭樂懸而設的大型鼓吹樂隊，它由十二個小型鼓吹樂小組構成，在特別搭製的十二個熊羆架即十二個小型演奏舞臺上演奏。每案即每個小型鼓吹樂組合，主要由鼓吹五部中之羽葆部樂器組成。《新唐書》卷二一《禮樂志》記有各樂器之具體數目：「設鼓吹十二案於建鼓之外，案設羽葆鼓一，大鼓一，金錞一，歌、簫、笳皆二。」〔註49〕可知每一小型樂隊的樂器配置，分別爲羽葆鼓 1，大鼓 1，金錞 1，簫 2，笳 2，即 3 件擊奏樂器，4 件吹奏樂器，也就是由 7 件樂器組成的小型鼓吹樂隊。故，鼓吹十二案即整個大型鼓吹樂隊編配，總計爲羽葆鼓 12，大鼓 12，金錞 12，簫 24，笳 24，即總共 36 件擊奏樂器，48 件吹奏樂器，24 名歌工，係由多達 84 件樂器組成的大型鼓吹樂團。

（三）宮懸之登歌樂隊

有關唐代登歌樂隊的樂器編配，《唐六典》卷十四《太常寺》、《通典》卷一四四《樂典》、《舊唐書》卷四四《職官志》及《新唐書》卷二一《禮樂志》均有記述，兹將各書所錄登歌樂隊之樂器配置列爲下表：

表 6 《唐六典》、《通典》、《舊唐書》及《新唐書》載唐代登歌樂隊樂器編配比對表

登歌樂隊	堂　上	堂　下
《唐六典》	登歌（歌者）、鍾、磬、節鼓、琴、瑟、箏、筑	笙、簫〔註50〕、和簫、篪、塤
《通典》	登歌（歌者）、鍾、磬、節鼓、琴、瑟、箏、筑	笙、笳、簫、篪、塤
《舊唐書》	登歌（歌者）、鍾、節鼓、琴、瑟、箏、笳	笙、和、簫、篪

〔註49〕〔宋〕歐陽修：《新唐書》，北京，中華書局 1975 年版，第 462 頁。

〔註50〕中華書局版的《唐六典》（1992 年版），在此卷校勘記中云：「笙、和、簫、塤、篪於堂下，原本『笙』下別有『簫』字，正德以下諸本皆然。案：《通典・樂四》樂懸作『笙、笳、簫、篪、塤』，《舊唐書・職官志》作『笙、和、簫、篪』，《新唐書・禮樂志十一》作『笙、和、簫、篪、塤』，『笙』下『簫』字畫重出，今刪。」本書以《唐六典》原文爲準。（〔唐〕李林甫等：《唐六典》，北京，中華書局 1992 年版，第 428 頁。）

《新唐書》	歌者 4，鍾 1，磬 1，節鼓 1，琴 1，瑟 1，箏 1，筑 1	笙 1，和簫 1，箎 1，塤 1
《隋書》〔註 51〕	歌者 3，鍾 1，磬 1，執節 7，琴 1，瑟 1，箏 1，筑 1	笙 1，竽 1，簫 1，箎 1，塤 1，笛 1

比照以上四書所記登歌樂之樂器編配，僅《舊唐書》所載較其他三書，相異之處較多。筆者認爲《舊唐書》此段誤漏之處較多，主要有以下幾點：

首先，《舊唐書》此文，「堂上」樂器中出現了「笳」，這與登歌樂隊一般將吹奏樂器即八音之竹類樂器均置於堂下演奏的規範不太符合。《禮記注疏》卷二五有云：「歌者在上，匏竹在下」。《舊唐書》卷二九《音樂志》亦曰：「登歌工人坐堂上，竹人立堂下，所謂『琴瑟在堂，竽笙在庭』也。」顯然，此處之「笳」理應爲「筑」之所誤。

其次，《舊唐書》「堂上」樂器中，未記有「磬」，此又不太符合登歌樂隊中所用樂懸的規範。《舊唐書》卷二九《音樂志》云：「登歌二架，登於堂上兩楹之前。編鍾在東，編磬在西。」顯然，書中前後所記內容不相一致，故前引一段文字中無「磬」字，當爲抄印漏誤所致。

《舊唐書》中有關「宮懸之樂」的此段文字亦爲卷四四《職官志》中記述「太樂令」之職之注文，我們可將此注文與《唐六典》中類似之內容相比勘：

表 7 《唐六典・太常寺》與《舊唐書・職官志》開元時期「宮懸之樂」文字比勘表

《唐六典・太常寺》	《舊唐書・職官志》
宮縣之樂鎛鍾十二，編鍾十二，編磬十二，凡三十有六簨。(宗廟與殿庭同。郊丘、社稷，則二十簨，面別去編鍾、磬各二簨也。) 東方、西方，磬簨起北，鍾簨次之；南方、北方，磬簨起西，鍾簨次之。鎛鍾在編縣之間，各依辰位。四隅建鼓，左柷、右敔。又設笙、竽、笛、簫、篪、塤，繫於編鍾之下；偶歌、琴、瑟、箏、筑，繫於編磬之下。	鎛鍾十二，編鍾十二，編磬十二，共爲三十六架。東方西方，磬簴起北，鍾簴次之。南方北方，磬簴起西，鍾簴次之。鎛鍾在編鍾之間，各依位。四隅建鼓，左柷、右敔。又設巢、竽、笛、管、箎、塤，擊於編鍾之下。偶歌、琴、瑟、箏、筑，擊於編磬之下。

〔註 51〕在此列出隋代登歌樂隊配置，是爲了更爲清晰地比照唐時登歌樂隊之編配，下文將對隋代登歌樂隊稍加詳述。此爲《隋書・音樂志》所載隋代開皇九年至十四年（589～594 年）牛弘之樂中登歌樂隊的編配。

其在殿庭前，則加鼓吹十二按於建鼓之外，羽葆之鼓、大鼓、金錞、歌、簫、笳置於其上焉。	其在殿廷前，則加鼓吹十二案，於建鼓之外，羽葆之鼓、大鼓、金錞、歌、簫、笳置於其上。
又設登歌、鍾、磬、節鼓、琴、瑟、箏、筑於堂上，笙、和簫、塤、篪於堂下。	又設登歌、鍾、節鼓、瑟、琴、箏、笳於堂上，笙、和、簫、篪於堂下。
軒縣之樂：去其南面鎛鍾、編鍾、編磬各三，凡九簨，設於辰、丑、申之位。三建鼓亦如之。餘如宮縣之制。凡宮縣、軒縣之作，則奏二舞以爲眾樂之容……	太子之廷，陳軒懸，去其南面鎛鍾、編鍾、編磬各三，凡九簴，設於辰、丑、申之位。三建鼓亦如之。凡宮懸之作，則奏文武舞，事在音樂志也。

比照兩書中記述「宮懸之樂」中樂懸組合，《舊唐書》卷四四《職官志》中「巢」所指爲「大笙」，《爾雅》、《通典》卷一四四、《新唐書》卷二一《禮樂志》及陳暘《樂書》卷一二三中均有「大笙謂之巢」的相關記載，詳見下文考述。「管」所指爲「管簫」，《爾雅》曰（《文獻通考》卷一三八「管簫」、「筊簫」條引）：「編二十二管，長一尺四寸，曰管。十六管，長尺二寸者，曰筊。」「大簫謂之管，小者謂之筊」。《舊唐書》卷二九亦引《爾雅》：「簫，舜所造也。《爾雅》謂之茭，大曰管，二十三管，修尺四寸。」《記纂淵海》卷七八亦引《爾雅》中所云：「《傳記》大簫謂之管小者謂之筊」。《說略》卷十一亦云：「簫管，《爾雅》有管簫、筊簫」。故可知《舊唐書》此處所云「管」爲「管簫」，是對形制較大的簫的稱謂，與形制較小的「筊簫」相對而言的。據此而言，兩書中有關「宮懸之樂」的樂器配置，除以上兩處對相同樂器「笙」、「簫」名稱相異外，其餘內容及記述之文字均極相似。兩書中有關「鼓吹十二案」、軒懸樂隊及除登歌樂隊之外的其他內容，亦均大體相同。

通過比照，可以發現兩書文字大多相同，筆者認爲《舊唐書》此段史料源出《唐六典》。因此，對於兩書登歌樂隊編配內容的相異之處，還應遵循「以唐治唐」的史學觀念，取捨當以最早的唐人著作爲重。故考證登歌樂隊編配時，應以《唐六典》爲據，佐以《通典》〔註 52〕。

登歌樂隊的「堂下」演奏的樂器種類，《唐六典》卷十四《太常寺》與《通典》卷一四四《樂典》所載亦有不同。中華書局版的（1992 年版）《唐六典》記爲「笙、和、簫、塤、篪於堂下。」此卷校勘記云：「笙、和、簫、塤、篪於堂下，原本『笙』下別有『簫』字，正德以下諸本皆然。案：《通典・樂四》

〔註 52〕上文已述《通典》此段文字亦出自於《唐六典》。

樂懸作『笙、笳、簫、篪、塤』，《舊唐書・職官志》作『笙、和、簫、篪』，《新唐書・禮樂志十一》作『笙、和、簫、篪、塤』，『笙』下『簫』字蓋重出，今刪。」

對於上述幾種典籍中所言登歌堂下樂器，究竟是「簫、和簫」還是「和、簫」的問題，筆者有如下考述。

《通典》卷一四四「八音」中云：「『大笙謂之簧，小笙謂之和』。……《爾雅》曰：『笙十九簧者曰巢，十三簧者曰和。』」〔註53〕《新唐書》卷二一《禮樂志》云：「和，小笙也」，及「巢，大笙也」。〔註54〕陳暘《樂書》卷一二三亦云：「聖朝李照作巢笙，合二十四聲，以應律呂正倍之聲；作和笙，應笙竽合清濁之聲。又自製大笙……」據此可知，「巢」、「和」分別爲大小形制不同的笙的稱謂。北宋政和三年（1113 年）宮廷所頒登歌之制中，其堂下樂器就使用有「巢笙」與「和笙」兩種笙類樂器。

陳暘《樂書》卷一四七《樂圖論・俗部》「八音竹之屬」中列有「和簫」一條，《文獻通考》卷一三八亦列有「和簫」條，兩書均引《景祐廣樂記》之言：「宋樂有唱簫各二人，和簫十人，亦一時制也」。《宋史》卷一二七《樂志》云「景祐三年（1036 年）七月，馮元等上新修《景祐廣樂記》八十一卷」。說明至少於北宋初期，是存在「和簫」這一樂器的，按宋初制樂尤其雅樂的製作，多循唐制。《舊唐書》、《新唐書》述唐宮懸樂隊組合時，「和」與「簫」也均連在一起著述的，而未被其他樂器插記其中。《隋書》卷十五《音樂志》所記隋時登歌樂隊堂下樂器，及《通典》所云，亦均未記載有「和」的使用。故《新唐書》卷二一《禮樂志》載登歌樂隊：「登歌、鍾、磬各一虡，節鼓一，歌者四人，琴、瑟、箏、筑皆一，在堂上；笙、和、簫、篪、塤皆一，在堂下。」〔註55〕《舊唐書》卷四四《職官志》曰：「又設登歌、鍾、節鼓、瑟、琴、箏、笳於堂上，笙、和、簫、篪於堂下。」看來應將這兩句點校爲「笙、和簫、篪……」，將《唐六典》點校爲「笙、簫、和簫、塤、篪於堂下。」

依此說，《唐六典》所載登歌樂隊中有「簫」、「和簫」兩種簫類樂器。由文獻來看，此處存在兩種可能：一種是此處只用和簫一器。另一種是「簫」與

〔註53〕〔唐〕杜佑：《通典》，北京，中華書局 1984 年版，第 753 頁。

〔註54〕〔宋〕歐陽修：《新唐書》，北京，中華書局 1975 年版，第 464 頁。

〔註55〕〔宋〕歐陽修：《新唐書》，北京，中華書局 1975 年版，第 463 頁。

「和簫」爲兩件樂器，二者同用於「堂上」樂中。《說略》卷十一載「簫管」條：「《爾雅》有管簫、筊簫。舜有韶簫，前代有洞簫，隋有歌簫。《唐樂圖》有十八管、二十一管簫。《禮圖》有雅簫、頌簫。漢樂有短簫。洞冥記神女有鳳簫。唐有燕樂簫、清樂簫、教坊簫、唱簫、和簫。」可見，簫有多種。且《景祐廣樂記》亦言：「教坊所用之簫凡十七管，以鬣篥十字記其聲。然清樂部所用十七管，其聲法不同，故並存之。宋樂有唱簫各二人，和簫十人。」可知不同的簫，其「聲法」亦有所不同，宋樂之中便有同時使用「唱簫」、「和簫」的情況。

綜上，此處所言究竟是「簫、和簫」還是「和、簫」，較難得出一個明確的結論。亦存在兩種可能：一種是此處「和」爲一種小型笙類樂器，與大笙「巢」相對；另種可能是「和」在此並非一種笙類樂器之名，而是與其後的「簫」一起，實指「和簫」這一種簫類樂器。

有關堂下樂器的記載，《通典》與《唐六典》的不同，還體現在「笳」、這件樂器的有無，《通典》記堂下樂器爲「笙、笳、簫、篪、塤」；《唐六典》則記爲「笙　、簫、和簫、篪及塤」（此處按第二種可能性點校，即簫與和簫並用。如前文所述，《通典》此段文獻亦應源自《唐六典》，所以，此處之「笳」可能爲傳抄之誤。

另從笳的文化屬性而言，其本屬西域外來樂器，故使其難入「華夏正樂」。《樂書》卷一百三十「蘆笳」條載：「胡人卷蘆葉爲笳，吹之以作樂……」。《文獻通考》卷一三八亦有相似記述。《蔡琰別傳》（《太平御覽》卷五八一引）曰：「……笳者，胡人卷蘆葉，吹之以作樂也，故謂胡笳。」〔註 56〕西晉傅玄《笳賦・序》曰：「吹葉爲聲」。〔註 57〕由此可見，胡笳原爲胡人樂器，西漢時流行於塞北和西域一帶，並開始傳入中原，因而其爲一種少數民族的管類樂器。至唐代，笳、笛〔註 58〕、琵琶、羯鼓、箜篌等這些漢時便已傳入中原的外族樂器，從宮廷至民間，均相當流行，但這些樂器仍不能被運用到宮廷雅樂的

〔註 56〕〔宋〕李昉等：《太平御覽》，北京，中華書局 1960 年版，第 2621 頁。

〔註 57〕〔梁〕蕭統 編、〔唐〕李善 注：《文選注》，卷四十一，見李少卿《答蘇武書》中李善所作注中引。

〔註 58〕段安節《樂府雜錄》「笛」條釋曰：「笛者，羌樂也。」後漢馬融《長笛賦》述曰：「近世雙笛從羌起，羌人筏竹未及已……」故《通典》卷一四四《樂四》引其賦後亦云：「此器起於近代出於羌中……漢靈帝好胡笛。宋書云『有胡篪出於胡吹』，即謂此。」楊蔭瀏認爲笛爲公元前一世紀末期漢武帝時由西域傳入（楊蔭瀏：《中國古代音樂史稿》（上冊），北京，人民音樂出版社，1981 年版，第 127 頁）。

演奏中，其關鍵在於「華」、「夷」觀念之衝突。即使是唐玄宗所喜愛的羯鼓，在宮廷雅樂、正樂的樂隊之中仍未使用，說明「夷夏之別」的觀念在唐人心中還是根深蒂固的，「華夏正音」必須用「華夏舊器」方可演奏。綜合以上分析，筆者認爲「笳」這一西域樂器不應出現在當時的宮懸登歌樂隊中，《通典》所記有所不確。

不同記載中出現的「和」、「簫」、「和簫」、「笳」之誤，尚無法明辨其原因。

綜合以上對登歌樂隊之樂器編配的考述，結合《新唐書》所記各樂器使用數目，可以較爲明確的是，登歌樂隊由兩小組樂隊構成，分別於堂上、堂下演奏。其樂器配置爲：擊奏樂器有鍾 1 架、磬 1 架、節鼓 1，彈奏樂器有琴 1、瑟 1、箏 1、筑 1，此爲一小組樂隊，在堂上演奏，另有歌者 4 人；吹奏樂器有笙 1、簫（？）、和 1（？）、和簫 1（？）、塤 1、篪 1，此又爲一小組樂隊，在堂下演奏。

唐開元年間（713～741 年）登歌樂隊與隋開皇九年至十四年（589～594 年）牛弘所定之樂中登歌樂隊的配置比照

《隋書》卷十五《音樂志》云：「登歌法，十有四人，鍾東磬西，工各一人，琴、瑟、箏、筑各一人，並歌者三人，執節七人，並坐階上。笙、竽、簫、笛、塤、篪各一人，並立階下。」〔註 59〕將唐開元年間登歌樂隊的配置與隋開皇九年至十四年（589～594 年）牛弘所定之樂中登歌樂隊相比照，堂上樂器大致相同，堂下樂器隋代比唐時多「竽」、「笛」各一。可見歷經一百多年，登歌樂隊形式除個別樂器種類、數量有所增減之外，並無較大的變化。

表 8　唐開元年間與隋開皇九年至十四年所製登歌樂隊配置比照表

登歌樂隊	堂上				堂下
樂隊編配	歌者	擊奏樂器		彈奏樂器	吹奏樂器
		旋律	非旋律		
唐開元年間	4	鍾 1 架，磬 1 架	節鼓 1	琴 1，瑟 1，箏 1，筑 1	笙 1，簫（？），和 1（？），和簫 1（？）、，塤 1，篪 1
隋開皇九至十四年	3	鍾 1 架，磬 1 架	執節 7	琴 1，瑟 1，箏 1，筑 1	笙 1，竽 1，簫 1，塤 1，篪 1，笛 1

〔註 59〕〔唐〕魏徵、房玄齡、長孫無忌等：《隋書》，北京，中華書局 1973 年版，第 357 頁。

《隋書》卷十五《音樂志》又云：「後周登歌，備鍾、磬、琴、瑟，階上設笙、管。今遂因之。合於《儀禮》荷瑟升歌，及笙入，立於階下，間歌合樂，是燕飲之事矣。」〔註 60〕筆者認爲唐時開元之登歌樂隊中將「笙」減去，與此亦有很大關係。

《通典》卷一四四「八音」中「笛」條曰：

> 笛，馬融《長笛賦》：「此器起於近代，出於羌中，京房備其五音」，又稱「丘仲工其事」，不言所造。《風俗通》曰：「丘仲造笛，長尺四寸，七孔，武帝時人。後更有羌笛。」二說不同，未詳孰實。今橫笛去觜，其加觜者，謂之義觜笛。（原注：橫笛，小吹篪也。漢靈帝好胡笛。《宋書》云「有胡篪出於胡吹」，即謂此歟。《胡吹歌》云：「快馬不須鞭，拗折楊柳枝。下馬吹橫笛，愁殺路旁兒。」此歌詞元出於北國，知橫笛是北名也。）〔註 61〕

由此段文字可看出，在漢時，馬融認爲笛是羌人樂器，基本上屬於胡樂的範疇，雖稱「丘仲工其事」但未言明是誰所造。《風俗通義》中雲笛爲丘仲所造，而羌笛是其後傳入的。從文獻記載中可以看到，「橫笛」廣泛應用於四夷之樂及受胡樂影響的西涼樂、散樂之中，例如高麗樂、扶南樂、天竺樂、高昌樂、龜茲樂、疎勒樂、安國樂、哥羅國樂，其樂隊中都普遍使用了橫笛。所以，在唐人看來「橫笛」應屬胡樂樂器。丘瓊蓀在考述唐代「笛」時亦云：笛，「古謂之篴，乃直吹之器。橫笛乃外來之器，又稱羌笛。各書中所謂長笛、短笛，其爲直爲橫都不明，姑合而爲一，蓋後世用之吹之笛者甚少。龜茲樂中之笛，《舊唐書》中寫明爲橫笛，《唐六典》同。大約唐人所說的笛，都是橫笛……」〔註 62〕杜佑在注中亦云橫笛爲胡樂之器，但並未直接言明「笛」與「橫笛」之間的區別。有關「笛」之淵源，究竟是中原舊器還是「出於羌中」，還是「未詳孰實」，說明於唐人眼中，「笛」的來源並不明晰。這或許亦是唐時未將「笛」之器用於由純粹「中原舊器」而組成的雅樂之登歌樂隊中的重要原因。

〔註 60〕〔唐〕魏徵、房玄齡、長孫無忌等：《隋書》，北京，中華書局 1973 年版，第 357 頁。

〔註 61〕〔唐〕杜佑：《通典》，北京，中華書局 1984 年版，第 754 頁。

〔註 62〕丘瓊蓀：《燕樂探微》，淩廷堪、林謙三、丘瓊蓀：《燕樂三書》，任中傑、王延齡校，哈爾濱，黑龍江人民出版社，1986 年 7 月版，第 345 頁。

（四）宮懸之文、武二舞樂隊

《唐六典》卷十四《太常寺》及《通典》卷一四四《樂典》均云：「文舞之制：左執籥，右執翟，二人執纛以引之。」先秦樂舞已有文舞、武舞之分，文獻中所云「羽籥之舞」便是指文舞。有關「籥」的考釋，及「籥」作爲一種樂器其名稱、形制、演奏方法等多爲學者們關注，有多篇研究論作。郭沫若《甲骨文字研究・釋和言》〔註 63〕，王子初《漢籥釋解》〔註 64〕、《漢籥再解》〔註 65〕、《漢籥餘解——借覆高德祥君》〔註 66〕，高德祥《說龠》〔註 67〕，王秉義《遠古樂器「籥」考釋》〔註 68〕、《「龠」考辯——答唐樸林先生兼與劉正國先生商榷》〔註 69〕，唐樸林《籥——單管？多管？》〔註 70〕，劉正國《笛乎、籌乎、龠乎——爲賈湖遺址出土的骨質斜吹樂管考名》〔註 71〕等多篇著述。王子初《漢籥餘解——借覆高德祥君》一文論及「羽籥之舞」中舞者所持之「籥」時，指出「並不能從中找到舞人左手所持的龠一定就是樂器的證據」，認爲「將這種舞龠解作『策憚』之『憚』，即古代朝會時的手版」，「比將龠釋作樂器更爲切合」。〔註 72〕

由於文獻語焉不詳，無法斷定「籥」在文舞中的作用，究竟僅是舞者表演時所用舞具，還是可爲舞蹈伴奏而吹奏的樂器。對此問題，本書亦存疑。若「籥」在表演過程中爲一實用樂器，即用以吹奏的話，那麼這便是一個由 64 具「籥」而構成的規模較大的樂隊組合形式，體現了其時由同一種樂器組成大型樂隊進行合奏的宏大場面。

關於武舞鼓吹樂隊之編制，本書第三章「唐代宮廷鼓吹樂之樂器組合形式」有詳細論述。筆者認爲其樂器編配爲：鼗鼓 2 面，鐸、金錞、鐃、相、

〔註 63〕郭沫若：《甲骨文字研究・釋和言》，北京，人民音樂出版社，1952 年 9 月版。

〔註 64〕王子初：《漢籥釋解》，《藝苑》，1984 年第 1 期。

〔註 65〕王子初：《漢籥再解》，《中國音樂學》，1988 年第 2 期。

〔註 66〕王子初：《漢籥餘解——借覆高德祥君》，《中國音樂學》，1993 年第 2 期。

〔註 67〕高德祥：《說龠》，《中國音樂學》，1986 年第 2 期。

〔註 68〕王秉義：《遠古樂器「籥」考釋》，《樂府新聲》，2001 年第 3、4 期。

〔註 69〕王秉義：《「龠」考辯——答唐樸林先生兼與劉正國先生商榷》，《音樂研究》，2004 年第 6 期。

〔註 70〕唐樸林：《籥——單管？多管？》，《樂府新聲》，2002 年第 2 期。

〔註 71〕劉正國：《笛乎、籌乎、龠乎——爲賈湖遺址出土的骨質斜吹樂管考名》，《音樂研究》，1996 年第 3 期。

〔註 72〕王子初：《漢籥余解——借復高德祥君》，《中國音樂學》，1993 年第 2 期。文集《殘鍾錄》，上海音樂出版社，2004 年 7 月版，第 29 頁。

雅各 2 具。由樂器編配看，此樂隊以擊奏樂器組成，屬於鼓吹樂隊中的一種。此外，樂隊中提及「雅」的使用，由《新唐書》卷二一《禮樂志》所錄唐代「宮懸樂隊」中所用樂器一段內容，可知「雅」確爲一種樂器，其材料爲八音之木之屬，由木製成。從另一角度，即由武舞鼓吹樂隊這一樂隊的樂器的演奏屬性來推測的話，「雅」爲一種木製的擊奏樂器的可能性較大，應與同一樂隊中其他樂器一樣。

盛唐開元年間所定宮懸之制的樂隊編制：

綜上，開元年間的宮懸樂隊，主要由四組樂隊構成：

樂懸樂隊：　鎛鍾 12，編鍾 12 架，編磬 12 架，建鼓 4，柷 1，敔 1，琴，瑟，箏，筑，笙，竽，笛，簫，篪，塤；

鼓吹十二案：羽葆之鼓 1，大鼓 1，金錞 1，簫 2，笳 2；

登歌樂隊：　鍾 1 架，磬 1 架，節鼓 1，琴 1，瑟 1，箏 1，筑 1，笙 1，簫（？），和簫 1，塤 1，篪 1；

文舞樂隊：　籥（？）64；

武舞樂隊：　鼗鼓 2，鐸 2，金錞 2，鐃 2，相 2，雅 2。

表 9　開元年間宮懸樂隊組合表

		樂懸樂隊	鼓吹十二案	登歌樂隊	文、武二舞樂隊	
					文舞	武舞
擊奏樂器	旋律	鎛鍾 12，編鍾 12 架，編磬 12 架		鍾 1 架，磬 1 架		
	非旋律	建鼓 4，柷 1，敔 1	羽葆之鼓 1，大鼓 1，金錞 1	節鼓 1		鼗鼓 2，鐸 2，金錞 2，鐃 2，相 2，雅 2
彈奏樂器		琴、瑟、箏、筑	簫 2，笳 2	琴 1，瑟 1，箏 1，筑 1		
吹奏樂器		笙、竽、笛、簫、篪、塤		笙 1，簫（？），和簫 1，塤 1，篪 1	籥（？）64	

（五）軒懸之樂

盛唐時期軒懸之樂的樂隊配置情況，見《唐六典》卷十四《太常寺》〔註 73〕：

> 軒縣之樂：去其南面，鎛鍾、編鍾、編磬各三，凡九簴，設於辰、丑、申之位。三建鼓亦如之。餘如宮縣之制。凡宮縣、軒縣之作，則奏二舞以爲眾樂之容，一曰文舞，二曰武舞。宮縣之舞八佾，軒縣之舞六佾。

可知玄宗朝所定軒懸之樂其樂隊編制等，與先前並無較多變化。其樂隊減去宮懸樂隊之南面樂懸及相關樂器；樂隊中僅設鎛鍾 3 具，分別置於辰、丑、申之位，有編鍾、編磬各 3 架，共計陳列 9 架樂懸；建鼓僅設 3 具；軒懸之舞爲六佾；其餘與宮懸之制相同。

（六）房中之樂

玄宗朝將武則天時期所定房中樂之制重加詳定。《唐六典》卷十四《太常寺》云：「凡中宮之樂，則以大磬代鍾、鼓，餘如宮縣之制。」《通典》卷一四四亦云：「（開元中太樂曲制）凡中宮之樂，則以大磬代鍾、鼓，餘如宮懸之制。」〔註 74〕可知盛唐時期，宮中所用「房中之樂」其樂隊中不設「鍾」，仍以大磬代其而懸，四隅也不植建鼓。筆者推測其中所言「鍾」有可能僅指「鎛鍾」，並非指（或包括）編鍾。依據有以下幾點：其一，以大磬代替鎛鍾，不設鼓的這種房中樂之制，於玄宗朝之前亦曾設立，且此種樂隊形式始於隋煬帝時期，《隋書》卷十五《音樂志》曰：「於是內宮懸二十虡。其鎛鍾十二，皆以大磬充。去建鼓，餘飾並與殿庭同。」〔註 75〕隋煬帝將後庭房中樂中始置鍾、磬，但不設鎛鍾，鎛鍾由「鎛磬」（即「大磬」）代替。唐初雅樂多因隋制，故初唐時期房中樂亦應爲煬帝時之樂隊形式。而武后時期，改定其制，定後庭房中樂樂隊中設鎛鍾，而不再以「鎛磬」代其演奏。且《新唐書》卷

〔註 73〕《通典》卷一四四亦有此云：「開元中太樂曲制：凡天子宮懸，太子軒懸。……軒懸之樂，去其南面鎛鍾、編鍾、編磬各三，凡九簴，設於辰、丑、申之位，三建鼓亦如之，餘如宮懸之制。凡宮懸、軒懸之作，奏二舞以爲眾樂之容：一曰文舞，二曰武舞。宮懸之舞八佾，軒懸之舞六佾。」（〔唐〕杜佑：《通典》，北京，中華書局 1984 年版，第 754 頁。）

〔註 74〕〔唐〕杜佑：《通典》，北京，中華書局 1984 年版，第 755 頁。

〔註 75〕〔唐〕魏徵、房玄齡、長孫無忌等：《隋書》，北京，中華書局 1973 年版，第 374～375 頁。

二一《禮樂志》載唐時宮懸之制亦云：「若皇后享先蠶，則設十二大磬，以當辰位，而無路鼓。」〔註 76〕文中雖未言明其爲唐朝何代所用之制，但可說明以大磬代鎛鍾、不設鼓的這種房中樂之制在唐時亦是實行的。而且下文對《新唐書》此段文獻所述之制究竟爲唐代何時所實行的問題進行了考述，其中論證內容可詳見下文。筆者推測此制實行時期有兩種可能性：一爲武則天之後至玄宗朝開元禮之初這段時期；二爲昭宗朝時期。經再辨析，文獻所言之制實行時間爲盛唐初期，即第一種推測的可能性較大。若爲盛唐初期，當包括玄宗朝開元禮之初這段時期所用之制，那麼便可說明《唐六典》、《通典》所言「以大磬代鍾」，其「鍾」實指「鎛鍾」，而非（或包括）編鍾。其二，大磬與鎛鍾均爲單懸一具的樂器，若如《唐六典》、《通典》所言「以大磬代鍾」，其不合理之處在於單件、不成編列的大磬，在樂隊中無法代替編列成組的編鍾的演奏作用，所以由大磬代替同爲非編懸的鎛鍾，較爲合理。此外，鎛鍾在隋唐雅樂樂隊中，其儀式性象徵功用遠遠大於它在實際演奏中音樂表現的作用，作爲等級劃分的一種標誌性樂器，常因用樂者身份的不同而被其他樂器替代。大磬因其在樂隊中具有與鎛鍾較多的相似性，所以常被作爲替代樂器。

五、中唐之雅樂

天寶十四年（755 年）十一月，安祿山於范陽起兵謀反，南下進攻唐朝，於至德元年（756 年）五月攻入長安。直至廣德元年（763 年）初，唐王朝歷時八年才將「安史之亂」平定。這次叛亂致使盛唐王朝之典章制度破壞殆盡，宮廷樂器或毀、或失，宮廷樂工四散逃亡，尤其是雅樂金石之器幾乎盡亡，其中許多樂器及太常、教坊樂工，被安祿山俘獲攜入洛陽。《安祿山事迹》云：「祿山僞官屬等，全擄府庫兵甲、文物、圖籍，宜春、雲韶、犀象、舞馬、掖庭後宮皆沒焉。」〔註 77〕《舊唐書》卷二八《音樂志》載：「天寶十五載，玄宗西幸，祿山遣其逆黨載京師樂器樂伎衣盡入洛城。」《資治通鑑》卷二一八亦云：「初上皇每酺宴，先設太常雅樂、坐部、立部，繼以鼓吹、胡樂、教坊、府縣散樂、雜戲，又以山車、陸船載樂往來，又出宮人舞霓裳羽衣，又教舞馬百匹銜杯上壽，又引犀象入場或拜、或舞。安祿山見而悅之，既克長

〔註 76〕〔宋〕歐陽修：《新唐書》，北京，中華書局 1975 年版，第 463 頁。
〔註 77〕〔唐〕姚汝能：《安祿山事迹》，北京，中華書局 2006 年版，第 106 頁。

安，命搜捕樂工，運載樂器舞衣，驅舞馬、犀象皆詣洛陽。……祿山宴其群臣於凝碧池，盛奏眾樂，梨園弟子往往歔欷泣下，賊皆露刃睨之，樂工雷海清不勝悲憤，擲樂器於地，西向慟哭。祿山怒縛於試馬殿前支解之。」

肅宗於寶應元年（762 年）還京師，見太廟被安祿山叛軍焚毀，宮廷禮器、樂器、樂工所剩無幾，便於光順門外設次，向廟哭祭。《舊唐書》卷二十五《禮儀志》曰：「寶應元年，肅宗還京師，以宗廟爲賊所焚，於光順門外設次，向廟哭。」且肅宗在行郊廟祭祀之儀時，僅設有登歌樂隊，而樂懸樂隊及文、武二舞皆未備有。肅宗收復兩京，將行大禮時，所需之樂器工衣盡闕，便下詔命禮儀使太常少卿於休烈等臣趕造，樂工及文、舞二舞才又備矣。《舊唐書》卷二四《禮儀志》云：「自至德二載收兩京，唯元正含元殿受朝賀，設宮懸之樂，雖郊廟大祭，只有登歌樂，亦無文、武二舞。其時軍容使魚朝恩知監事，廟庭乃具宮懸之樂於講堂前，又有教坊樂府雜會，竟日而罷。」《舊唐書》卷二八《音樂志》「尋而肅宗克復兩京，將行大禮，禮物盡闕。命禮儀使太常少卿於休烈使屬吏與東京留臺領，赴於朝廷。詔給錢，使休烈造伎衣及大舞等服，於是樂工二舞始備矣。」

在其後於休烈等臣的主持之下，唐王朝雅樂之制才又逐漸恢復起來。乾元元年（758 年）三月，肅宗於麟德殿親觀考擊新造之鍾磬。自此，宮廷才具備雅樂所用之樂懸一部，唐王朝宮廷雅樂之制才又得以重新建立起來。

《舊唐書》卷二八《音樂志》云：

> 乾元元年三月十九日，上以太常舊鍾磬，自隋已來，所傳五聲，或有差錯，謂於休烈曰：「古者聖人作樂，以應天地之和，以合陰陽之序。和則人不夭箚，物不疵癘。且金石絲竹，樂之器也。比親享郊廟，每聽樂聲，或宮商不倫，或鍾磬失度。可盡供鍾磬，朕當於內自定。」太常進入，上集樂工考試數日，審知差錯，然後令再造及磨刻。二十五日，一部先畢，召太常樂工，上臨三殿親觀考擊，皆合五音，送太常。

代宗朝，皇帝重佛，對宮廷雅樂之制並無太多變動，只是將開元故禮作進一步的恢復。史載永泰二年即大曆元年（766 年）國子學恢復宮懸之樂，然其中有關宮廷雅樂樂隊具體編制的內容則未有記述。

據文獻所載，安史亂後，肅宗時曾造樂懸一部，但未見有典籍詳述當時雅樂之制及樂隊具體構成。故無法判明自肅宗朝後，一直到昭宗即位（889 年）

前這段時期，唐王朝雅樂樂隊之具體編制情況。然昭宗朝宰相張浚上奏議定雅樂之制有言：「臣伏準舊制，太廟含元殿並設宮縣三十六架，太清宮、南北郊、社稷及諸殿庭，並二十架。今修奉樂懸，太廟合造三十六架，臣今參議，請依古禮用二十架。」《新唐書》卷二一《禮樂志》中亦云：「至昭宗時，宰相張浚已修樂縣，乃言：舊制，太清宮、南北郊、社稷及諸殿廷用二十虡，而太廟、含元殿用三十六虡，濬以為非古，而廟廷狹隘，不能容三十六，乃復用二十虡。而鍾虡四，以當甲丙庚壬，磬虡四，以當乙丁辛癸，與《開元禮》異，而不知其改制之時。」〔註 78〕由張浚所云「舊制」及依其制而修造樂懸三十六架，然又請奏「依古禮用二十架」，可推測「舊制」可能指「開元禮」或（包括）「開元後禮」〔註 79〕，並且文獻中亦未見肅宗朝至昭宗朝前，更改或重定雅樂樂隊之制的記述，應是一直沿用玄宗朝所定樂懸之制，即宗廟祭祀與殿庭禮儀用 36 架宮懸之制，郊丘、社稷禮儀則陳 20 架，而此制恰與張浚所言「舊制」相一致。換言之，若昭宗朝之前，其殿庭設宮懸之制為二十架，那麼昭宗朝宰相李濬在上奏議雅樂之制時就不會進言「臣今參議，請依古禮用二十架」〔註 80〕，及「今請依周、漢、魏、晉、宋、齊六代故事，用二十架」〔註 81〕等此類的話語。由此，大致可以排除肅宗至僖宗時期殿庭設二十架宮懸之制的可能。

綜上，可以推知肅宗至昭宗朝之前，其宮懸之制一直沿用玄宗舊制，即太廟含元殿宮懸樂隊中設樂懸為 36 架，太清宮、南北郊、社稷及諸殿庭所用樂隊中設樂懸為 20 架。

六、晚唐之雅樂

經安史之亂、黃巢起義兩次動亂之後，唐王朝日趨衰落。《舊唐書》卷二九《音樂志》載：「廣明初，巢賊干紀，輿駕播遷，兩都覆圮，宗廟悉為煨燼，樂工淪散，金奏幾亡。及僖宗還宮，購募鍾縣之器，一無存者。」《新唐書》卷二十一《音樂志》亦載：「其後黃巢之亂，樂工逃散，金奏皆亡。」〔註 82〕廣明初年（880 年），黃巢起義之後，兩京殘破，樂工淪散，鍾、磬這種大型

〔註 78〕〔宋〕歐陽修：《新唐書》，北京，中華書局 1975 年版，第 463 頁。

〔註 79〕「開元後禮」是德宗貞元至憲宗元和年間所修定之禮，主要為開元以後所定禮儀之制。

〔註 80〕〔北宋〕王溥：《唐會要》，北京，中華書局 1955 年版，第 599 頁。

〔註 81〕〔後晉〕劉昫：《舊唐書》，北京，中華書局 1975 年版，第 1083 頁。

〔註 82〕〔宋〕歐陽修：《新唐書》，北京，中華書局 1975 年版，第 462 頁。

編懸樂器幾乎遺失散盡，僖宗由蜀地回至長安，購募鍾懸之器，卻沒有一件遺存下來。昭宗即位後，便命殷盈孫重新製作。殷盈孫是晚唐禮樂製作的代表人物，《舊唐書》卷一一五《殷盈孫傳》載他於光啓二年冬（886 年）隨僖宗從四川入長安，他最重要的貢獻是依《周禮》重製宮懸之器。

> 昭宗即位，將親謁郊廟，有司請造樂縣，詢於舊工，皆莫知其制度。修奉樂縣使宰相張濬悉集太常樂胥詳酌，竟不得其法。時太常博士殷盈孫深於典故，乃案周官考工記之文，究其欒、銑、于、鼓、鉦、舞、甬之法，沉思三四夕，用算法乘除，鏄鍾之輕重高低乃定。懸下編鍾，正黃鍾九寸五分，下至登歌倍應鍾三寸三分半，凡四十八等。口項之量，徑衡之圍，悉爲圖，遣金工依法鑄之，凡二百四十口。鑄成，張濬求知聲者處士蕭承訓、梨園樂工陳敬言與太樂令李從周，令先校定石磬……。〔註 83〕

可見至唐末，無論是樂官還是樂工，宮廷之中已無人知曉製作鍾磬之古法，這次樂懸的重製，完全是殷盈孫依《周禮・考工記》鑄造而成。說明雅樂樂隊的核心樂器——編鍾、編磬這種大型編懸類樂器的製造方法，已於此時產生了斷裂，這當然會對雅樂樂隊形成一定的負面影響。

尤其黃巢起義後，昭宗還京，宗廟被焚毀，未及修葺，以少府監暫代太廟，但因其殿庭甚爲狹窄，所以當時朝廷中有關設立樂懸架數的觀點多有不同。《唐會要》卷三三載昭宗朝宰相李濬上奏議雅樂之制，云：

> 臣伏準舊制，太廟含元殿並設宮縣三十六架，太清宮、南北郊、社稷及諸殿庭，並二十架。今修奉樂懸，太廟合造三十六架，臣今參議，請依古禮用二十架。伏自兵興已來，雅樂淪缺，將爲修奉，事實重難。變通宜務於酌中，損益當循於寧儉。臣聞諸舊史，昔武王定天下，至周公相成王，始暇制樂。魏初無樂器及伶人，後稍得登歌食舉之樂。明帝太寧末，詔增益之。咸和中，鳩集遺逸，尚未有金石之音。至孝武太元中，四廂金石始備，郊祀猶不舉樂。宋文帝元嘉九年，初調金石。二十四年，南郊始設登歌，廟舞尚闕。孝武孝建中，有司奏郊廟宜設備樂，始爲詳定。故後魏孝文太和初，司樂上書，陳樂章有闕，請集群官議定，廣修器數，正立名品。詔雖行之，仍有殘缺。隋文踐阼，太常議正

〔註 83〕〔後晉〕劉昫：《舊唐書》，北京，中華書局 1975 年版，第 1081～1082 頁。

雅樂，九年之後，唯奏黃鍾一宮，郊廟止用一調。（原注：據禮文，每一代之樂，二調並奏，六代之樂，凡十二調。）其餘聲律，皆不復通。高祖受隋禪，軍國多務，未遑改創，樂府尚用隋氏舊文。武德九年，命太常考正雅樂。貞觀二年，考畢上奏。蓋其事體大，故歷代不能速成。

關於宮懸之制，李濬在請奏時亦有詳述，《舊唐書》卷二九載：

伏以俯逼郊天，式修雅樂，必將集事，須務相時。今者帑藏未充，貢奉多闕，凡闕貨力，不易方圓，制度之間，亦宜撙節。臣伏惟《儀禮》宮懸之制，陳鎛鍾二十架，當十二辰之位。甲、丙、庚、壬，各設編鍾一架；乙、丁、辛、癸，各設編磬一架，合爲二十架。樹建鼓於四隅。當乾、坤、艮、巽之位，以象二十四氣。宗廟、殿庭、郊丘、社稷，皆用此制，無聞異同。周、漢、魏、晉、宋、齊六朝，並只用二十架。隋氏平陳，檢梁故事，乃設三十六架。國初因之不改。高宗皇帝初成蓬萊宮，充庭七十二架，尋乃省之。則簨簴架數太多，本近於侈。止於二十架，正協禮經。兼今太廟之中，地位甚狹，百官在列，萬舞充庭，雖三十六架具存，亦施爲不得。廟庭難容，未易開廣，樂架不可重沓鋪陳。今請依周、漢、魏、晉、宋、齊六代故事，用二十架。

從之。

古制，雅樂宮縣之下，編鍾四架，十六口。近代用二十四口，正聲十二，倍聲十二，各有律呂，凡二十四聲。登歌一架，亦二十四鍾。雅樂淪滅，至是復全。〔註 84〕

上引《舊唐書》卷二九文言宮懸之制中「陳鎛鍾二十架」，顯爲抄刻之誤，鎛鍾架數應爲「十二架」，而非「二十架」。其依據有以下幾點：其一，「陳鎛鍾二十架」其後便云「當十二辰之位」，既然鎛鍾依照十二個辰位擺列，怎可能爲 20 架呢？其二，其後又云「甲、丙、庚、壬，各設編鍾一架；乙、丁、辛、癸，各設編磬一架，合爲二十架」，既然樂懸總架數爲 20 架，其中編鍾、編磬各 4 架、合爲 8 架，其餘鎛鍾架數自當應爲 12 架。其三，《唐會要》卷三

〔註 84〕〔後晉〕劉昫：《舊唐書》，北京，中華書局 1975 年版，第 1083 頁。《唐會要》卷三三記述李濬議宮懸之制，不及《舊唐書》卷二九所載內容詳盡，故本書於此處引用《舊唐書》卷二九所載內容。

三與《舊唐書》卷二九所述李濬請奏的文字大致相同，兩者來源於同一史料。《唐會要》卷三三所記爲「伏準《儀禮》宮懸之制，陳鎛鍾十二架，當十二辰之位。」當是。其四，由前朝所定樂懸之制來看，無論是隋時所定 20 架宮懸之制，還是開元時期所定 36 架宮懸之制，所設鎛鍾皆爲 12 架，無「鎛鍾二十架」之說，故可推知晚唐時期宮懸樂隊中所陳鎛鍾架數應爲 12 架。其五，殷盈孫所製樂懸在五代後周時仍然存有，王樸在論唐末之樂時述及所鑄樂懸數目，《舊五代史》卷一四五《樂志》云：「安史之亂，京都爲墟，器之與工，十不存一，所用歌奏漸多，紕繆逮乎。黃巢之餘，工器都盡，購募不獲，文記亦亡，集官詳酌，終不知其制度。時有太常博士商盈孫，案周官考工記之文，鑄鎛鍾十二，編鍾二百四十，處士蕭承訓校定石磬。今之在懸者是也，雖有樂器之狀，殊無相應之和。」〔註 85〕足可斷定上引《舊唐書》文中所言鎛鍾架數爲 12 架。

從昭宗朝宰相李濬議雅樂之制的奏摺所言，可清楚瞭解晚唐時期宮懸樂隊的組合形式。《新唐書》卷二一《禮樂志》亦載有其時宮懸之制：

> 至昭宗時，宰相張濬已修樂縣，乃言：舊制，太清宮、南北郊、社稷及諸殿廷用二十簴，而太廟、含元殿用三十六簴，濬以爲非古，而廟廷狹隘，不能容三十六，乃復用二十簴。而鍾簴四，以當甲丙庚壬，磬簴四，以當乙丁辛癸，與《開元禮》異，而不知其改制之時，或說以鍾磬應陰陽之位，此《禮經》所不著。〔註 86〕

《樂府雜錄》「雅樂部」條亦詳述宮懸之制，此書爲晚唐段安節「耳目所接」而著，所述內容應爲研究晚唐樂隊編制情況的重要文獻資料之一。書中云：

> 宮懸四面，天子樂也；軒懸三面，諸侯樂也；判懸二面，大夫樂也；特懸一面，士樂也。宮懸四面，每面五架。架即簨簴也，其上安金銅仰陽，以鷺鷥孔雀羽裝之；兩面綴以流蘇，以彩翠絲紱爲之也。十二律上鍾九乳，依月排之。每面石磬及編鍾各一架，每架列鍾十二所，亦依律編之。四角安鼓四座：一曰應鼓（原注：四旁有兩小鼓爲鞞鼓也），二曰腰鼓，三曰警鼓，四曰雷鼓；皆彩畫，上各安寶輪，以珠翠妝之。樂即有簫、笙、竽、塤、篪、龠、跋膝、琴、瑟、筑。將竽形似小鍾，以手將之即鳴也。次有登歌。皆奏法

〔註 85〕〔宋〕薛居正等：《舊五代史》，北京，中華書局 1976 年版，第 1937～1938 頁。
〔註 86〕〔宋〕歐陽修：《新唐書》，北京，中華書局 1975 年版，第 463 頁。

曲：御殿，即奏《凱安》、《廣平》、《雍熙》三曲；宴群臣，即奏《四牡》、《皇華》、《鹿鳴》三曲。近代內宴，即全不用法樂也。郊天及諸壇祭祀，即奏《太和》、《沖和》、《舒和》三曲。凡奏曲，登歌先引，諸樂逐之。其樂工皆戴平績，衣緋大袖，每色十二，在樂懸內。已上謂之「坐部伎」。《八佾舞》則六十四人，文武各半，皆著畫幘，俱在樂懸之北。文舞居東，手執翟，狀如鳳毛；武舞居西，手執戚。文衣長大，武衣短小。其鍾師及磬師、登歌、《八佾舞》並諸色舞，通謂之「立部伎」。柷、敔、樂懸既陳，太常卿押樂在樂懸之北面。太樂令、鼓吹令俱在太常卿之後，太樂在東，鼓吹居西。協律郎二人，皆執翬竿，亦用彩翠妝之，一人在殿上。翬竿倒，殿下亦倒，遂奏樂。協律郎皆綠衣大袖，戴冠。

陳暘《樂書》卷一八八「雅樂部」條〔註 87〕，所載內容與《樂府雜錄》此文相比照，文字大致相同，將《樂書》此卷其他各部之內容與《樂府雜錄》比對，亦一致，故《樂書》相關記述抄錄於《樂府雜錄》。

有關每架編鍾懸鍾及編磬懸磬的數目，文獻記載有所不同。主要有兩種說法：一為，《舊唐書》卷二九《音樂志》昭宗朝李濬奏議所云：「古制，雅樂宮縣之下，編鍾四架，十六口。近代用二十四口，正聲十二，倍聲十二，各有律呂，凡二十四聲。登歌一架，亦二十四鍾。雅樂淪滅，至是復全。」此文說明昭宗時每架編鍾上共懸鍾 24 具，正音鍾十二具，低八度音鍾十二

〔註 87〕《樂書》卷一八八「雅樂部」條云：「唐雅樂部，宮架四面，軒架三面，判架兩面，特架一面。宮架四面，各五架，共二十架，其上安金銅仰陽，以鷺鷥及孔雀羽飾之，兩面綴以流蘇雜綵，以彩翠絲紱為之也。十二律鍾上有九乳，依月律排之。每面石磬及編鍾各一架，每架各列編磬十二，亦依律呂編之，四角簨鼓四坐：一曰應鼓，四傍有小鼓，謂之引鼓；二曰鞞鼓；三曰鷺鼓；四曰雷鼓；皆彩繪，上各安寶輪，用彩翠裝之。樂有簫、笙、竽、塤、篪、籥、跋膝、琴、瑟、竽，次有登歌，皆奏宴羣臣，奏《鹿鳴》。近代內宴全不用法曲，郊天及諸壇祭祀奏《大和》、《仲和》、《舒和》三曲，凡奏法曲、登歌，先引諸樂，遂奏之。其樂工皆戴平幘，衣緋大袖，每色十二人，於樂架內已上，謂之坐部伎。八佾舞六十四人，文武各半，皆著畫衣幘，俱在樂架之北。文舞居東，手執翟狀如鳳尾，衣幘長大。武舞居西，手執干戚，衣幘短小。鍾師及登歌、八佾舞、諸色舞，通謂之立部伎。柷敔樂架既陳，太常卿居樂架之北面，太常令、鼓吹令俱在太常卿之後，協律郎二人皆執翬竿，亦彩用翠裝之。一人在殿上，一人在樂架西北面立，將發樂，殿上翬竿倒下，亦倒之，遂奏樂，其協律郎皆衣綠衣、大袖戴冠也。然則跋膝之樂、法曲之調、諸色之舞並用諸雅部，未絕乎先王之制也。」（〔宋〕陳暘：《樂書》，文淵閣四庫全書本。）

具，分別依照十二個半音排列。楊蔭瀏先生亦認爲昭宗時期編鍾、編磬爲此種懸法。〔註 88〕然而，還有一種說法，《樂府雜錄》言：「每面石磬及編鍾各一架，每架列鍾十二所，亦依律編之。」陳暘《樂書》亦云：「每面石磬及編鍾各一架，每架各列編磬十二，亦依律呂編之」。兩書所云晚唐時期鍾、磬懸法相一致，然而由文獻來看，亦存在兩種可能性：一指每架列鍾或磬 12 具，依十二律呂編懸；二則從記寫鍾、磬懸法時使用的表述方式來看，如《隋書》卷十五《音樂志》云：「又據漢成帝時，犍爲水濱得石磬十六枚，此皆懸八之義也。（隋文帝時期）懸鍾磬法，每虡準之，懸八用七，不取近周之法懸七也。」〔註 89〕可推測文獻所言指每架懸 24 具，正音 12 個，低八度音 12 個，各依十二律呂編懸。這種可能性與第一種說法不相矛盾，反而可以印證《舊唐書》中所言之制。綜合以上分析，筆者認爲昭宗朝爲代表的晚唐時期，《舊唐書》所言每架列 24 具的懸法可能性較大。

上引《舊唐書》有關鍾、磬懸法的這條文獻，所言「二十四口」的「近代」鍾、磬懸法，時間至少是於昭宗之前的幾代唐朝帝王；或指（或包括）玄宗朝的盛唐時期；或與前所言「古制」〔註 90〕相對，是指昭宗之前唐朝各代所用鍾、磬懸法。因文獻語焉不詳，且又缺少其他旁證，所以不能確定昭宗之前唐朝各代的鍾、磬懸法。然而，據此條文獻，或可認爲「二十四口」的「近代」鍾、磬懸法，應爲唐代最具代表性，亦最爲典型的懸鍾、磬之制。

有關登歌樂隊編配的記載，亦見《樂府雜錄》及陳暘《樂書》〔註 91〕。《樂府雜錄》曰：「樂即有簫、笙、竽、塤、篪、籥、跋膝、琴、瑟、筑。」《樂書》亦云：「唐雅樂部，……樂有簫、笙、竽、塤、篪、籥、跋膝、琴、瑟、竽……」《樂書》所記登歌樂隊所設絲竹樂器中「竽」出現了兩次，不太合理，很可能其中一處「竽」有誤。若樂隊中「竽」用兩具，其餘樂器皆一具，記述時一般云「樂有簫、笙、塤、篪、籥、跋膝、琴、瑟皆一，竽二」。最爲重

〔註 88〕楊蔭瀏：《中國古代音樂史稿》（上冊），北京，人民音樂出版社，1981 年 2 月版，第 249 頁。

〔註 89〕〔唐〕魏徵、房玄齡、長孫無忌等：《隋書》，北京，中華書局 1973 年版，第 355 頁。

〔註 90〕筆者在考述隋代（隋文帝開皇議樂之後）所定鍾、磬懸法時，對此條文獻曾加以考釋，認爲其中所云「古制」有可能是指隋文帝開皇議樂改鍾、磬懸法之後所用的「懸八」之制。

〔註 91〕有關此句文獻所指樂隊的性質，本書第四章第一節在考述法曲樂隊時，對此問題加以了辨析。可詳見下文。

要的是，《樂書》此段文字既然出自於《樂府雜錄》，經比勘，所言應是：「樂即有簫、笙、竽、塤、篪、龠、跋膝、琴、瑟、筑。」表明《樂書》文中後一「竽」實爲「筑」之誤。

依先前各朝登歌「琴瑟在堂，竽笙在庭」的樂隊編排特點，即堂上設彈奏樂器，堂下設吹奏樂器，可推測登歌樂隊所設絲竹樂器大致情景爲堂上設琴、瑟、筑，堂下設簫、笙、竽、塤、篪、龠、跋膝。此樂隊亦爲其時法曲樂隊的組合形式。〔註 92〕

此外，僅由今存文獻記載，還無法斷定晚唐文舞中舞者是否持有「籥」，武舞中是否使用有專門的伴奏樂隊（通常是一組由擊奏樂器構成的小型樂隊）。

綜合以上諸條文獻所述，可推知晚唐時期宮懸樂隊由樂懸樂隊、登歌樂隊、鼓吹樂隊組成，樂懸樂隊及登歌樂隊的樂器組合形式大致如下：

樂懸樂隊：鎛鍾 12 具，編鍾 4 架，編磬 4 架，共計陳樂懸 20 架，分四面擺列，每面鎛鍾 3 具，編鍾、編磬各 1 架，每面陳樂懸 5 架，其中編鍾每架懸數爲 24 具，且依律編懸；四角設鼓 4 座：一爲應鼓（原注：四旁有兩小鼓爲鞞鼓），二爲腰鼓，三爲警鼓，四爲雷鼓。

登歌樂隊：編鍾 1 架，架上懸鍾 24 具，依律編懸；編磬 1 架；堂上設琴、瑟、筑，堂下設簫、笙、竽、塤、篪、龠、跋膝；柷、敔各 1 具。

七、隋唐時期其他形式的雅樂樂隊

隋唐雅樂樂隊，根據祭祀對象、禮儀內容及應用場合的不同，配以不同的樂器組合。文獻所見隋、唐時期其他形式的雅樂樂隊，多爲殿庭宮懸樂隊的變化組合形式。如皇帝祭祀天、地及宗廟、帝社、齋戒、封山、親迎氣、皇后親蠶、鑾駕出宮、大射等，不同儀式活動、不同應用場合，所設宮懸樂隊的擺列方式、樂器編配等均有所不同，且有嚴格的規定。

《隋書》卷十五《音樂志》云〔註 93〕：

〔註 92〕詳見下文對法曲樂隊的考述。

〔註 93〕《通典》卷一四四亦云：「隋參用儀禮及尚書大傳，爲宮懸陳布之法。北方北向……大射，則徹北面而加鉦鼓。又準儀禮，宮懸四面設鎛鍾十二簴，各依辰位。又甲、丙、庚、壬位各設鍾一簴，乙、丁、辛、癸位各陳磬一簴。共爲二十簴。其宗廟殿庭郊丘社並同。樹建鼓於四隅，以象二十四氣。依月爲均，四廂同作，蓋取毛詩傳曰「四懸皆同」之義。古者鎛鍾據儀禮擊爲節檢，而無合曲之義。又大射有二鎛，皆亂擊焉，乃無成曲之理。依後周以十二鎛相生擊之，聲韻克諧。」（〔唐〕杜佑：《通典》，北京，中華書局 1984 年版，第 754 頁。）

開皇九年，平陳，獲宋、齊舊樂……（牛弘等）又參用《儀禮》及《尚書大傳》，爲宮懸陳布之法。北方北向……其大射，則撤北面而加鉦鼓。祭天用雷鼓、雷鼗，祭地用靈鼓、靈鼗，宗廟用路鼓、路鼗。各兩設在懸内。

又準《儀禮》，宮懸四面設鎛鍾十二虡，各依辰位。……古者鎛鍾據《儀禮》擊爲節檢，而無合曲之義。又大射有二鎛，皆亂擊焉，乃無成曲之理。依後周以十二鎛相生擊之，聲韻克諧。〔註 94〕

《唐六典》卷十四《太常寺》云：

宮縣之樂鎛鍾十二，編鍾十二，編磬十二，凡三十有六簴。（原注：宗廟與殿庭同。郊丘、社稷，則二十簴，面別去編鍾、磬各二簴也。）……凡磬，天地之神用石，宗廟及殿庭用玉。凡有事於天神用雷鼓、雷鼗，地神用靈鼓、靈鼗，宗廟及帝社用路鼓、路鼗，皆建於宮縣之内。

《唐會要》卷十上

前祭二日，大樂令設宮縣之樂於壇南内壝之外。樹靈鼓於北縣之内、道之左右，餘如圜丘儀。

《大唐開元禮》卷四

前祀二日，太樂令設宮懸之樂於壇南内壝之外，東方、西方磬簴起北，鍾簴次之；南方、北方磬簴起西，鍾簴次之。設十二鎛鍾於編懸之間，各依辰位。樹雷鼓於北懸之内、道之左右，植建鼓於四隅。置柷、敔於懸内（柷在左，敔在右）。設歌鍾、歌磬於壇上，近南北向。磬簴在西，鍾簴在東。其匏竹者立於壇下，重行北向相對爲首。

可知，隋、唐時宗廟及帝社所用宮懸樂隊，與殿庭宮懸樂隊一般是相同的，所用磬爲玉製，加路鼓、路鼗於宮懸樂隊之中。在拜祭天神時，磬爲石製，加雷鼓、雷鼗設於北面樂懸之內、道的左右；在拜祭地神時，磬亦爲石製，樂隊中加靈鼓、靈鼗亦設於北面樂懸之內、道的左右；宗廟及帝社（即祭祀「人鬼之類」）用路鼓、路鼗。

隋時，大射之儀則去北面樂懸，而加鉦鼓。此又爲一種新的樂器組合形式。

〔註 94〕〔唐〕魏徵、房玄齡、長孫無忌等：《隋書》，北京，中華書局 1973 年版，第 349～356 頁。

《新唐書》卷二一《禮樂志》載唐時宮懸之制：

> 樂縣之制，宮縣四面，天子用之。若祭祀，則前祀二日，大樂令設縣於壇南内壝之外，北向。東方，西方，磬簴起北，鍾簴次之。南方，北方，磬簴起西，鍾簴次之。鎛鍾十有二，在十二辰之位。樹雷鼓於北縣之内、道之左右，植建鼓於四隅。置柷、敔於縣内，柷在右，敔在左。設歌鍾、歌磬於壇上，南方北向。磬簴在西，鍾簴在東。琴、瑟、筝、筑皆一，當磬簴之次，匏、竹在下。凡天神之類，皆以雷鼓；地祇之類，皆以靈鼓；人鬼之類，皆以路鼓。其設於庭，則在南，而登歌者在堂。若朝會，則加鍾磬十二簴，設鼓吹十二案於建鼓之外。案設羽葆鼓一，大鼓一，金錞一，歌、蕭、笳皆二。登歌，鍾、磬各一簴，節鼓一，歌者四人，琴、瑟、筝、筑皆一，在堂上；笙、和、簫、篪、塤皆一，在堂下。若皇后享先蠶，則設十二大磬，以當辰位，而無路鼓。軒縣三面，皇太子用之。若釋奠於文宣王、武成王，亦用之。其制，去宮縣之南面。判縣二面，唐之舊禮，祭風伯、雨師、五嶽、四瀆用之。其制，去軒縣之北面。皆植建鼓於東北、西北二隅。特縣，去判縣之西面，或陳於階間，有其制而無所用。〔註95〕

文獻中未言明其爲唐朝何代所用之制，但可知在祭祀儀禮中用二十架宮懸之制，朝會儀禮中編鍾、編磬加設十二架，及鼓吹十二案。由本節對唐時不同歷史時期宮懸之制所作考述，可知二十架宮懸之制，始於武后時期；玄宗朝開元禮之初殿庭用樂也曾短期實行，但係開元禮郊丘、社稷儀禮宮懸之制；至晚唐昭宗時期復用二十架宮懸之制。文中言「若皇后享先蠶，則設十二大磬，以當辰位，而無路鼓」，而武后時期定皇后後庭享樂（房中樂）及皇后享先蠶等禮儀用樂中，均設鎛鍾，不以磬代鎛，故可排除《新唐書》此條文獻所述爲武后時期制度。由此，推測此制實行時期，一爲武則天之後至玄宗朝開元禮之初這段時期；二爲昭宗朝時期。茲將此制中樂懸擺列方式、編磬之下所設弦類樂器、鼓吹十二案及登歌樂隊的樂器編配情況，分別與玄宗朝及昭宗朝所設宮懸之制相比照如下：

〔註95〕〔宋〕歐陽修：《新唐書》，北京，中華書局1975年版，第462～463頁。

表 10　《新唐書》與玄宗朝及昭宗朝所設宮懸之制比照表

時期	未知	玄宗朝		昭宗朝
出處	《新唐書》卷二一	《大唐開元禮》卷四	《唐六典》卷十四〔註 96〕	《樂府雜錄》〔註 97〕
樂懸擺列	樂縣之制，宮縣四面，天子用之。若祭祀，則前祀二日，大樂令設縣於壇南內壝之外，北向。東方、西方，磬簴起北，鍾簴次之。南方、北方，磬簴起西，鍾簴次之。鎛鍾十有二，在十二辰之位。樹雷鼓於北縣之內、道之左右，植建鼓於四隅。置柷、敔於縣內，柷在右，敔在左。設歌鍾、歌磬於壇上，南方北向。磬簴在西，鍾簴在東。琴、瑟、箏、筑皆一，當磬簴之次，匏、竹在下。	前祀二日，太樂令設宮懸之樂於壇南內壝之外，東方、西方磬簴起北，鍾簴次之；南方、北方磬簴起西，鍾簴次之。設十二鎛鍾於編懸之間，各依辰位。樹雷鼓於北懸之內、道之左右，植建鼓於四隅。置柷、敔於懸內（柷在左，敔在右）。設歌鍾、歌磬於壇上，近南北向。磬簴在西，鍾簴在東。其匏竹者立於壇下，重行北向相對爲首。	宮縣之樂……（原注：宗廟與殿庭同。郊丘、社稷，則二十簨，面別去編鍾、磬各二簨也。）東方、西方，磬簨起北，鍾簨次之；南方、北方，磬簨起西，鍾簨次之。鎛鍾（十二具）在編縣之間，各依辰位。	
磬下弦樂	琴、瑟、箏、筑皆一		偶歌、琴、瑟、箏、筑	琴、瑟、筑
鼓吹十二案	案設羽葆鼓一，大鼓一，金錞一，歌、簫、笳皆二。		其在殿庭前，則加鼓吹十二按於建鼓之外，羽葆之鼓、大鼓、金錞、歌、簫、笳置於其上焉。	
登歌	登歌，鍾、磬各一簴，節鼓一，歌者四人，		又設登歌、鍾、磬、節鼓、琴、瑟、	

〔註 96〕並參照《通典》卷一四四。

〔註 97〕並參照《樂書》卷一八八。

樂隊	琴、瑟、箏、筑皆一，在堂上；笙、和、簫、篪、塤皆一，在堂下。		箏、筑於堂上，笙、和、簫、塤、篪於堂下。	
所設鼓類樂器	植建鼓於四隅。……凡天神之類，皆以雷鼓；地祇之類，皆以靈鼓；人鬼之類，皆以路鼓。		四隅建鼓，……凡有事於天神用雷鼓、雷鼗，地神用靈鼓、靈鼗，宗廟及帝社用路鼓、路鼗，皆建於宮縣之內。	（《樂府雜錄》：）四角安鼓四座：一曰應鼓〔註 98〕，二曰腰鼓，三曰警鼓，四曰雷鼓。（《樂書》：）四角鼗鼓四坐：一曰應鼓〔註 99〕；二曰顙鼓；三曰鷺鼓；四曰雷鼓；

經比照可見，《新唐書》卷二一所述雅樂之制，更接近於玄宗朝時的樂隊形式。綜合上述辨析，筆者推測此段文獻所記述的雅樂之制，其施行時間估計為盛唐初期，具體而言為武則天之後至玄宗朝開元禮之初的可能性較大一些。文中所述的這種祭祀用二十架（其中鎛鍾 12 具，編鍾、編磬各 4 架），朝會陳三十二架（其中鎛鍾 12 具，編鍾、編磬各 10 架）的宮懸之制，亦為唐時宮廷雅樂樂隊中的一種常見的組合形式。

第二節　坐、立二部伎之樂器組合

坐、立二部伎是唐代宮廷音樂新建立的制度之一。據《通典》等史料的記述，其內容主要為舞曲與樂隊形式兩個方面。二部伎是由十四首樂曲編成，各曲內容不同，創作時間不同，為其伴奏使用的樂隊形式亦不相同。立部伎有八曲，依次為《安樂》、《太平樂》、《破陣樂》、《慶善樂》、《大定樂》、《上元樂》、《聖壽樂》、《光聖樂》。坐部伎有六曲，依次為《讌樂》、《長壽樂》、《天授樂》、《鳥歌萬歲樂》、《龍池樂》、《小破陣樂》。樂隊表演形式方面則分為坐奏和立奏兩種。

有關坐、立二部伎樂隊之樂器構成，文獻中均為概括性、描述性的記述，未見詳盡記載，茲將主要史書典籍中有關二部伎樂隊編配的記述，詳列如下。

《通典》卷一四六「坐立部伎」條載：

〔註 98〕「應鼓」《樂府雜錄》原文注為：四旁有兩小鼓為幀鼓也。
〔註 99〕「應鼓」《樂書》原文注為：四傍有小鼓，謂之引鼓。

自《安樂》以後，皆雷大鼓，雜以龜茲樂，聲振百里，並立奏之。其《大定樂》加金鉦，唯《慶善樂》獨用西涼樂，最爲閒雅。其《舊破陣》、《上元》、《慶善》三舞，皆易其衣冠，合之鍾磬，以饗郊廟。自武太后革命，此禮遂廢。(原注：自《安樂》部謂之立部伎。)……

自《長壽樂》以下，皆用龜茲樂，舞人皆著靴，唯《龍池樂》備用雅樂笙磬，舞人躡。(原注：自讌樂並謂之坐伎。初，太宗貞觀末，有裴神符，妙解琵琶，初唯作《勝蠻奴》、《火鳳》、《傾杯樂》三曲，聲度清美，太宗深悦之。高宗之末，其伎遂盛，流於時矣。自武太后、中宗之代，大增造坐立諸舞，隨亦寢廢。)〔註 100〕

《玉海》卷一〇五引「太樂令壁記」曰：

自《破陣舞》以下，皆雷大鼓，雜以龜茲之樂，聲振百里，動蕩山谷。《大定樂》加金鉦，唯《慶善舞》獨用西涼樂，最爲閒雅。《破陣》等八舞，聲樂皆立奏之，樂府謂之立部伎，餘揔謂之坐部。坐部伎六，自《長壽樂》已下，皆用龜茲樂，舞人皆著靴，唯《龍池》備用雅樂，而無聲，舞人躡履。

《舊唐書》卷二九《音樂志》、《唐會要》卷三三「讌樂」條、《新唐書》卷二二《禮樂志》、《冊府元龜》卷五六九、《樂書》卷一八一「坐部舞 立部舞」條亦均有記載，爲便於比照各書所記之差異，明確二部伎各樂曲之樂隊構成情況，現將以上史書中有關記述同列於下表中：

〔註 100〕〔唐〕杜佑：《通典》，北京，中華書局 1984 年版，第 762 頁。

表 11　《舊唐書・音樂志》、《唐會要》、《新唐書・禮樂志》、《冊府元龜》、《樂書》載二部伎各曲樂隊構成情況比對表

類型		《通典》卷一四六	《玉海》卷一〇五引「太樂令壁記」	《舊唐書》卷二九《音樂志》	《唐會要》卷三三	《新唐書》卷二二《禮樂志》	《冊府元龜》卷五六九	《樂書》卷一八一
立部伎	一	自《安樂》以後，皆雷大鼓，雜以龜茲樂，聲振百里，並立奏之。	自《破陣舞》以下，皆雷大鼓，雜以龜茲之樂，聲振百里，動蕩山谷。	自《破陣舞》以下，皆雷大鼓，雜以龜茲之樂，聲振百里，動蕩山谷。	自《安樂》已下，每奏皆擂大鼓，雜以龜茲樂，並立奏之。	《破陣樂》以下，皆用大鼓，雜以龜茲樂，其聲震厲。	自《安樂》已下，每奏皆擂大鼓，同用龜茲樂。茲立奏之。	唐《安樂》、《太平》、《破陣》、《慶善》、《大定》、《上元》、《聖壽》、《光聖》等舞，皆雷大鼓，雜以龜茲之樂。
	二	其《大定樂》加金鉦。	《大定樂》加金鉦。	《大定樂》加金鉦。	其《大定樂》加以金鉦。	《大定樂》又加金鉦。	其《大定樂》加以金鉦。	《大定樂》加金鉦。
	三	唯《慶善樂》獨用西涼樂，最爲閒雅。	唯《慶善舞》獨用西涼樂，最爲閒雅。	惟《慶善舞》獨用西涼樂最爲閒雅。	唯《慶善樂》獨用西涼樂，最爲閒雅。	《慶善》舞顓用西涼樂，聲頗閒雅。	唯《慶善樂》，獨用西涼樂，最爲閒雅。	唯《慶善》舞獨用西梁樂舊。
	四	《舊破陣》、《上元》、《慶善》三舞，皆易其衣冠，合之鍾磬，以饗郊廟。自武太后革命，此禮	《破陣》等八舞，聲樂皆立奏之，樂府謂之立部伎，餘揔謂之坐部。	《破陣》、《上元》、《慶善》三舞皆易其衣冠，合之鍾磬，以享郊廟，以《破陣》爲武舞，謂之《七德》，《慶善》爲文舞，謂之《九	其《破陣》、《上元》、《慶善》三舞皆易其衣冠，合之鍾磬，以享郊廟，自天后臨朝，此禮遂	每享郊廟，則《破陣》、《上元》、《慶善》三舞皆用之。	其《破陣》、《上元》、《慶善》三舞，皆易其衣冠，合之鍾磬，以享郊廟。	《破陣》、《上元》、《慶善》三舞皆更其衣冠，合之鍾石，別享郊廟。以《破陣》爲《七德》之武舞，《慶善》爲《九功》之文舞。自武后借亂毀唐

		遂廢。(原注：自安樂部謂之立部伎。)		功》。皇武后稱制，毀唐太廟，此禮遂有名而亡實。《安樂》等八舞聲樂皆立奏之，樂府謂之立部伎，其餘總謂之坐部伎，則天中宗之代大增造，坐立諸舞尋以廢寢。	廢。			宗廟，斯禮竟廢矣。《安樂》等八舞皆立奏之，樂府謂之立部伎也。
坐部伎	一	讌樂	讌樂	讌樂	讌樂	讌樂	讌樂	讌樂
	二	自長壽樂以下，皆用龜茲樂，舞人皆著靴。	坐部伎六，自《長壽樂》已下，皆用龜茲樂，舞人皆著靴。	坐部伎有……自《長壽樂》已下皆用龜茲樂，舞人皆著靴。	自《長壽樂》以下，皆用龜茲樂，人皆著靴。	坐部伎六，……自《長壽樂》以下，用龜茲舞，	坐部伎有六部。……自《長壽》已下，皆用龜茲樂，人皆著靴。	自《長壽》、《天授》、《鳥歌萬歲》、《龍池》、《小破陣》等舞，皆用龜茲樂，舞人皆穿皮靴。
	三	唯龍池樂備用雅樂笙磬，舞人躡。	唯《龍池》備用雅樂，而無聲，舞人躡履。	惟《龍池》備用雅樂，而無鍾磬，舞人躡履。	唯《龍池》用雅樂，而無鍾磬，舞人盡躡履。	唯《龍池樂》則否。	唯《龍池》，用雅樂，而無鍾磬，舞人盡躡履而行。	惟《龍池》舞用雅樂，而無鍾石，舞躡履。《燕樂》等六舞皆坐奏之，樂府謂之坐部伎也。唐之雅樂，其雜夷蠻之制如此。然則卒致胡雜之禍者有以也夫。

一、立部伎

由文獻記載，立部伎各曲所用樂隊，大致可歸納爲四種形式：

（一）大鼓、龜茲樂器之組合

《通典》卷一四六載：「自《安樂》以後，皆雷大鼓，雜以龜茲樂，聲振百里，並立奏之。」〔註 101〕文中所言「雜以龜茲樂」及《太樂令壁記》所云「雜以龜茲之樂」有兩種含義，一是指運用了龜茲音樂，主要指含有龜茲風格特點的旋律、音調或樂調體系；二是指樂隊中使用有龜茲樂器。由文獻所言，可知這是一種以大鼓和龜茲樂器而構成的樂隊形式。然龜茲樂器究竟具體爲哪些樂器，因文獻語焉不詳，而不能得知。

有關立部伎各曲樂隊中大鼓的使用，文獻中有兩種不同的記載。一種記述，如《通典》卷一四六載：「自《安樂》以後，皆雷大鼓，雜以龜茲樂，聲振百里，並立奏之。」〔註 102〕《唐會要》、《冊府元龜》、《樂書》與《通典》所言一致，即立部伎八曲樂隊中，除《慶善樂》之外其餘七曲均用大鼓。還有一種說法，爲《太樂令壁記》所云：「自《破陣舞》以下，皆雷大鼓，雜以龜茲之樂，聲振百里，動蕩山谷。」《舊唐書》、《新唐書》與《太樂令壁記》記述相同，只言立部伎中自《破陣樂》之後的六首樂曲中，除《慶善樂》之外其餘五曲的樂隊形式爲大鼓和龜茲樂器構成，亦或以此爲基礎的樂隊形式，將前兩首樂曲《安樂》和《太平樂》的樂隊編成歸於其外。因文獻記載有出入，又無其他記述佐證，故無法斷定。對此岸邊成雄亦言：「按《通典》係根據《令壁記》撰編者，何以將第三伎之破陣樂以下皆雷大鼓；而改爲自第一伎安樂以下皆雷大鼓，令人費解」〔註 103〕。然據《舊唐書》卷二八《音樂志》「玄宗」條述曰：「又令宮女數百人，自帷出，擊雷鼓，爲《破陣樂》、《太平樂》、《上元樂》。雖太常積習皆不如其妙也」。可知《太平樂》樂隊亦使用大鼓，這種情況其時亦確實存在，故曾爲宰相的杜佑在編撰《通典》時，將「《破陣樂》以下」改爲「自《安樂》以下」。筆者推測盛唐時期立部伎中第一曲《安樂》及第二曲《太平樂》中存在使用大鼓的可能性，只是與《太樂令壁記》所記述的時期不同，前後樂隊的編制有所變化，所以有關立部伎

〔註 101〕〔唐〕杜佑：《通典》，北京，中華書局 1984 年版，第 762 頁。

〔註 102〕〔唐〕杜佑：《通典》，北京，中華書局 1984 年版，第 762 頁。

〔註 103〕〔日〕岸邊成雄著，梁在平、黃志炯譯：《唐代音樂史的研究》，臺北，臺灣中華書局，1973 年版，第 645 頁。

各樂曲之樂隊形式的記載才會有所出入。

關於二部伎中的這種樂器組合方式，《舊唐書》中亦有其言，卷二八《音樂志》「玄宗」條述及設宴於勤政樓之情景時，言「玄宗在位多年，善音樂。若讌設酺會，即御勤樓。……太常大鼓，藻繪如錦，樂工齊擊，聲震城闕。太常卿引雅樂，每色數十人，自南魚貫而進，列於樓下。鼓笛雞婁，充庭考擊。太常樂立部伎、坐部伎依點鼓舞，間以胡夷之伎。日旰，即內閑廄引蹀馬三十匹，爲《傾杯樂曲》，奮首鼓尾，縱橫應節。又施三層板床，乘馬而上，抃轉如飛。」其後又云「又令宮女數百人，自帷出，擊雷鼓，爲《破陣樂》、《太平樂》、《上元樂》。雖太常積習皆不如其妙也」。說明唐代宮廷坐、立二部伎中確多用大鼓，且「間以胡夷之伎」，可見，這種組合形式應是其最爲顯著的特色，亦是最爲典型的配器原則。

（二）大鼓、龜茲樂器、金鉦之組合

《通典》卷一四六、《玉海》卷一〇五引「太樂令壁記」及《唐會要》、兩唐書等，均有立部伎之《大定樂》樂隊中加入「金鉦」的記載，說明在由大鼓及龜茲樂器組成的樂隊形式的基礎上，又特別加入了「金鉦」，這是立部伎中的又一種獨特的樂隊形式。

據《通典》卷一四四「八音」「金」條曰：「鐲，鉦也。形如小鍾，軍行鳴之，以爲鼓節。周禮『以金鐲節鼓』。近代有如大銅疊，懸而擊之以節鼓，呼曰鉦。」〔註 104〕可知「金鉦」爲形制較小的鍾，又稱爲「鐲」，唐時如「大銅疊」，用以擊奏配鼓節樂。文中所言「軍行鳴之」，可知「金鉦」應爲軍樂器之屬。立部伎八曲之中，僅《大定樂》樂隊中加入「金鉦」，可以說完全是根據樂曲內容的需要而編配的樂器組合。《通典》卷一四六「坐立部伎」條云：「《大定樂》，高宗所造，出自《破陣樂》。舞者百四十人，被五彩文甲，持槊。歌云『八紘同軌樂』，以象平遼東而邊隅大定也。」〔註 105〕可見《大定樂》屬軍旅樂曲的範疇，「金鉦」這種色彩性軍樂器的加入，使得樂隊在強調本樂曲特色的同時，大大加強了此樂曲的象徵性，以區別於其他樂曲。《大定樂》雖「出自《破陣樂》」，然《破陣樂》中並未使用有「金鉦」，亦說明爲突出《大定樂》樂隊的軍樂屬性，可以靈活採用某些特殊樂器。

〔註 104〕〔唐〕杜佑：《通典》，北京，中華書局 1984 年版，第 752 頁。
〔註 105〕〔唐〕杜佑：《通典》，北京，中華書局 1984 年版，第 761 頁。

（三）西涼樂之組合

《玉海》卷一〇五引「太樂令壁記」及《通典》卷一四六「坐立部伎」條記載：「唯《慶善舞》獨用西涼樂，最爲閒雅。」〔註 106〕兩唐書、《唐會要》、《冊府元龜》等亦均有類似之語。據此可推知立部伎中《慶善樂》與西涼樂有密切關係，其樂隊應借鑒了十部伎之西涼樂的樂隊形式。按《通典》所載「前代雜樂」之「西涼樂」，亦即十部伎之西涼伎，其樂隊構成爲「鍾一架，磬一架，彈箏一，搊箏一，臥箜篌一，豎箜篌一，琵琶一，五弦琵琶一，笙一，簫一，大篳篥一，小篳篥一，長笛一，橫笛一，腰鼓一，齊鼓一，擔鼓一，貝一，銅鈸二。（原注：今亡）」〔註 107〕由西涼樂的樂隊編制，可大致瞭解《慶善樂》樂隊編制情況，這是立部伎樂隊中的另一種形式。由此亦可以看出，運用以管絃樂器爲主的西涼樂樂隊編制的《慶善樂》，較之以大鼓、龜茲樂編成的立部伎其他各曲樂隊形式而言，其風格是最爲嫻雅的。

《通典》卷一四六又云：「慶善樂，亦大唐造也。太宗生於武功慶善宮，既貴，宴宮中，賦詩，被以管絃。舞童六十四人，皆進德冠，紫大袖裙襦，漆髻皮履。舞蹈安徐，以象文教洽而天下安樂也。正至饗宴及國有大慶，奏於庭。（原注：先是，神功破陣樂、功成慶善樂二舞，每奏，上皆立對。）」〔註 108〕文中所言亦從另一側面證明了《慶善樂》之樂隊編成是以管絃樂器爲主的配器原則。

（四）大鼓、龜茲樂器、鍾、磬之組合

《玉海》卷一〇五引「太樂令壁記」云：「《破陣》等八舞，聲樂皆立奏之，樂府謂之立部伎，餘揔謂之坐部。」《通典》卷一四六「坐立部伎」條亦言：「《舊破陣》、《上元》、《慶善》三舞，皆易其衣冠，合之鍾磬，以饗郊廟。自武太后革命，此禮遂廢。（原注：自安樂部謂之立部伎。）」〔註 109〕據此可知，除《慶善樂》使用帶有鍾、磬這種編懸類樂器的西涼樂樂隊編制之外，《破陣樂》和《上元樂》這種以大鼓及龜茲樂器所組成的樂隊中亦使用有鍾和磬，可見，在立部伎的這些樂隊中亦有由大鼓、龜茲樂器、鍾、磬所組成的這種樂隊形式。

〔註 106〕〔唐〕杜佑：《通典》，北京，中華書局 1984 年版，第 762 頁。
〔註 107〕〔唐〕杜佑：《通典》，北京，中華書局 1984 年版，第 764 頁。
〔註 108〕〔唐〕杜佑：《通典》，北京，中華書局 1984 年版，第 761 頁。
〔註 109〕〔唐〕杜佑：《通典》，北京，中華書局 1984 年版，第 762 頁。

二、坐部伎

據文獻中有關坐部伎的樂器組合形式，大致可分爲三種形式：

（一）讌樂

坐部伎有六曲，依次爲《讌樂》、《長壽樂》、《天授樂》、《鳥歌萬歲樂》、《龍池樂》、《小破陣樂》。而《通典》卷一四六「坐立部伎」條載：「自《長壽樂》以下，皆用龜茲樂，舞人皆著靴。」〔註 110〕《玉海》卷一〇五引《太樂令壁記》亦云：「坐部伎六，自《長壽樂》已下，皆用龜茲樂，舞人皆著靴。」兩唐書、《唐會要》、《冊府元龜》等亦均有此記述。其意是言除第一曲《讌樂》以外，其他七曲均使用龜茲樂器〔註 111〕。故《讌樂》樂曲亦應爲十部伎之第一伎，所用樂器爲「樂用玉磬一架，大方響一架，搊箏一，筑一，臥箜篌一，大箜篌一，小箜篌一，大琵琶一，小琵琶一，大五弦琵琶一，小五弦琵琶一，吹葉一，大笙一，小笙一，大篳篥一，小篳篥一，大簫一，小簫一，正銅鈸一，和銅鈸一，長笛一，尺八一，短笛一，揩鼓一，連鼓一，鼗鼓二，浮鼓二，歌二。此樂唯景雲舞近存，餘並亡。」〔註 112〕文中言樂隊中有「玉磬」，《玉海》卷一〇九「唐玉磬」條引《太樂令壁記》云：「太樂令壁記：《讌樂》張文收所造也，樂用玉磬一架，登歌磬以玉爲之。」可知，堂上登歌樂隊所用爲玉磬，而《讌樂》爲坐部伎之第一曲，應爲堂上樂，故樂隊中用玉磬。而大方響在樂隊中的功用，大體應爲編鍾的替代樂器。由讌樂樂隊的樂器編制來看，樂隊中運用有胡樂器、雅樂器和俗樂器，按岸邊成雄所分「此等二十八種樂器中，大小（豎）箜篌、大小琵琶、大小五弦、大小篳篥、大小簫、正和銅鈸、長短笛、尺八、揩鼓（答臘鼓）等十六種係胡樂器；玉磬、笙二種爲雅樂器，其他九種爲俗樂器。」〔註 113〕可見，《讌樂》之樂隊形式實爲雅、胡、俗三樂融合之產物。

《通典》卷一四六又云：「貞觀中，景雲見，河水清。協律郎張文收採古朱雁天馬之義，製《景雲河清歌》，名曰《宴樂》，奏之管絃，爲諸樂之首。（原

〔註 110〕〔唐〕杜佑：《通典》，北京，中華書局 1984 年版，第 762 頁。

〔註 111〕文中所言「龜兹樂」，於上文中已有所闡釋。

〔註 112〕《通典》卷一四六「坐立部伎」條載。〔唐〕杜佑：《通典》，北京，中華書局 1984 年版，第 762 頁。

〔註 113〕〔日〕岸邊成雄著，梁在平、黃志炯譯：《唐代音樂史的研究》，臺北，臺灣中華書局，1973 年版，第 651 頁。

注：今元會第一奏者是。)」〔註 114〕可知以管絃樂器爲主的讌樂樂隊形式，在坐部伎中佔據著很爲重要的地位。

（二）龜茲樂

又據《通典》卷一四六「坐立部伎」條載：「自長壽樂以下，皆用龜茲樂，舞人皆著靴。」〔註 115〕《玉海》卷一〇五引「太樂令壁記」云：「坐部伎六，自《長壽樂》已下，皆用龜茲樂，舞人皆著靴。」可知坐部伎六曲中，除《龍池樂》（下文有述）之外的《長壽樂》、《天授樂》、《鳥歌萬歲樂》、《小破陣樂》的樂隊皆是以龜茲樂器構成。此種樂隊編配應是坐部伎中主要的樂隊形式。

（三）雅樂

《通典》卷一四六「坐立部伎」條載：「唯《龍池樂》備用雅樂笙磬，舞人躡。」〔註 116〕《玉海》卷一〇五引「太樂令壁記」云：「唯《龍池》備用雅樂而無聲，舞人躡履。」然《舊唐書》卷二九《音樂志》卻言：「惟《龍池》備用雅樂，而無鍾磬，舞人躡履。」《唐會要》卷三三、《冊府元龜》卷五六九、《樂書》卷一八一亦均爲此種說法。《龍池樂》所使用的雅樂樂隊中究竟有無鍾磬，因缺少文獻的詳細記述，故無法加以斷定。但可以肯定的是，坐部伎中《龍池樂》之樂隊是以雅樂樂器編成，亦或爲雅樂的樂隊形式，此亦爲二部伎所用樂隊形式之一。

三、小結

綜合上文所作考析，可知坐、立二部伎各曲樂隊的配置，根據樂曲的不同，其形式亦是不同的。

立部伎有八曲，依次爲《安樂》、《太平樂》、《破陣樂》、《慶善樂》、《大定樂》、《上元樂》、《聖壽樂》、《光聖樂》。樂隊演奏形式爲立奏。由文獻記述，主要有四種樂隊形式：

第一種：由大鼓、龜茲樂器構成的樂隊形式。關於演奏立部伎中的樂曲，有兩種記載，一種爲立部伎中除《慶善樂》之外的七曲均使用此種樂隊形式，亦或以此爲基礎的樂隊形式；另一種記載爲立部伎之《聖壽樂》、《光聖樂》的樂隊形式，《破陣樂》、《大定樂》、《上

〔註 114〕〔唐〕杜佑：《通典》，北京，中華書局 1984 年版，第 762 頁。
〔註 115〕〔唐〕杜佑：《通典》，北京，中華書局 1984 年版，第 762 頁。
〔註 116〕〔唐〕杜佑：《通典》，北京，中華書局 1984 年版，第 762 頁。

元樂》、《聖壽樂》、《光聖樂》四曲樂隊均是以此爲基礎構成的。

第二種：由大鼓、龜茲樂器加金鉦組成，爲《大定樂》之樂隊形式。

第三種：爲西涼樂的樂隊形式，具體配置爲鍾 1 架，磬 1 架，彈箏 1 具，搊箏 1 具，臥箜篌 1 具，豎箜篌 1 具，琵琶 1 具，五弦琵琶 1 具，笙 1 具，簫 1 具，大篳篥 1 具，小篳篥 1 具，長笛 1 具，橫笛 1 具，腰鼓 1 具，齊鼓 1 具，擔鼓 1 具，貝 1 具，銅鈸 2 具。此爲《慶善樂》之樂隊形式。

第四種：由大鼓、龜茲樂器、鍾、磬編配而成，主要爲立部伎之《破陣樂》和《上元樂》的樂隊形式。

坐部伎有六曲，依次爲《讌樂》、《長壽樂》、《天授樂》、《鳥歌萬歲樂》、《龍池樂》、《小破陣樂》。爲坐奏的樂隊演奏形式。根據文獻所言，大致有三種樂隊形式：

第一種：讌樂的樂隊形式，具體樂器構成爲玉磬 1 架，大方響 1 架，搊箏 1 具，筑 1 具，臥箜篌 1 具，大箜篌 1 具，小箜篌 1 具，大琵琶 1 具，小琵琶 1 具，大五弦琵琶 1 具，小五弦琵琶 1 具，吹葉 1 具，大笙 1 具，小笙 1 具，大篳篥 1 具，小篳篥 1 具，大簫 1 具，小簫 1 具，正銅鈸 1 具，和銅鈸 1 具，長笛 1 具，尺八 1 具，短笛 1 具，揩鼓 1 具，連鼓 1 具，鞉鼓 2 具，浮鼓 2 具，歌 2 人。

第二種：由龜茲樂器構成的樂隊形式。坐部伎六曲中，除《龍池樂》之外的《長壽樂》、《天授樂》、《鳥歌萬歲樂》、《小破陣樂》的樂隊皆是以龜茲樂器構成。此種樂隊編配應是坐部伎中主要的樂隊形式。

第三種：由雅樂樂器組合而成的樂隊，亦或爲雅樂的樂隊形式。此爲坐部伎之《龍池樂》的樂隊構成。

第三節　讌樂及文康樂之樂器組合

一、文康樂

文康樂爲隋時九部樂之最後一部，非四夷之樂，之所以歸入此章此節加以考訂，是因其屬華夏正樂之範疇。

《隋書》卷十五《音樂志》載：

《禮畢》者，本出自晉太尉庾亮家。亮卒，其伎追思亮，因假爲其面，執翳以舞，象其容，取其諡以號之，謂之爲《文康樂》。每奏九部樂終則陳之　，故以禮畢爲名。其行曲有《單交路》，舞曲有《散花》。樂器有笛、笙、簫、篪、鈴槃、鞞、腰鼓等七種，三懸爲一部。工二十二人。〔註 117〕

《新唐書》卷二一《禮樂志》載：「隋樂，每奏九部樂終，輒奏《文康樂》，一曰《禮畢》。太宗時，命削去之，其後遂亡。」〔註 118〕

據《晉書》卷七三《庾亮傳》，庾亮爲庾琛之子，其妹爲元帝皇后。生於西晉武帝太康十年（289 年），卒於東晉成帝咸康六年（340 年），享年 52 歲。庾亮姿容俊美，善於言談，好老莊之學，風度卓越，品格端正，爲人正直，嚴守禮節，人多懼之。死後追爲太尉，諡號文康。此樂便是文康死後，家伎爲追記其生前之功德而作。舞者戴以繪有其容貌的面具，以仿生前之容姿、舞姿。

就文康樂之樂隊構成而言，整個樂隊由八種樂器構成，其中腰鼓應與龜茲、疏勒、高昌、西涼各樂所用西域系細腰鼓同屬一類樂器；鈴槃、鞞爲文康樂所獨有之樂器，推測亦應爲中原樂器；笛（橫笛）爲俗樂器，笙、簫（排簫）、篪原係雅樂器，但亦通用爲俗樂器〔註 119〕；而有關文中所言「三懸」之「懸」，岸邊成雄對此有甚爲合理的闡釋：「就雅樂之樂懸推測，按樂懸係懸掛樂器之樂架，亦即懸掛以鍾、磬爲中心所構成之雅樂器，其編成之一組稱爲一懸，是則文康伎之三懸諒係三組之意。所以七種樂器爲一組，每種樂器一人，則三組共計二十一人，文中所稱『工二十二人』者其餘一人，諒係演奏時之指揮音樂演奏者，故合計爲二十二人，適與文述人數符合。」〔註 120〕可見文康樂於九部樂中，其樂隊構成形式還是較爲獨特的。其樂隊蘊含有印度及中原固有之音樂文化因素，換言之，此樂隊從某種程度上反映了雅、胡、俗音樂融合之結果。

〔註 117〕〔唐〕魏徵、房玄齡、長孫無忌等：《隋書》，北京，中華書局 1973 年版，第 380 頁。

〔註 118〕〔宋〕歐陽修：《新唐書》，北京，中華書局 1975 年版，第 470 頁。

〔註 119〕此處參閱〔日〕岸邊成雄著，梁在平、黃志炯譯：《唐代音樂史的研究》，臺北，臺灣中華書局，1973 年版，第 557 頁。

〔註 120〕〔日〕岸邊成雄著，梁在平、黃志炯譯：《唐代音樂史的研究》，臺北，臺灣中華書局，1973 年版，第 557～558 頁。

由構成文康樂的樂器類型來看，樂隊僅由吹奏樂器笛、笙、簫、篪，擊奏樂器鈴槃、鞞（小鼓類樂器）、腰鼓及旋律性擊奏樂器——編懸類樂器（鍾、磬）組成，其中未運用彈奏樂器，是一支具有吹打樂性質的樂隊。這一性質，應爲其本身音樂的表現內容所決定的，此樂爲晉人庾亮家伎爲追念其人而作，那麼這種追憶、祭奠、超度亡靈的音樂，一定會與宗教音樂有著很爲密切的聯繫，由此可見，其中必蘊含了較爲濃鬱的佛教音樂的風格特徵。

有關將文康樂和讌樂歸於一節加以討論的問題，在此需闡明其原因。岸邊成雄在考析此兩部樂時，亦將它們歸於一項，他雖未言明如此歸類之緣由，但由他對此項之命名「宴饗樂之性格」來考量，可知，他將二者歸於一起，是因兩樂均具有宴饗樂之性格。然筆者以爲僅如此原因，並不能成爲堅強有力的理由。本節將讌樂及文康樂歸於一節加以考訂，其原因有二點：首先，據上文考析，文康樂中運用有雅樂樂器，尤其是雅樂之典型樂器——編懸類樂器的編入，可知其樂爲正樂之範疇，應歸於本章「唐代正樂之樂器組合形式」之中，如岸邊成雄之言「此爲九部伎中與清樂同爲中國固有之樂」〔註 121〕。其次，文康樂爲隋朝所置九部樂之末曲，至唐太宗貞觀十一年（637 年），「去《禮畢曲》」（即文康伎），十四年（640 年）協律郎「張文收採古《硃雁》、《天馬》之義，製《景雲河清歌》，名曰宴樂，奏之管絃，爲諸樂之首，元會第一奏者是也。」〔註 122〕至此，唐代「九部樂」形成。同年八月（640 年），唐太宗「伐高昌，收其樂，付太常」。〔註 123〕十六年十一月（642 年）加奏「高昌伎」，「至是增爲十部伎。」可見，太宗貞觀年間，承隋制，先設九部樂，將隋朝九部伎中之文康樂減之，後編入讌樂於其中。如此看來，兩者有時間及內容的先後替代之聯繫。

二、讌樂

太宗貞觀年間，承隋制，設十部樂，隋朝九部樂中之文康樂減之，編入讌樂及高昌樂於其中，共爲十部樂。讌樂爲貞觀年間協律郎張文收所製，不僅於十部樂中位居其首，且於二部樂之坐部伎中亦居於首位。

《唐六典》卷十四《太常寺》載：

〔註 121〕〔日〕岸邊成雄著，梁在平、黃志炯譯：《唐代音樂史的研究》，臺北，臺灣中華書局，1973 年版，第 557 頁。

〔註 122〕〔後晉〕劉昫：《舊唐書》，北京，中華書局 1975 年版，第 1046 頁。

〔註 123〕〔唐〕杜佑：《通典》，北京，中華書局 1984 年版，第 762 頁。

凡大燕會，則設十部之位於庭，以備華夷：一曰燕樂會，有景雲樂之舞、慶善樂之舞、破陣樂之舞、承天樂之舞；（原注：玉磬、方響、搊箏、筑、臥箜篌、小箜篌、大琵琶、小琵琶、大五弦、小五弦、吹葉、大笙、小笙、長笛、尺八、大觱篥、小皁篥、大簫、小簫、正銅鈸、和銅鈸各一，歌二人，揩鼓、連鼓、鞉鼓、桴鼓、貝各二。）

《通典》卷一四六「坐立部伎」條亦曰：

貞觀中，景雲見，河水清。協律郎張文收採古朱雁天馬之義，製景雲河清歌，名曰宴樂，奏之管絃，爲諸樂之首：今元會第一奏者是。景雲樂，舞八人，花錦袍，五色綾袴，彩雲冠，烏皮靴；慶善樂，舞四人，紫綾袍，大袖，絲布袴，假髻；破陣樂，舞四人，緋綾袍，錦衿褾，緋綾袴；承天樂，舞四人，紫袍，進德冠，並金銅帶。樂用玉磬一架，大方響一架，搊箏一，筑一，臥箜篌一，大箜篌一，小箜篌一，大琵琶一，小琵琶一，大五弦琵琶一，小五弦琵琶一，吹葉一，大笙一，小笙一，大篳篥一，小篳篥一，大簫一，小簫一，正銅鈸一，和銅鈸一，長笛一，尺八一，短笛一，揩鼓一，連鼓一，鞉鼓二，浮鼓二，歌二。此樂唯景雲舞近存，餘並亡。〔註 124〕

此外，《新唐書》卷二一《禮樂志》亦云：

高宗即位，景雲見，河水清，張文收採古誼爲《景雲河清歌》，亦名燕樂。有玉磬、方響、搊箏、筑、臥箜篌、大小箜篌、大小琵琶、大小五弦、吹葉、大小笙、大小觱篥、簫、銅鈸、長笛、尺八、短笛，皆一；毛員鼓、連鞉鼓（引者按：應爲連鼓、鞉鼓）、桴鼓、貝，皆二。每器工一人，歌二人。工人絳袍，金帶，烏鞾。舞者二十人。分四部：一《景雲舞》，二《慶善舞》，三《破陣舞》，四《承天舞》。《景雲樂》，舞八人，五色雲冠，錦袍，五色袴，金銅帶。《慶善樂》，舞四人，紫袍，白袴。《破陳樂》，舞四人，綾袍，絳袴。《承天樂》，舞四人，進德冠，紫袍，白袴。《景雲舞》，元會第一奏之。〔註 125〕

〔註 124〕〔唐〕杜佑：《通典》，北京，中華書局 1984 年版，第 762 頁。

〔註 125〕〔宋〕歐陽修：《新唐書》，北京，中華書局 1975 年版，第 471 頁。

《玉海》卷一〇五「唐景雲河清歌 四部燕樂 承天樂 景雲樂」條僅轉引《新唐書・禮樂志》及《通典》中所言，雖亦涉及讌樂樂隊之某些樂器，但並未言及樂隊所有樂器，云：

> 《志》：高宗即位，景雲見，河水清。張文收採古誼爲《景雲河清歌》，亦名《燕樂》。有石磬、方響之類，至桴鼓、貝。（原注：每器工一人，歌二人。）舞者二十人。分四部：一曰《景雲舞》，二曰《慶善舞》，三曰《破陣舞》，四曰《承天舞》（原注：景雲樂舞八人，慶善樂舞四人，破陣樂舞四人，承天樂舞四人，又見舞類。）景雲舞元會第一奏之。《通典》：貞觀中（原注：十四年），景雲見，河水清，協律郎張文收採古朱雁天馬之義，製景雲河清歌，奏之管絃，爲諸樂之首，此樂唯景雲舞近存，餘並亡。坐部伎有六，一《燕樂》張文收所作，又分爲四部：有《景雲》、《慶善》、《破陣》、《承天》。《崔邠傳》故事太常始視事，大閱四部樂，都人縱觀。

茲將各書所載讌樂樂隊構成之樂器列於下表：

表 12 《唐六典》、《通典》、《新唐書》、《明集禮》所載讌樂樂隊編制比照表

種　類	文獻／樂器	《唐六典・太常寺》	《通典・樂六》	《新唐書・禮樂志》	《明集禮・樂・樂器》
旋律性擊奏樂器	玉磬	1	1	1	1
	方響	1	1	1	1
非旋律性擊奏樂器	正銅鈸	1	1	銅鈸 1	1
	和銅鈸	1	1		1
	毛員鼓			1	
	揩鼓	2	1		1
	連鼓	2	1	2	
	鼗鼓	2	2	2	2
	桴鼓	2	浮鼓 2	2	2
彈奏樂器	箏	搗箏 1	搊箏 1	搊箏 1	1
	筑	1	1	1	1
	臥箜篌	1	1	1	1
	大箜篌		1	1	1

	小箜篌	1	1	1	1
	大琵琶	1	1	1	1
	小琵琶	1	1	1	1
	大五弦	1	1	1	1
	小五弦	1	1	1	1
吹奏樂器	吹葉	1	1	1	
	大笙	1	1	1	1
	小笙	1	1	1	
	長笛	1	1	1	1
	尺八	1	1	1	1
	短笛		1	1	1
	大篳篥	1	1	1	1
	小篳篥	1	1	1	1
	大簫	1	1	簫 1	1
	小簫	1	1		1
	貝	2		2	
其　他	歌工	2	2	2	2
	舞伎			20	

由表中所列可看出各書所載，僅個別樂器稍有不同外，整體來看，其樂器構成還是較爲一致的。

據《通典》所載，讌樂樂隊中就使用有28種樂器，31件樂器，爲十部伎中所用樂器種類、數量最多的樂隊，其規模爲十部伎之首。其中箜篌、琵琶、五弦、觱篥、簫有大小之分，笛有長短之分，銅鈸有正和之分，這亦是由於讌樂樂曲較大而造成的。

由樂隊樂器之性質來看，依岸邊成雄所言：「玉磬一架爲雅樂器；大方響、搊箏、筑、臥箜篌、吹葉、連鼓、鞉鼓、浮鼓係俗樂器；豎箜篌、五弦、篳篥、銅鈸、長短笛、尺八、揩鼓（答臘故之中國名）係西域樂器系；琵琶、笙、簫則爲十部伎之基本樂器。亦即係由雅、胡俗之樂器綜合編成，其中並包括有其他各伎所未曾有之方響、尺八、連鼓、鞉鼓、浮鼓、歌、吹葉等七種樂曲……」〔註126〕由此而言，十部伎之首伎，即坐部伎之首曲——「讌樂」，

〔註126〕〔日〕岸邊成雄著，梁在平、黃志炯譯：《唐代音樂史的研究》，臺北，臺灣中華書局，1973年版，第560頁。

其樂隊形式是雅、胡、俗三者融合之結果，其樂隊性質亦很明顯兼具三種音樂的風格特點，並融爲一體。

第四節　清樂之樂器組合及其樂器考

一、清樂樂部之淵源

（一）清樂樂部之淵源

關於清樂之淵源，《魏書》志第十四《樂志》記載：

初，高祖討淮、漢，世宗定壽春，收其聲役。江左所傳中原舊曲 ，《明君》、《聖主》、《公莫》、《白鳩》之屬，及江南吳歌、荊楚四聲，總謂清商。至於殿庭饗宴兼奏之。

《隋書》卷十五《音樂志》載：

開皇九年平陳，獲宋齊舊樂，詔於太常置清商署以管之。

清樂其始卽清商三調是也，並漢來舊曲。樂器形制，並歌章古辭，與魏三祖所作者，皆被於史籍。屬晉朝遷播，夷羯竊據，其音分散。苻永固平張氏，始於涼州得之。宋武平關中，因而入南，不復存於內地。及平陳後獲之。高祖聽之，善其節奏，曰：「此華夏正聲也。昔因永嘉，流於江外，我受天明命，今復會同。雖賞逐時遷，而古致猶在。可以此爲本，微更損益，去其哀怨，考而補之。以新定律呂，更造樂器。」〔註 127〕

《舊唐書》志第九《音樂志》記載：

清樂者，南朝舊樂也。永嘉之亂，五都淪覆，遺聲舊制，散落江左。宋、梁之間，南朝文物，號爲最盛；人謠國俗，亦世有新聲。後魏孝文、宣武，用師淮、漢，收其所獲南音，謂之清商樂。隨平陳，因置清商署，總謂之清樂。

《通志》卷四九《樂略第一》「清商曲七曲」條目中載：

（鄭樵按）清商曲亦謂之清樂，出於清商三調，所謂平調、清調、瑟調是也。三調者乃周房中樂之遺聲，漢魏相繼，至晉不絕，永嘉之亂中朝舊曲散落江右，而清商舊樂猶傳江左，所謂梁宋新聲

〔註 127〕〔唐〕魏徵、房玄齡、長孫無忌等：《隋書》，北京，中華書局 1973 年版，第 377～378 頁。

是也。元魏孝文纂漢收其所獲南音謂之清商樂，即此等是也。

《通典》卷第一四六《樂六》記載：

清樂者，其始即清商三調是也，並漢氏以來舊曲。樂器形制，並歌章古調，與魏三祖所作者，皆備於史籍。〔註 128〕

陳暘《樂書》卷一五九「清樂」條目載：

清樂部其來尚矣，器及章詞多漢魏所作。晉室播遷，其音散亡，苻堅平張氏於涼州得之也。宋武帝永嘉之亂，五都淪覆，遺聲舊制散落江左。宋梁之間，南朝文物號爲最盛，人謠國俗亦有新聲。後魏孝文、宣武用兵淮、漢，收其所獲南音，謂之清商署，摠謂之清樂。

由以上文獻所載，可知清樂「其始即清商三調」，「所謂平調、清調、瑟調是也」。〔註 129〕據《通志》鄭樵按語，清商三調原爲周代房中樂之遺聲。自漢代經魏相傳，至西晉永嘉五年（311 年），匈奴兵攻陷西晉京師洛陽，俘虜晉懷帝，皇室、世族紛紛遷至江南，「清樂」包括「漢來舊曲」及曹魏三祖所作歌曲，也隨之散播於江左。西晉末年，原流行於中原的清商樂衰竭，一時僅流傳於西北邊境的涼州一帶，東晉太元元年（376 年），前秦苻堅攻破涼州張氏，始獲其樂。《隋書》卷十五《音樂志》言及清樂三調時曰：「屬晉朝遷播，夷羯竊據，其音分散。苻永固平張氏，始於涼州得之。」〔註 130〕南朝宋武帝平定關中，「清商舊樂」隨之於江南傳播，即「所謂梁、宋新聲是也」。梁時，立「清商署」以管

〔註 128〕〔唐〕杜佑：《通典》，北京，中華書局 1984 年版，第 761 頁。

〔註 129〕所謂「清商三調」，可見《魏書・樂志》卷一〇九載：「又依琴五調調聲之法，以均樂器，其瑟調以宮爲主，清調以商爲主，平調以宮爲主，五調各以一聲爲主。」

有關「清商三調」淵源，可參見〔清〕胡彥升：《樂律表微》卷六載：「魏書樂志：瑟調以宮爲主，清調以商爲主，平調以角爲主，五調各以一聲爲主。五調者，第一平調，第二清調，第三瑟調，第四楚調，第五側調。陳仲孺謂依琴五調調聲之法，以均樂器，是五調。本彈琴取聲合曲之名，各以一聲爲均，主即黃鍾均，五聲之旋宮也。楚側二調，仲孺不言所主爲徵爲羽未之詳也。清樂三調即此五調之三，迎氣五引亦即此五調爾。唐志云：平調、清調周房中樂遺聲。蓋此二調之曲得其遺聲，非周時有此調名也，五調之名起於漢魏樂府，其平、清、瑟三調總謂之清商。荀勗取魏三祖舊詞爲平、清、瑟三調歌曲，楚調則唯東阿王明月照高樓一詩而已，自此以後世特重平、清、瑟三調。」

〔註 130〕〔唐〕魏徵、房玄齡、長孫無忌等：《隋書》，北京，中華書局 1973 年版，第 377 頁。

之，與「太樂」、「總章」、「鼓吹」三署並立，並設「丞」爲掌管清商署之官吏〔註 131〕，於梁天監七年（508 年），以太常太樂令別領清商丞〔註 132〕。後魏孝文帝、宣武帝「用師淮、漢，收其所獲南音」，將「江左所傳中原舊曲」、「及江南吳歌、荊楚四聲，總謂清商」，並「至於殿庭饗宴兼奏之」。北齊時設有清商四部、清商二部樂，分屬中書省和東宮典書坊，太常寺之「太樂」兼領「清商部」部「丞」之職位。〔註 133〕《隋書》卷二七《百官志》載北齊官制「中書省」有「司伶官西涼部直長、伶官西涼四部、伶官龜茲四部、伶官清商部直長、伶官清商四部」，東宮「典書坊」統「伶官西涼二部、伶官清商二部」。並將清樂歸屬雜樂，後期逐漸盛行。《隋書》卷十四《音樂志》記載：「雜樂有西涼、鼙舞、清樂、龜茲等。然吹笛、彈琵琶、五弦及歌舞之伎，自文襄以來，皆所愛好。至河清以後，傳習尤盛。」〔註 134〕隋開皇九年（589 年），文帝平陳，「獲宋、齊舊樂」，贊之爲「華夏正聲」，隨以它爲基礎，考補損益，且「調五音爲五夏、二舞、登歌、房中等」作爲隋世之雅樂，「賓、祭用之」，〔註 135〕稱之爲清樂十四調，〔註 136〕並特升北齊之「清商部」爲「清商署」來管理，隸屬太常寺。〔註 137〕《隋書》卷十五《音樂志》載：「開皇九

〔註 131〕《通典》卷二五「鼓吹署」條目載：「……梁有鼓吹令丞，又有清商署。北齊鼓吹令丞及清商部，並屬太常。隋有鼓吹、清商二令丞。至煬帝，罷清商署。」
《欽定歷代職官表》卷十載：「至梁，設校尉，而總章始置專官，又別立清商署丞，於是太樂、總章、鼓吹、清商四樂遂各有分掌校之。」

〔註 132〕《唐六典》卷一四《太常寺》載：「梁太常屬官，有太樂令，班第一，品從九。又別領清商丞。」

〔註 133〕《隋書・百官志》卷二七載：「後齊制官多循後魏……太樂兼領清商部丞（掌清南音樂等事）。」
《冊府元龜》卷五六三載：「北齊太常掌陵廟羣祀禮樂儀制衣冠之屬。其屬官有博士、協律郎、八書博士等員，統諸陵太廟、太樂、衣冠、鼓吹、太祝、太醫、廩犧、太宰等署令丞，而太廟兼領郊祠、崇元二局丞，太樂兼領清商部丞。」
《欽定歷代職官表》卷十〇載：「隋書百官志：後齊太常寺屬官有協律郎二人，掌監調律呂音樂，統太樂署令丞，掌諸樂及行禮節奏等事。鼓吹署令丞，掌百戲、鼓吹樂人等事。太樂兼領清商部丞，掌清商音樂等事。」

〔註 134〕〔唐〕魏徵、房玄齡、長孫無忌等：《隋書》，北京，中華書局 1973 年版，第 331 頁。

〔註 135〕〔後晉〕劉昫：《舊唐書》，北京，中華書局 1975 年版，第 1040 頁。

〔註 136〕《舊唐書》卷二八載：「乃調五音爲五夏、二舞、登歌、房中等十四調，賓、祭用之。隋氏始有雅樂，因置清商署以掌之。……隋世雅音，惟清樂十四調而已。」

〔註 137〕《通典》卷二五載：「……梁有鼓吹令丞，又有清商署。北齊鼓吹令丞及清商部，並屬太常。隋有鼓吹、清商二令丞。至煬帝，罷清商署。」

年平陳，獲宋、齊舊樂，詔於太常置清商署，以管之。求陳太樂令蔡子元、於普明等，復居其職。」〔註138〕並於開皇初設「七部樂」，將清商樂編入其中，置「國伎」之後，居於第二位。隋煬帝即位後，雖廢除「清商署」，但將清商樂設爲「九部樂」之首部，稱其爲「清樂」。雖至「隋末大亂」，然「其樂猶全」。〔註139〕唐並清商、鼓吹爲一署，增令一人。

（二）唐初清樂樂隊編制與相和、吳歌樂隊編制之比較

隋唐時期所云「清商」樂，包涵有漢魏清商舊曲和南朝清商新聲，即「所謂梁、宋新聲」這兩類音樂。前者指由清商三調、相和曲到大曲等漢魏西晉諸類音樂，後者指南朝新聲吳歌、西曲等。

南朝陳釋智匠《古今樂錄》（《樂府詩集》引）記述相和大曲、吳歌六種樂隊的配置，即相和曲、平調曲、清調曲、瑟調曲、楚調曲、吳歌六種：

「凡相和，其器有笙、笛、節歌、琴、瑟、琵琶、箏七種」〔註140〕；

平調曲「其器有箏、笛、筑、笙、琴、瑟、琵琶七種」〔註141〕；

清調曲「其器有笙、笛、（下聲弄、高弄、遊弄），篪、節、琴、瑟、箏、琵琶八種」〔註142〕；

瑟調曲「其器有笙、笛、節、琴、瑟、箏、琵琶七種」〔註143〕；

〔註138〕〔唐〕魏徵、房玄齡、長孫無忌等：《隋書》，北京，中華書局1973年版，第349頁。

〔註139〕《舊唐書》卷二八載：「隋世雅音，惟清樂十四調而已。隋末大亂，其樂猶全。」（〔後晉〕劉昫：《舊唐書》，北京，中華書局1975年版，第1040頁。）

〔註140〕〔陳〕釋智匠：《古今樂錄》，《樂府詩集》卷二六引。《樂府詩集·相和歌辭一》卷四四「相和六引」載：「《古今樂錄》曰：『張永《技錄》相和有四引，凡相和，其器有笙、笛、節歌、琴、瑟、琵琶、箏七種。』」（〔宋〕郭茂倩：《樂府詩集》，北京，中華書局1979年11月版，第377頁。）

〔註141〕〔南朝〕王僧虔：《大明三年宴樂技錄》，《樂府詩集》卷三〇引。《樂府詩集·相和歌辭五》卷三〇「平調曲」載：「《古今樂錄》曰：『王僧虔《大明三年宴樂技錄》，平調曲有七曲：……其器有笙、笛、筑、瑟琴、箏、琵琶七種。……』」（〔宋〕郭茂倩：《樂府詩集》，北京，中華書局1979年11月版，第441頁。）

〔註142〕〔南朝〕王僧虔：《大明三年宴樂技錄》，《樂府詩集》卷三三引。《樂府詩集·相和歌辭八》卷三三「清調曲」載：「《古今樂錄》曰：『王僧虔《技錄》，清調有六曲：……其器有笙、笛、（下聲弄、高弄、遊弄），篪、節、琴、瑟、箏、琵琶八種。……』」（〔宋〕郭茂倩：《樂府詩集》，北京，中華書局1979年11月版，第495頁。）

〔註143〕〔南朝〕王僧虔：《大明三年宴樂技錄》，《樂府詩集》卷三六引。《樂府詩集·相和歌辭十一》卷三六「瑟調曲」載：「《古今樂錄》曰：『王僧虔《技錄》，瑟調曲有……其器有笙、笛、節、琴、瑟、箏、琵琶七種。……』」（〔宋〕郭

楚調曲「其器有笙、笛弄、節、琴、箏、琵琶、瑟七種」〔註 144〕；吳歌「舊器有篪、箜篌、琵琶，今有笙、箏」〔註 145〕。

各樂隊中樂器分類如下：

表 13　唐初清樂樂隊編制與相和、吳歌樂隊編制比對表

類型 / 樂隊	擊奏樂器		彈奏樂器	吹奏樂器
	旋律性	非旋律性		
相和		節	琴、瑟、箏、琵琶	笙、笛
平調曲			琴、瑟、箏、琵琶、筑	笙、笛
清調曲		節	琴、瑟、箏、琵琶	笙、笛、篪
瑟調曲		節	琴、瑟、箏、琵琶	笙、笛
楚調曲		節	琴、瑟、箏、琵琶	笙、笛
吳歌			箜篌、琵琶、箏	笙、篪
隋清樂〔註 146〕	鍾、磬	節鼓	琴、瑟、箏、琵琶、箜篌、筑、擊琴	笙、笛、篪、簫、塤
唐初清樂〔註 147〕	鍾、磬	節鼓	彈琴、瑟、箏、琵琶、箜篌、筑、擊琴（《通典》爲一弦琴）	笙、長笛、篪、簫、吹葉

茂倩：《樂府詩集》，北京，中華書局 1979 年 11 月版，第 535 頁。）

〔註 144〕〔南朝〕王僧虔：《大明三年宴樂技錄》，《樂府詩集》卷四一引。《樂府詩集．相和歌辭十六》卷四一「楚調曲」載：「《古今樂錄》曰：『王僧虔《技錄》：楚調曲有……其器有笙、笛弄、節、琴、箏、琵琶、瑟七種。……』」（〔宋〕郭茂倩：《樂府詩集》，北京，中華書局 1979 年 11 月版，第 599 頁。）

〔註 145〕〔陳〕釋智匠：《古今樂錄》，《樂府詩集》卷四四引。《樂府詩集．清商曲辭一》卷四四「吳聲歌曲」載：「《古今樂錄》曰：『吳聲歌舊器有篪、箜篌、琵琶，今有笙、箏。……』」（〔宋〕郭茂倩：《樂府詩集》，北京，中華書局 1979 年 11 月版，第 640 頁。）

〔註 146〕《隋書》卷十五《音樂志》記載清樂：「其樂器有鍾、磬、琴、瑟、擊琴、琵琶、箜篌、筑、箏、節鼓、笙、笛、簫、篪、塤等十五種，爲一部。工二十五人。」（〔唐〕魏徵、房玄齡、長孫無忌等：《隋書》，北京，中華書局 1973 年版，第 378 頁。）

〔註 147〕《唐六典》卷十四《太常寺》載：「編鍾、編磬各一架，瑟、彈琴、擊琴、琵琶、箜篌、箏、筑、節鼓各一，歌二人，笙、長笛、簫、篪各二，吹葉一人，舞四人。」（〔唐〕李林甫等：《唐六典》，北京，中華書局 1992 年版，第 404 頁。）

《通典》卷一四六《樂六》載清樂：「樂用鍾一架，磬一架，琴一，一弦琴一，

由上表可以清晰地看出隋及唐初清樂樂隊，與清商三調、相和大曲及吳歌、西曲之間的淵源關係。隋及唐初清樂樂隊的彈奏樂器與吹奏樂器，可以說綜合了先前清商三調、相和大曲及吳歌、西曲等各樂隊之樂器，並增加了彈奏樂器擊琴（或一弦琴），增加了吹奏樂器簫與塤（隋）或吹葉（唐初），主要的變化則體現在旋律性的擊奏樂器編鍾、編磬於清樂樂隊中的運用。

自漢魏時期便已於清商舊曲的樂隊中編入鍾、磬，這是相和舊曲雅樂化的重要標誌。曹魏是清商舊曲發展的重要時期，對清商曲「宰割辭調」，被之管絃金石，魏晉十五首大曲采詩合樂，「魏樂所奏」、「晉樂所奏」皆配之金石，這正是清商舊曲由民間步入宮廷並不斷雅化的重要環節。宋孝武帝大明（457～464 年）中，將鞞、拂等舞合之鍾石，施於殿庭。宋順帝昇明二年（478 年），尚書令王僧虔上表論三調歌曰：「夫鍾縣之器，以雅爲用……大明中，即以宮縣合和《鞞》、《拂》，節數雖會，慮乖雅體……四縣所奏，謹依雅則，斯則舊樂前典，不墜於地。臣昔已製哥磬，猶在樂官，具以副鍾，配成一部，即義沿理，如或可安。又今之《清商》，實由銅雀，魏氏三祖，風流可懷。京、洛相高，江左彌重。諒以金縣干戚，事絕於斯（此處據《王僧虔傳》應作「金石干羽，事絕斯寶」）……士有等差，無故不可以去禮；樂有攸序，長幼不可以共聞。」〔註 148〕後宋順帝下詔：「僧虔表如此，夫鍾鼓既陳。」〔註 149〕王僧虔「樂奏」中認爲清商樂以「宮懸合」，才「乖雅體」，「如或可安」，這正是隋及唐初清樂樂隊中編入鍾磬將其進一步雅化之先舉之措。《宋書》卷十九《樂志》：「凡樂章古詞，今之存者，並漢世街陌謠謳，《江南可採蓮》、《烏生十五子》（校注云『十五子』疑爲『八九子』之誤〔註 150〕）、《白頭吟》之屬是也。吳哥雜曲，並出江東，晉、宋以來，稍有增廣。」又云：「凡此諸曲，始皆徒哥，既而被之絃管。又有因絃管金石，造哥以被之，魏世三調哥詞之類是也。」

先前主要流行於民間的清商舊樂及南朝新聲，北齊時屬於雜樂範疇的清樂，而隋將其視爲「華夏正聲」，使居隋初所置七部樂之首部，成爲隋朝宮廷之雅樂，此時在樂器組合方面最爲重要的舉措，同樣是於清樂樂隊中加入了

瑟一，秦琵琶一，臥箜篌一，筑一，箏一，節鼓一，笙二，笛二，簫二，篪二，葉一，歌二。」（〔唐〕杜佑：《通典》，北京，中華書局 1984 年版，第 761 頁。）

〔註 148〕〔梁〕沈約：《宋書》，北京，中華書局 1974 年版，第 553 頁。

〔註 149〕〔梁〕沈約：《宋書》，北京，中華書局 1974 年版，第 553 頁。

〔註 150〕〔梁〕沈約：《宋書》，北京，中華書局 1974 年版，第 561 頁。

象徵禮樂制度的編鍾、編磬，突出清樂自身所蘊含的禮樂成分，以顯示出其「華夏正聲」的身份。《舊唐書》卷二九《音樂志》載：「宴享陳《清樂》、《西涼樂》。架對列於左右廂，設舞筵於其間。」可見此樂的雅樂身份十分明確。

（三）唐代與隋代清樂樂隊編制之比照

由文獻所載可看出，唐清樂樂部樂隊編制承隋制，並無太多變化。有關唐清樂樂部編制的記載，最早見於《唐六典》卷十四《太常寺》。此書成於開元二十七年（739 年），此時唐清樂樂部編制與隋相比，除吹奏樂器中以「葉」代「塤」外，其他樂器相同，樂工總數均爲 25 人。《樂府詩集》卷四四「清商曲辭」題解中云：「清商樂……大業中，煬帝乃定清樂、西涼等爲九部。……（清樂）樂器有鍾、磬、琴、瑟、擊琴、琵琶、箜篌、筑、箏、節鼓、笙、笛、簫、篪、塤等十五種，爲一部。唐又增吹葉而無塤。」〔註 151〕《全唐詩》卷二一「相和歌辭」注云：「以後並清商曲，其器有鍾、磬、琴、瑟、擊琴、琵琶、箜篌、筑、箏、節鼓、笙、笛、簫、篪、塤等十五種爲一部。唐又增吹葉，而無塤。」《隋書・樂志》中未載各種樂器具體數目及歌、舞人數，我們或可據文獻所載唐清樂樂部編制大膽推測。《唐六典》、《通典》、《新唐書》、《舊唐書》、《玉海》都記載有清樂每種樂器數目，綜合四書所載，彈奏樂器組中每種樂器各 1 件，吹奏樂器組中笙、簫、篪、笛各爲 2 件，擊奏樂器組鍾、磬均爲 1 架，節鼓也爲 1 件。就時間及所載編制而言，《唐六典》與隋之清樂樂部編制最爲接近。《唐六典》載清樂部歌 2 人、舞 4 人，載該部「工」之總數，爲 25 人，與隋清樂部總人數相同。若按《唐六典》所載各樂器樂工及「歌」「舞」人數來推測隋清樂部編制的話，其編制有可能爲如下所列：

表 14　隋代清樂樂器組合表

擊奏樂器	旋　律	鍾、磬各一架
	非旋律	節鼓一
彈奏樂器		瑟、琴、擊琴、琵琶、箜篌、箏、筑皆一
吹奏樂器		笙、簫、篪、笛皆二，塤一
歌、舞		歌二人，舞四人
「工」		二十五人

〔註 151〕〔宋〕郭茂倩：《樂府詩集》，北京，中華書局 1979 年版，第 638 頁。

二、唐代清樂樂部之樂器組合

表 15　唐代清樂樂器組合表

	清樂樂隊編制	樂工、歌工、舞伎
《隋書・音樂志》（卷十五）	鍾、磬、琴、瑟、擊琴、琵琶、箜篌、筑、箏、節鼓、笙、笛、簫、篪、塤等十五種	共 25 人
《唐六典・太常寺》（卷十四）開元二十六年（738）	編鍾、編磬各一架，瑟、彈琴、擊琴、琵琶、箜篌、箏、筑、節鼓各一，笙、長笛、簫、篪各二，吹葉一人。	歌二人，舞四人
《通典・樂六》（卷一百四十六）公元 801 年	鍾一架，磬一架，琴一，一弦琴一，瑟一，秦琵琶一，臥箜篌一，筑一，箏一，節鼓一，笙二，笛二，簫二，篪二，葉一。	歌二
《樂府雜錄》888～894 晚唐	琴、瑟、雲和箏（其頭像雲）、笙、竽、箏、簫、方響、篪、跋膝、拍板	
《舊唐書・音樂志》（志第九）後晉 941～945	鍾一架，磬一架，琴一，三弦琴一，擊琴一，瑟一，秦琵琶一，臥箜篌一，筑一，箏一，節鼓一，笙二，笛二，簫二，篪二，葉二。	歌二
《新唐書・禮樂十一》（卷二十一）慶曆四年（1044）開修 17 年	編鍾、編磬、獨弦琴、擊琴、瑟、奏琵琶、臥箜篌、筑、箏、節鼓皆一；笙、笛、簫、篪、方響、跋膝皆二；吹葉一人。	歌二人，舞者四人
《樂書》（卷一百五十九）	編鍾、編磬、擊琴、彈瑟、琵琶、箜篌、箏、筑、笙、簫、塤、篪、笛、觱篥、吹葉、節鼓。	舞 共 25 人
《樂書》（卷一百八十八）	琴、瑟、雲和箏、笙、竽、箏、簫、方響、篪、跋膝、拍板。	
《明集禮・樂・樂器》（卷五十三上）	鍾一架、磬一架、琴一、瑟一、獨弦琴一、秦琵琶一、臥箜篌一、筑一、箏一、節鼓一、笙二、笛二、簫二、篪二。	歌二

樂器類型		文獻 / 樂器	《隋書·音樂志》（卷十五）	《唐六典·太常寺》（卷十四）	《通典·樂六》（卷一百四十六）	《樂府雜錄》	《舊唐書·音樂志》（志第九）	《新唐書·禮樂十一》（卷二十一）	《樂書》（卷一百五十九）	《樂書》（卷一百八十八）	《明集禮·樂·樂器》（卷五十三上）
擊奏樂器	旋律	鍾	*	編鍾 1 架	1 架		1 架	編鍾 1 架	編鍾		1 架
		磬	*	編磬 1 架	1 架		1 架	編磬 1 架	編磬		1 架
		方響				*		2		*	
	非旋律	節鼓	*	1	1		1	1	*		1
彈奏樂器		琴	*	彈琴 1	1	*	1			*	1
		擊琴	*	1			1	1	*		
		一弦琴			1			獨弦琴 1			獨弦琴 1
		三弦琴					1				
		瑟	*	1	1	*	1	1	*	*	1
		琵琶	*	1	秦琵琶 1		秦琵琶 1	奏琵琶 1	*		秦琵琶 1
		箜篌	*	1	臥箜篌 1		臥箜篌 1	臥箜篌 1	*		臥箜篌 1
		筑	*	1	1		1	1	*		1
		箏	*	1	1	*	1	1	*	*	1
		雲和箏				*				*	

吹奏樂器	笙	*	2	2	*	2	2	*	*	2
	竽				*				*	
	笛	*	長笛 2	2		2	2	*		2
	簫	*	2	2	*	2	2	*	*	2
	篪	*	2	2	*	2	2	*	*	2
	觱篥							*		
	塤	*						*		
	葉		1	1		2	2	*		
	跋膝				*		2		*	
	歌工		2	2		2	2			2
	舞伎		4				4	*		
	「工」	25						25		
匯　總	樂器種類	15	15	15	10	16	17	16	10	14

注：《隋書・音樂志》（卷十五）、《樂府雜錄》、《樂書》（卷一百五十九、卷一百八十八）所涉文獻中只列出清樂部中的樂器種類，未標明每種樂器的數目，故在本表中只標記「*」。

由以上文獻可知，清樂樂部的樂器組合形式可大體分爲兩類。第一類主要構成爲：擊奏樂器組，包括主要演奏旋律的鍾、磬，及作節奏用的節鼓；彈奏樂器組，包括瑟、箏、琴、擊琴、琵琶、箜篌、筑等；吹奏樂器組，主要有笙、笛、簫、篪、葉等。《隋書・樂志》、《唐六典》、《通典》、《新唐書・樂志》、《舊唐書・樂志》所載均在此編制的基礎上，個別樂器種類稍有增減。第二類樂器組合主要構成爲：擊奏樂器組，主要演奏旋律的方響，與起節奏作用的拍板；彈奏樂器組，琴、瑟、箏、雲和箏；吹奏樂器組，笙、竽、簫、篪、跋膝，此類組合最早出自晚唐段安節《樂府雜錄》〔註 152〕。後世諸書記載，亦多源出於以上幾種重要的唐代音樂文獻所載。

三、清樂樂部中所涉樂器考

本節進一步考述上述文獻中的清樂樂器名稱、形制及演奏方法等，側重分析該樂器在清樂樂隊整體中之性能與功用。

比較以上兩種組合類型，其共同樂器主要有彈奏樂器組的琴、瑟、箏，吹奏樂器組的笙、簫、篪。兩種組合類型的差異，主要體現在四個方面：擊奏樂器組中，旋律性擊奏樂器編鍾、編磬與方響，非旋律性擊奏樂器節鼓與拍板構成兩對矛盾；彈奏樂器組中情況較爲複雜，雲和箏與琵琶、箜篌、筑等樂器多不在同一文獻中出現，而擊琴、一弦琴、三弦琴等，則不同文獻記載多有不同；吹奏樂器組，第一種類型特有笛、葉，第二種類型特有竽、跋膝；第二種樂隊類型中起節奏作用的樂器只有拍板，而無節鼓。兩種組合類型之主要異同見下表：

表 16　文獻所見兩種清樂樂隊編制比對表

清樂樂部樂器組合形式	擊奏樂器		彈奏樂器	吹奏樂器
	旋律	非旋律		
兩種類型共有樂器	無	無	琴、瑟、箏	笙、簫、篪
第一種類型特有樂器	鍾、磬	節鼓	琵琶、箜篌、筑、擊琴	笛、葉

〔註 152〕〔唐〕段安節：《樂府雜錄》，上海，古典文學出版社 1957 年版，第 22 頁。

第二種類型 特有樂器	方響	拍板	雲和箏	竽、跋膝

（一）彈奏樂器

對比兩種類型的唐清樂樂隊編制，共同的彈奏類樂器有：琴、瑟、箏。

第一種編制類型，文獻所涉彈奏類樂器有：擊琴、一弦琴、三弦琴、琵琶、箜篌、筑。

第二種編制類型，文獻所涉彈奏類樂器除琴、瑟、箏之外，只有雲和箏。

1、箏

考述唐清樂樂部所用箏，需以東漢時期之十二弦箏爲始。

東漢時期十二弦箏逐漸流行，箏樂的表現力也漸趨豐富。

〔漢〕侯瑾《箏賦》云：

> 於是急弦促柱，變調改曲，卑殺纖妙，微聲繁縟，散清商而流轉兮，若將絕而復續，紛曠蕩以繁奏，邈遺世而越俗，若乃察其風采，練其聲音，美武蕩乎，樂而不淫，雖懷思而不怨，似豳風之遺音，於是雅曲既闋，鄭衛仍脩，新聲順變，妙弄優游，微風漂裔，冷氣輕浮，感悲音而增歎，愴嚬悴而懷愁，若乃上感天地，下動鬼神，享祀祖宗，酬酢嘉賓，移風易俗，混同人倫，莫有尚於箏者矣。〔註153〕

魏時之箏，阮瑀《箏賦》中有清晰描述：

> 惟夫箏之奇妙，極五音之幽微，苞群聲以作主，冠眾樂而爲師，稟清和於律呂，籠絲木以成資，身長六尺，應律數也，故能清者感天，濁者合地，五聲並用，動靜簡易，大興小附，重發輕隨，折而復扶，循覆逆開，浮沉抑揚，升降綺靡，殊聲妙巧，不識其爲，平調足均，不疾不徐，遲速合度，君子之衢也，慷慨磊落，卓礫盤紆，壯士之節也，曲高和寡，妙妓難工，伯牙能琴，於茲爲朦，皦懌翕純，庶配其蹤，延年新聲，豈此能同，陳惠李文，曷能是逢。……弦有十二，四時度也；柱高三寸，三才具位也。〔註154〕

〔註153〕〔唐〕歐陽詢：《藝文類聚》，上海古籍出版社，1982年1月新1版，第784頁。

〔註154〕〔唐〕歐陽詢：《藝文類聚》，上海古籍出版社，1982年1月新1版，第785頁。

侯瑾《箏賦》中的「清商」所指爲「清樂」。唐清樂的前身就是在漢魏時期流行的平調、清調、瑟調，即相和三調，或稱清商三調（即宮調、商調、角調）。《文獻通考》曰：「阮瑀謂『弦有十二，四時度也』。唐唯清樂箏十二弦，他皆十三弦，今教坊無十二弦者」。〔註155〕《通典》也有相似的記載。〔註156〕可知唐時僅清樂用十二弦箏，他樂皆用十三弦箏。從「散清商而流轉兮」句看，推論侯瑾所賦也同樣爲十二弦箏，唐清樂中之十二弦箏應沿襲漢魏。由這兩篇詩賦所云，可知當時十二弦箏之定弦爲五音排列，且箏早在魏時的眾多樂器中有相當高的地位。

箏的形制在兩晉文學作品中也有較爲詳細的描述。

賈彬《箏賦》曰：「設弦十二，太簇數也，列柱參差，招搖布也，分位允諧，六龍御也。」〔註157〕可見當時的箏仍爲十二弦，是漢魏時箏的延續。又東晉顧愷之《箏賦》，曰：「其器也，則端方修直，天隆地平，華文素質，爛蔚波成，君子嘉其斌麗，知音偉其含清，罄虛中以揚德，正律度而儀形，良工加妙，輕縟璘彬，玄漆緘響，慶雲被身。」〔註158〕可知晉時箏之琴面呈弧形，狀如天穹，而底板呈平面狀，形似大地。

至南朝梁陳年間，顧野王《玉篇》提到：「箏，似瑟十三弦」。〔註159〕可知十三弦箏已然出現。

《隋書·音樂志》載：「絲之屬四：……四曰箏，十三弦，所謂秦聲，蒙恬所作者也。」〔註160〕唐代訓詁學家顏師古《急救篇》云：「箏亦瑟類也，本十二弦，今則十三弦。」〔註161〕清代文字訓詁學家朱駿聲《說文通訓定聲》云：「古箏五弦，施於竹如筑。秦蒙恬改於十二弦，變形如瑟，易竹於木，唐以後加十三弦。」〔註162〕這些記錄，認定了十三弦箏在隋唐時已廣泛使用。

〔註155〕〔元〕馬端臨：《文獻通考》，北京，中華書局1986年版，第1219頁。
〔註156〕〔唐〕杜佑：《通典》，北京，中華書局1984年版，第753頁。
〔註157〕〔唐〕歐陽詢：《藝文類聚》，上海古籍出版社，1982年1月新1版，第786頁。
〔註158〕〔唐〕歐陽詢：《藝文類聚》，上海古籍出版社，1982年1月新1版，第786頁。
〔註159〕〔唐〕歐陽詢：《藝文類聚》，上海古籍出版社，1982年1月新1版，第785頁。
〔註160〕〔唐〕魏徵、房玄齡、長孫無忌等：《隋書》，北京，中華書局1973版，第375頁。
〔註161〕文化部文學藝術研究所、音樂舞蹈研究室：《中國樂器介紹》，北京，人民音樂出版社，第39頁。
〔註162〕〔清〕朱駿聲：《說文通訓定聲》，北京，中華書局1984年6月版，第860頁。

然，《通典》記載：「今清樂箏並十有二弦，他樂皆十有三弦。」〔註 163〕《舊唐書》卷二十九《音樂志》：「清樂箏用骨爪長寸餘以代指。」可見，唐時清樂樂部專用之箏稱為「清樂箏」，為十二弦，以長寸餘之骨爪代指彈奏。為何清樂有專用的箏，即清樂箏？緣何唐代「他樂」皆用十三弦，其中原委，應與箏制的發展，清樂之淵源及其所代表的政治含義，箏的音樂表現與樂隊樂器的關係等，有較為密切的聯繫。

箏在不斷發展過程中，其音樂性能逐漸趨於完善。至漢代，尤其是東漢，改革發展後的十二弦箏尤顯其優越性，被普遍運用於樂隊中。漢代主要的歌曲形式是相和歌，它從最初「一人唱，三人和」的清唱，漸次發展為有絲、竹樂器伴奏的相和大曲。如前述，南朝陳釋智匠在《古今樂錄》（《樂府詩集》引）中記述即相和曲、平調曲、清調曲、瑟調曲、楚調曲、吳歌六種樂隊的配置。均使用箏，可見箏為相和樂隊彈奏樂器組中主奏樂器之一，在樂隊中充當較為重要的角色。

三國、兩晉、南北朝時期，十二弦箏是當時箏之主流形制。一方面，這一時期的詩詞歌賦如賈彬、傅玄、阮瑀的《箏賦》等，多描寫十二弦箏，可見十二弦箏廣泛運用，深受時人關注；另一方面，這一時期的音樂以相和歌發展而來的清商樂和琴曲為主流。由相和歌發展出相和大曲，再發展成為清商樂，為它們伴奏的絲竹樂隊日趨成熟，十二弦箏仍為其中的主要樂器之一。

《通典》云：「今清樂箏並十有二弦，他樂皆十有三弦。」這裡的「清樂」是指前朝清商樂的遺存，為華夏遺音，其中包含「清商三調」、「漢來舊曲」、曹魏三祖所作歌曲及「江南吳歌、荊楚四聲」等等。隋代清樂部的確立，其最基本的指導思想是宣揚「華夏正聲」。據《隋書・音樂志下》，楊堅平陳所獲南朝「清樂」，即漢以來的相和歌及清商樂，大為讚賞，稱：「此華夏正聲也。昔因永嘉，流於江外，我受天明命，今復會同。雖賞逐時遷，而古致猶在，可以此為本，微更損益，去其哀怨，考而補之。」〔註 164〕隋文帝統一南北後，將過去曾經極力反對的南朝「亡國之音」清商樂，推崇為「華夏正聲」，表示自己「受天明命」，才能夠與清商樂「會同」，文帝藉此昭示世人自己王

〔註 163〕〔唐〕杜佑：《通典》，北京，中華書局 1984 年版，第 753 頁。

〔註 164〕〔唐〕魏徵、房玄齡、長孫無忌等：《隋書》，北京，中華書局 1973 年版，第 377～378 頁。

朝秉承了南朝所代表的思想文化之「正統」，暗示其政權上符天意，自己一統天下，是歷史的必然。因而，隋唐清樂部的設立，始終是爲了標榜王朝統治的合法性。所以，隋代不僅推崇清商樂，還據之修緝梁、陳的雅曲正樂，造爲宮廷雅樂。唐代統治者也基本上繼承隋代宮廷清樂制度，清樂所用樂器也基本沿襲前代編制，樂器形制、樂曲及音樂風格也基本無變化，故十二弦箏自漢代以來作爲清樂箏的基本形制，至隋唐一直未發生大的變化。

從樂隊的樂器編制、樂器性能的角度來考察，音樂表現的需要是推動樂隊發展的基本原動力，而樂隊中合奏的需要則是樂器發展、改革的直接原動力之一。反之，與某一特定音樂相應的樂隊，經過音樂實踐的選擇，發展得較爲完善與成熟，在一定時期內基本上無需對其中的樂器進行改革、換制，樂器的編制與形制也相應地呈現出較穩定的形態。清商樂這一音樂形式在經過了數以百年的發展、傳承之後，已經發展爲一種較成熟的音樂形式，具有獨特的音樂風格與穩定的演奏曲目，以及與之相適應的樂器組合形式。在隋唐時期，樂隊中運用舊有樂器包括十二弦箏已可表現完成這些代表「華夏正聲」的舊有樂曲，因而自然無需改用隋唐時才流行的十三弦箏來演奏了。

2、擊琴

《南史》卷三八《柳惲傳》載：「初，宋時有嵇元榮、羊蓋者，並善琴，云傳戴安道法。惲從之學。惲特窮其妙。……初，惲父世隆彈琴，爲士流第一，惲每奏其父曲，常感思。復變體備寫古曲。嘗賦詩未就，以筆捶琴，坐客過，以箸扣之，惲驚其哀韻，乃製爲雅音。後傳擊琴自於此。惲常以今聲轉棄古法，乃著清調論，具有條流。」〔註 165〕《通典》卷一四四也有相似的記載：「擊琴，柳惲所作。惲嘗爲文詠思有所屬，搖筆誤中琴弦，因爲此樂以管承弦，又以片竹約而束之，使弦急而聲亮，舉以擊之，以爲節曲。」〔註 166〕《舊唐書》、《冊府元龜》、陳暘《樂書》、《通志》、《文獻通考》等書記述「擊琴」，其史料本《南史》，故

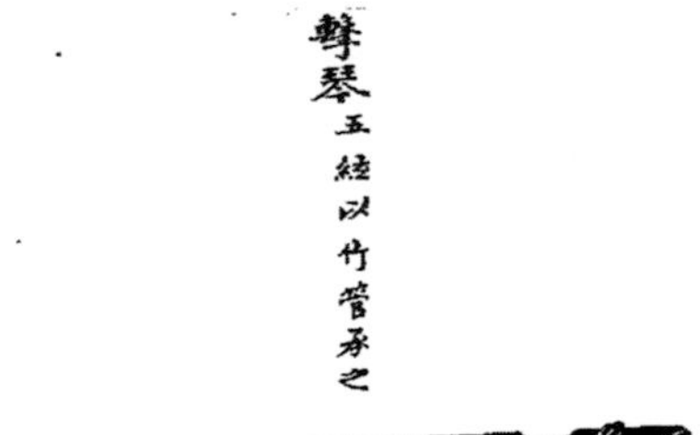

圖 6 《樂書》所繪「擊琴」

〔註 165〕〔唐〕李延壽：《南史》，北京，中華書局 1975 年版，第 987～988 頁。
〔註 166〕〔唐〕杜佑：《通典》，北京，中華書局 1984 年版，第 752 頁。

皆從此說。〔註 167〕陳暘《樂書》卷一四一《樂圖論・俗部・八音》「擊琴」條目還旁繪擊琴之圖（如圖 6）。

據文獻所載，「擊琴」最早出於《南史・柳惲傳》，相傳爲梁武帝時人柳惲所創。因其在彈奏父親的琴曲時，常有感思，而將古曲新編，「以今聲轉棄古法，乃著清調論」，並作以詩賦，但曾爲「文詠思有所屬」，以筆捶動琴弦，旁有坐客，以筷子敲打，柳惲驚歎其所發出的哀韻之聲，而以此制爲雅音。由文獻所述可知，「擊琴」以管支撐琴弦，又「以片竹約而束之」，使琴弦繃緊，從而發出較爲響亮的聲音，擊奏琴弦，用以節曲。可見，擊琴應兼具旋律樂器與節奏樂器之性能。

唐詩中可見擊琴的描述，如皮日休《奉和魯望懷楊臺文楊鼎文二秀才》：「羊曇留我昔經春，各以篇章鬥五雲。賓草每容閒處見，擊琴多任醉中聞。」〔註 168〕及其《曉次神景宮》一詩中：「……晴來鳥思喜，崦裏花

〔註 167〕《舊唐書》卷二十九《音樂志》「擊琴」條曰：「擊琴，柳惲所造。惲嘗爲文詠思有所屬，搖筆誤中琴弦，因爲此樂以管承弦，又以片竹約而束之，使弦急而聲亮，舉竹擊之，以爲節曲。」（〔後晉〕劉昫：《舊唐書》，北京，中華書局 1975 年版，第 1075 頁。）
《樂書》卷一四一《樂圖論・俗部・八音》「絲之屬」「擊琴」條目載：「梁柳世隆素善彈琴，其子惲每奏父曲，居常感思，因變其體備寫古調，嘗賦詩未就，誤以筆捶琴，坐客以筋和之，惲，乃製爲雅音，而擊琴自此始矣。蓋其制以管承弦，又以竹片約而束之，使弦急而聲亮，舉而擊之，以爲曲節，江左有之，非古制也。」（〔宋〕陳暘：《樂書》，文淵閣四庫全書本。）
《通志》卷一四〇載：「初，惲父世隆彈琴，爲士流第一。惲每奏其父曲，常感思，復變體備寫古曲，嘗賦詩未就，以筆捶琴，坐客過以筋和之，惲驚其哀韻，乃製爲雅音，後傳擊琴自於此。惲常以今聲轉棄古法，乃著清調論，具有條流。」（〔宋〕鄭樵：《通志》，北京，中華書局 1987 年版，第 2212 頁。）
《文獻通考》卷一三七載：「擊琴，梁柳世隆素善彈琴，其子惲每奏父曲，居常感思，因變其體備寫古調，嘗賦詩未就，誤以筆撫琴，坐客以筋扣之，惲驚其哀韻，乃製爲雅音，而擊琴自此始矣。蓋其制以管承弦，又以竹片約而束之，使弦急而聲亮，舉而擊之，一爲曲節，江左有之，非古制也，五弦以竹管承之。」（〔元〕馬端臨：《文獻通考》，北京，中華書局 1986 年版，第 1216 頁。）
《冊府元龜》卷八五七載：「柳惲既善琴，嘗以今聲轉棄古法，乃著清調論，具有條流。惲初，宋世有嵇元榮、羊蓋，並善彈琴，雲傳戴安道之法。惲幼從之學，特窮其妙。……惲父世隆善彈琴，世稱柳公雙璵，爲士流第一。惲每奏其父曲，常感思，復變體脩寫古曲，嘗賦詩未就，以筆插捶琴，坐客過以筋扣之，惲驚其哀韻，乃製爲雅音，後傳擊琴始自於此。」（〔宋〕王欽若等：《冊府元龜》，北京，中華書局 1988 年版，第 3295 頁。）
〔註 168〕〔清〕彭定求等纂輯：《全唐詩》，卷六一四，北京，中華書局 1980 年版，第 7082 頁。

光弱。天籟如擊琴，泉聲似擽鐸。」〔註 169〕皮日休，襄陽人，懿宗「咸通八年登進士」〔註 170〕。因而，這些詩句反映了至少於晚唐時期，擊琴在民間音樂中的應用還是較爲普遍的。

3、一弦琴（獨弦琴）

一弦琴的形制，僅《通典》有所記載，其卷一四四載：「一弦琴十有二柱，柱如琵琶。」〔註 171〕由此可知，一弦琴僅有一根琴弦，琴面上設有十二個弦柱，如琵琶的弦柱一般，弦柱應固定於琴面。

圖 7 《樂書》所繪「一弦琴」

也有人認爲一弦琴是調樂之器「均」的遺制，是由「均」演變來的樂器。如明方以智的《通雅》卷三〇「樂器」之「樂均」條載：「樂均，調樂器也。伶州鳩曰：『律所以立均出度也，注：均者，均鍾，木長七尺，有弦繫之，以均鍾者，度鍾大小清濁也。』……顯德六年，王樸疏曰：『《宣示古今樂録》令臣作律準十三弦，用七聲爲均，均有七調，聲有十二，均合八十四調。』……晉孫登撫一弦琴，唐清商伎有獨弦琴，智以爲此皆均之遺也。勻、均、韻古通，因作韻。」〔註 172〕筆者認爲方以智這一推論缺少一定的根據，一弦琴是否爲「均」之遺制或由「均」演變而來，對此還需存疑。

陳暘撰《樂書》卷一四一《樂圖論・俗部・八音》「一弦琴」條目載：「魏孫登嘗彈一弦琴，善嘯，每感風雷。嵇康師之，故其贊曰：『調一弦兮，斡糸寥廓；嘯一曲兮，能驟風雷。』江左樂用焉。」《樂書》還繪有一弦琴之圖（如圖 7）。孫登晉人，《晉書》卷九四《隱逸・孫登傳》載：「孫登字公和，汲郡共人也，無家屬，於郡北山爲土窟居之，夏則編草爲裳，冬則被髮自覆。好讀《易》，撫一弦琴，見者皆親樂之。」〔註 173〕《管城碩記》卷三〇按曰：「魏

〔註 169〕〔清〕彭定求等纂輯：《全唐詩》，卷六一〇，北京，中華書局 1980 年版，第 7034 頁。

〔註 170〕〔清〕彭定求等纂輯：《全唐詩》，卷六〇八，北京，中華書局 1980 年版，第 7012 頁。

〔註 171〕〔唐〕杜佑：《通典》，北京，中華書局 1984 年版，第 752 頁。

〔註 172〕〔明〕方以智：《通雅》，北京，中國書店 1990 年版，第 360 頁。

〔註 173〕〔唐〕房玄齡等：《晉書》，北京，中華書局 1974 年版，第 2426 頁。

氏《春秋》曰：『孫登好讀《易》，鼓一弦琴。』眞誥曰：『周大賓善鼓一弦琴，是教孫登者。』杜氏《通典》曰：『一弦琴有十二柱，柱如琵琶。』此一弦琴也。」

一弦琴最早出現於何時，缺乏記載，故不能斷定。文獻載晉孫登善奏一弦琴，晉時人周大賓也善鼓一弦琴，爲孫登之師，故可知至遲晉時已有此樂器。

唐時，一弦琴在民間已較爲流行。唐詩中可見此樂器的描述，如盧照鄰《宿玄武二首》：「方池開曉色，圓月下秋陰。已乘千里興，還撫一弦琴。」〔註 174〕慧偘《聽獨杵擣衣》：「非是無人助，意欲自鳴砧。向月憐孤影，承風送迴音。疑擣雙絲練，似奏一弦琴。令君聞獨杵，知妾有專心。」〔註 175〕

五代及宋，一弦琴在宮廷及民間仍較爲流行。

《邵氏聞見後錄》〔註 176〕（宋張淏《雲谷雜紀》卷三引）云：「韓熙載畜妓樂數百人，俸入爲妓爭奪以盡，至貧乏無以給。夕則敝衣屨，作瞽者，負獨弦琴，隨房歌鼓以丐飲食。」〔註 177〕又《冊府元龜》卷一一四載後晉出帝開運三年（946 年）：「皇帝……四月丁未，幸大年莊遊船，召近臣前任節度使，開宴射弓，酣甚賜羣官器帛物等。又召彈獨弦琴瞽者，昭陽人數十輩，皆賜物有差。及夜歸內。」可見，獨弦琴於唐末至五代十國時期已爲民間較爲常見之樂器了，且民間多爲盲樂人演奏，而且上至皇室貴族，下至文人藝人，也多喜愛之。

至宋朝，《宋史・樂志》中可見有關一弦琴的記載：「絲部有五，曰一弦琴，曰三弦琴，曰五弦琴，曰七弦琴，曰九弦琴，曰瑟其說以謂漢津誦其師之說，曰：古者聖人作五等之琴，琴主陽，一、三、五、七、九生成之數也。師延拊一弦之琴。昔人作三弦琴，蓋陽之數成於三。伏羲作琴有五弦。神農氏爲琴七弦。琴書以九弦象九星。」〔註 178〕可見，宋時一弦琴已被納爲雅樂

〔註 174〕〔清〕彭定求等纂輯：《全唐詩》卷四二，北京，中華書局 1980 年版，第 531 頁。《御選唐詩》卷二七對此詩句注曰：「……孫登、嵇叔夜嘗遇之於山，彈一弦琴，而五聲和。」

〔註 175〕〔清〕彭定求等纂輯：《全唐詩》卷八〇八，北京，中華書局 1980 年版，第 9112 頁。其注曰：「慧偘晉陵曲阿人，姓湯。住蔣州大歸善寺詩二首。」

〔註 176〕〔宋〕邵博：《邵氏聞見後錄》，北京，中華書局 1983 年版，第 140 頁。

〔註 177〕〔宋〕張淏：《雲谷雜紀》，卷三引。《遵生八箋》卷七中也有此記載：「韓熙載肆情坦率，不持名檢，伎樂殆以百數，所得月俸盡散諸姬，熙載敝衣芒履作瞽者，持獨弦琴，俾舒雅執板挽之，隨房乞食爲樂。」

〔註 178〕〔元〕脫脫：《宋史》，北京，中華書局 1977 年版，第 3009 頁。

八音絲部之五種琴類樂器之一，並予以神聖的意義，可以想見一弦琴在當時已有較高的地位。

文獻中也可見有關一弦琴傳說的記載。如相傳商紂時樂師師延善彈奏一弦琴，其樂可以召喚地神。《拾遺記》中記載：「師延在軒轅之世，爲司樂之官，及殷時，總修三王五帝之樂。拊一弦琴則地祇皆升。吹玉律則天神俱降。」〔註 179〕宋代曾慥《類說》卷五《燕北雜記》中也有師延彈一弦琴而地神出的傳說。〔註 180〕《類說》卷三《列仙傳》中「彈一弦琴」條云：「太眞王夫人王母少女，每彈一弦琴，即百禽飛集時，乘一白龍周遊四海。」這些記載都爲傳說，不足爲據。

4、筑

筑，爲文獻可考最早的擊絃樂器。

有關記載最早出《戰國策・齊策》：「臨淄甚富而實，其民無不吹竽、鼓瑟、擊筑、彈琴。」〔註 181〕《戰國策・燕策》中則有高漸離擊筑刺秦王的悲壯故事〔註 182〕，《史記》中也有詳細記載〔註 183〕。

有關筑形制及演奏方式的記載，文獻中多處可見。《說文解字》載：「筑，以竹，曲，五弦之樂也。從竹，從巩。巩，持之也。」〔註 184〕許慎解釋筑爲竹製五弦之器。劉熙《釋名・釋樂器》記：「筑，以竹鼓之，巩，柲之也。」〔註 185〕《淮南子・泰族訓》高誘注稱：「筑，曲，二十一弦」。〔註 186〕《史記・高祖本紀》集解引韋昭說：「筑，古樂，有弦，擊之不鼓。」〔註 187〕《漢書・高帝紀注》引應劭說：「(筑)，形似瑟而大，頭安弦，以竹擊之，故名曰筑。」顏師古云：「今筑形似瑟而小，細項。」〔註 188〕

〔註 179〕〔東晉〕王嘉：《拾遺記》，北京，中華書局 1981 年版，第 44 頁。
〔註 180〕〔宋〕曾慥：《類說》卷五《燕北雜記》「師延奏曲」條曰：「師延樂人也。拊一弦琴，則地祇皆升。吹玉律，則天神俱降。」
〔註 181〕〔漢〕高誘注：《戰國策・齊策一》，北京，商務印書館 1937 年版，第 76 頁。
〔註 182〕〔漢〕高誘注：《戰國策・燕策三》，北京，商務印書館 1937 年版，第 83 頁。
〔註 183〕〔漢〕司馬遷：《史記・刺客列傳》，北京，中華書局 1959 年版，第 2528、2534、2536 頁。
〔註 184〕〔漢〕許慎：《說文解字》五上，北京，中國書店 1989 年版，第 3 頁。
〔註 185〕〔清〕畢沅：《釋名疏證》，北京，商務印書館 1936 年版，第 206 頁。
〔註 186〕〔漢〕劉安：《淮南鴻烈解》，北京，商務印書館 1937 年版，第 815 頁。
〔註 187〕〔漢〕司馬遷：《史記・高祖本紀》集解，北京，中華書局 1959 年版，第 390 頁。
〔註 188〕〔漢〕班固撰、顏師古注：《漢書・高帝紀注》，北京，中華書局 1962 年版，第 75 頁。

唐時筑之形制，見唐司馬貞撰《史記索隱》卷二一「擊筑」注：「筑似琴，有弦，用竹擊之，取以爲名。」〔註 189〕《舊唐書・音樂志》曰：「筑，如箏，細頸，以竹擊之，如擊琴。」〔註 190〕

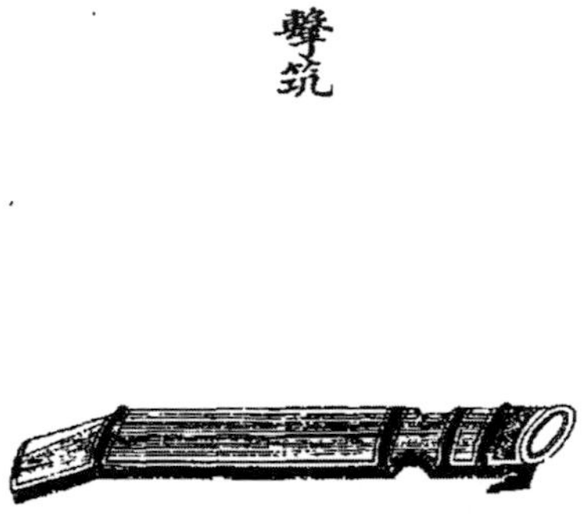

圖 8 《樂書》所繪「擊筑」

陳暘《樂書》卷一四六《樂圖論・俗部・八音》「絲之屬」「擊筑」條載：「筑之爲器，大抵類箏，其頸細，其肩圓，以竹鼓之如擊琴然。又有形如頌琴，施十三弦，身長四尺二寸，頸長三寸，圍四寸五分，首長廣七寸五分，闊六寸五分，品聲按柱，左手振之，右手以竹尺擊之，隨調應律焉。高漸離擊之於燕，漢高祖擊之於沛，而戚夫人亦善焉。至唐置於雅部。長四尺五寸，折九尺之半爲法，是不知特世俗之樂，非雅頌之音也。聖朝沿襲唐制，設柱同箏法，第一弦黃鍾正聲（次第十二正聲全），第十二弦黃鍾清聲。箏以指彈，筑以筯擊，大同小異。其按習並依鍾律彈擊之法，降之俗部可也。」陳暘並於「擊筑」條旁繪有此樂器之圖。

《通考》謂筑「至唐置於雅部，長四尺五寸，折九尺之半爲法，是不知特世俗之樂，非雅樂之音也。宋朝沿襲唐制，設柱同箏法。」〔註 191〕清朝《續文獻通考》則云筑：「形如衣襟，通長爲二尺六寸四分。」〔註 192〕清段玉裁《說文解字》注，綜合前代人論筑之言，加以考辨，認爲許慎言「『以竹曲』，不可通。《廣韻》作『以竹爲』，亦謬。惟《吳都賦》李注作『似箏，五弦之樂也』，近是。箏下云『五弦筑身』，然則筑似箏也。但高注《淮南》曰：筑曲二十一弦，可見此器係呼之名筑曲。《釋名》：筑，以竹鼓之也。《御覽》引《樂書》云：以竹尺擊之，如擊琴然。今審定其文，當云筑曲以竹鼓弦之樂也。高云：二十一弦。《樂書》云：十三弦。筑弦數未審。古者箏五弦，《說文》：殆筑下鼓弦與箏下五弦互訛耳，箏下云筑身，則筑下不必云似箏，恐李善亦昧於筑曲而改之。」他又對許愼所言「從鞏竹」一句，釋曰：「持而擊之也。」〔註 193〕

〔註 189〕〔唐〕司馬貞：《史記索隱》，卷二十一。

〔註 190〕〔後晉〕劉昫：《舊唐書》，北京，中華書局 1975 年版，第 1076 頁。

〔註 191〕〔元〕馬端臨：《文獻通考》，北京，中華書局 1986 年版，第 1219 頁。

〔註 192〕〔清〕劉錦藻：《續文獻通考》，北京，商務印書館，1936 年版。

〔註 193〕〔清〕段玉裁：《說文解字注》，鄭州，中州古籍出版社，2006 年版，第 198 頁。

由文獻所載可推知唐時之筑，其形制類似箏，頸細肩圓，有十三條琴弦，琴面設有品柱，與箏的定弦方法一樣，即「第一弦黃鍾正聲（次第十二正聲全），第十二弦黃鍾清聲」〔註 194〕。演奏時，以左手扼其琴頸，右手以竹尺敲擊。唐代將此樂器歸屬於雅部樂器。

前文已述，有關筑的文獻記載最早出於《戰國策・齊策》。〔註 195〕《戰國策・燕策》中則有高漸離擊筑刺秦王的悲壯故事〔註 196〕，《史記》中也有詳細記載〔註 197〕。漢高祖劉邦也善於擊筑，《史記・高祖本紀》記述了劉邦在家鄉擊筑演唱《大風歌》的情景〔註 198〕。說明這種樂器戰國時已較爲流行，至漢代仍盛行於民間，上至皇室貴族，下至貧民百姓對此樂器都較爲喜愛。

秦漢以後，有關筑使用情況的描述較多。

《西京雜記》記載秦咸陽宮中，有「復鑄銅人十二枚，坐者高三尺，列在一筵上。琴、筑、笙、竽各有所執，皆組綬華彩，儼若生人。筵下有二銅

〔註 194〕〔宋〕陳暘：《樂書》，文淵閣四庫全書本。

〔註 195〕〔漢〕高誘注：《戰國策・齊策一》，北京，商務印書館 1937 年版，第 76 頁。

〔註 196〕〔漢〕高誘注：《戰國策・燕策三》，北京，商務印書館 1937 年版，第 83 頁。

〔註 197〕《史記・刺客列傳》載：「荊軻既至燕，愛燕之狗屠及善擊筑者高漸離。荊軻嗜酒，日與狗屠高漸離飲於燕市，酒酣以往，高漸離擊筑，荊軻和而歌於市中，相樂也，已而相泣，旁若無人者。」（〔漢〕司馬遷：《史記》，北京，中華書局 1959 年版，第 2528 頁。）

「太子及賓客知其事者，皆白衣冠以送之。至易水之上，既祖，取道，高漸離擊筑，荊軻和而歌，爲變徵之聲，士皆垂淚涕泣。又前而爲歌曰：『風蕭蕭兮易水寒，壯士一去不復還!』復爲羽聲慷慨，士皆瞋目，髮盡上指冠。於是荊軻就車而去，終已不顧。」（〔漢〕司馬遷：《史記》，北京，中華書局 1959 年版，第 2534 頁。）

「高漸離變名姓爲人庸保，匿作於宋子。久之，作苦，聞其家堂上客擊筑，彷徨不能去。每出言曰：『彼有善有不善。』從者以告其主，曰：『彼庸乃知音，竊言是非。』家丈人召使前擊筑，一坐稱善，賜酒。而高漸離念久隱畏約無窮時，乃退，出其裝匣中筑與其善衣，更容貌而前。舉坐客皆驚，下與抗禮，以爲上客。使擊筑而歌，客無不流涕而去者。宋子傳客之，聞於秦始皇。秦始皇召見，人有識者，乃曰：『高漸離也。』秦始皇惜其善擊筑，重赦之，乃矐其目。使擊筑，未嘗不稱善。稍益近之，高漸離乃以鉛置筑中，復進得近，舉筑撲秦皇帝，不中。於是遂誅高漸離，終身不復近諸侯之人。」（〔漢〕司馬遷：《史記》，北京，中華書局 1959 年版，第 2536 頁。）

〔註 198〕《史記・高祖本紀》載：「高祖還歸，過沛，留。置酒沛宮，悉召故人父老子弟縱酒，發沛中兒得百二十人，教之歌。酒酣，高祖擊筑，自爲歌詩曰：『大風起兮雲飛揚，威加海內兮歸故鄉，安得猛士兮守四方!』令兒皆和習之。高祖乃起舞，慷慨傷懷，泣數行下。」（〔漢〕司馬遷：《史記》，北京，中華書局 1959 年版，第 389 頁。）

管，上口高數尺，出筵後，其一管空，一管內有繩，大如指。使一人吹空管，一人扭繩，則琴、瑟、筝、筑皆作，與眞樂不異焉。」〔註199〕

《西京雜記》又云：「（漢）高帝、戚夫人善鼓瑟擊筑。帝常擁夫人倚瑟而絃歌，畢，每泣下流漣。夫人善爲翹袖折腰之舞，歌《出塞》、《望歸》之曲，侍婢數百皆習之，後宮齊首高唱，聲入雲霄。」〔註200〕

高漸離擊筑，荊軻和而歌，二人「相泣，旁若無人」，「爲變徵之聲」，士聽之「皆垂淚涕泣」，客也「無不流涕而去」，「爲羽聲慷慨，士皆瞋目，髮盡上指冠」；漢高帝、戚夫人鼓瑟擊筑而歌後，「泣下流漣」。由此說來，用筑伴歌或使人「垂淚涕泣」，或使人「瞋目，髮盡上指冠」，與瑟合奏爲歌唱伴奏，其聲感人淚下，間接說明筑是一件表現力較強的樂器。

北齊《洛陽伽藍記》載，當時的官宦望族「出則鳴騶御道，文物成行，鐃吹響發，笳聲哀轉；入則歌姬舞女，擊筑吹笙，絲管迭奏，連宵盡日。」〔註201〕筑之盛，略見一斑。從書中記載來看，筑在當時深受民間人士喜愛，在社會音樂實踐中的應用還是較爲廣泛的。

據以上文獻，可知筑一般爲歌伴奏使用，也可與瑟和之伴奏。《史記・刺客列傳》載：「高漸離擊筑，荊軻和而歌於市中，相樂也，已而相泣，旁若無人者。」〔註202〕可見，筑爲歌伴奏是較爲早期的「但歌」形式。當相和歌發展爲相和大曲時，其伴奏樂隊的規模也逐漸擴大，筑仍被運用其中，如平調的伴奏樂隊「其器有笙、笛、筑、瑟、琴、筝、琵琶七種」〔註203〕，這也是筑至隋唐時期仍爲清樂樂隊中樂器之淵源所在。且由《西京雜記》所言秦咸陽宮中之持樂銅人，其樂器組合形式「與眞樂不異焉」，可知筑於當時可與琴、笙、竽合奏，也可與琴、瑟、筝合奏，由文中所記「筵下有二銅管，上口高數尺，出筵後，其一管空，一管內有繩，大如指，使一人吹空管，一人扭繩」，可看出其樂之演奏性質類於散樂百戲的形式。從《洛陽伽藍記》可以看到，

〔註199〕〔晉〕葛洪：《西京雜記》，北京，中華書局1985年版，第19頁。

〔註200〕〔晉〕葛洪：《西京雜記》，北京，中華書局1985年版，第2頁。

〔註201〕〔北魏〕楊炫之：《洛陽伽藍記》，范祥雍校注本，上海古籍出版社，1978年版。

〔註202〕〔漢〕司馬遷：《史記・刺客列傳》，北京，中華書局1959年版，第2528頁。

〔註203〕〔南朝〕王僧虔：《大明三年宴樂技錄》，《樂府詩集》卷三〇引。郭茂倩：《樂府詩集・相和歌辭五》卷三〇「平調曲」載：「《古今樂錄》曰：『王僧虔《大明三年宴樂技錄》，平調曲有七曲：……其器有笙、笛、筑、瑟琴、筝、琵琶七種。」（〔宋〕郭茂倩：《樂府詩集》，北京，中華書局1979年11月版，第441頁。）

北齊時期，筑與笙、絲管樂隊的組合仍然流行，並在民間也受到較爲普遍的歡迎。

以至唐時將此樂器納爲雅部樂器，看重它爲「華夏舊器」而仍然沿用前代清樂之組合形式，將其運用於宮廷清樂的樂隊之中。然而，隨著唐代音樂達致大繁榮大發展的鼎盛階段，各種表現力極強的外來樂器隨著音樂文化的交流而融入中原。各種風格特點的樂曲的增多，曲調的豐富，樂隊的龐雜，音色的飽滿，音響效果的擴大，僅爲「擊弦」的筑其音樂表現的單一，音色及音響等各方面的局限性，在樂隊合奏的過程中，越來越得以顯現，至晚唐時期擊奏的筑已日漸式微。因而，在晚唐段安節《樂府雜錄》的清樂樂隊中未見有筑，其重要原因便是緣於此。岳岩的《瑟、筑》〔註 204〕指出筑最初流行於民間，在隋唐被正式納入宮廷樂隊，用於清樂伴奏，後漸爲消失，其重要原因是被表現力較強的琴、箏等彈絃樂器所取代。

陳暘《樂書》中所云「是不知特世俗之樂，非雅頌之音也。……降之俗部可也。」由這些宋人對筑的評價，可知，至宋代，作爲隋唐時「華夏舊器」的筑被逐出宮廷，已失去了在社會音樂生活中的實際意義。項陽的《中國弓絃樂器史》〔註 205〕、《與中國弓絃樂器的幾個問題的探討》〔註 206〕、《筑及相關樂器析辨》〔註 207〕、《軋箏考》〔註 208〕及《五弦筑的研究》〔註 209〕根據相關出土文物的形制和演奏形態，以及現存民間被稱之爲「筑琴」的樂器的逆向綜合考察，認爲自宋以後，筑這種樂器並沒有消失，因「在其身上就一直顯現有另一種演奏形態的可能性，即擊擦並用的演奏。從而在歷史的演變過程中嬗變爲另一種樂器，並在唐代以軋箏命名」〔註 210〕，由筑嬗變出軋箏後影響了奚琴等胡琴弓絃樂器的產生與發展，爲弓絃樂器的先驅。

5、雲和箏

有關雲和箏之名稱、及其形制、演奏方式等，筆者於《雲和考》〔註 211〕

〔註 204〕 岳岩：《瑟、筑》，《中國音樂》，1985 年第 2 期。

〔註 205〕 項陽：《中國弓絃樂器史》，北京，國際文化出版公司，1999 年 10 月版。

〔註 206〕 項陽：《與中國弓絃樂器的幾個問題的探討》，《中國音樂學》，1992 年第 1 期。

〔註 207〕 項陽：《筑及相關樂器析辨》，《音樂探索》，1992 年第 3 期。

〔註 208〕 項陽：《軋箏考》，《音樂學習與研究》，1990 年第 2 期。

〔註 209〕 項陽、楊應、宋少華：《五弦筑的研究》，《中國音樂學》，1994 年第 3 期。

〔註 210〕 項陽：《中國弓絃樂器史》，北京，國際文化出版公司，1999 年 10 月版，第 94 頁。

〔註 211〕 劉洋：《「雲和」考》，《音樂研究》，2008 年第 4 期。

一文對其有較爲詳細的考證。

「雲和」最早出於《周禮・春官・大司樂》記載，其最初之涵義爲一山名，周人將「極高之地」——雲和山上生長的木材斫製而成琴、瑟，稱之爲「雲和之琴瑟」，以此來祭祀天神，認爲用如此神聖之禮樂器所奏之樂具有「召乎至和」之功用。

唐時，帶有「雲和」稱謂的樂器，其首部爲雲形，或以雲紋作爲裝飾。可見，唐之「雲和」與周代「雲和」，其二者涵義已大不同。

唐之雲和又名雲和箏，與雲和琵琶實爲一種樂器。形制似小箏，其頭部有云形裝飾，有十三條琴弦，琴面設有可移動的弦柱，如琵琶一般斜抱，並帶義甲演奏，其音色與琵琶較爲接近。從圖像類考古資料可以看出，演奏者在演奏雲和箏時，左手環扶於琴的上方部位，扶琴按弦，右手於琴的中下部彈奏。就文獻可考，雲和箏東漢晚期已有，但樂府並沒有運用。至唐代，雲和在王公貴族及民間的使用還是較爲廣泛的。然而直至晚唐或中晚唐時期才運用於清樂的演奏之中，爲清樂樂隊獨有之樂器。雲和箏的音樂表現力較強，在運用於樂隊合奏的同時，也較多地用於獨奏。直至北宋和南宋時期還流行於民間。在宋以後，不再見文獻著錄及其它應用。筆者認爲雲和箏自宋以後銷聲匿迹的主要原因，在於其原爲託古寓意而造，又因其如小箏，十三弦，斜抱彈奏，它的這種形制與演奏手法，必然會對其音樂表現力形成一定的限制，在音樂不斷發展與人們審美需要提升的過程中，遭到歷史的淘汰也是情理之中的。

（二）吹奏樂器

對比唐清樂樂隊編制的兩種類型，共同具有的吹奏類樂器有：笙、簫、篪。

第一種編制類型，文獻所涉吹奏類樂器有：笛、葉。此外，僅《新唐書・樂志》與陳暘《樂書》「歌」之「胡部」中記述的稍有不同。《新唐書・樂志》記載清樂樂隊中吹奏樂器除笙、簫、篪、笛、葉以上這五件樂器外，還有跋膝，共六種；《樂書》所載還有觱篥、塤，共七種。

第二種編制類型，文獻所涉吹奏類樂器除笙、簫、篪之外，只有竽和跋膝。

1、葉

《樂府詩集》卷四四「清商曲辭」題解中記述到：「清商樂……大業中，煬帝乃定清樂、西涼等爲九部。……（清樂）樂器有鍾、磬、琴、瑟、擊琴、琵琶、箜篌、筑、箏、節鼓、笙、笛、簫、篪、塤等十五種，爲一部。唐又增吹葉而無塤。」〔註 212〕可見，唐初，所置清樂部多承隋制，唯一不同的是由「葉」替代了「塤」。

《通典》卷一四四「葉」條述曰：「葉，銜葉而嘯，其聲清震，橘柚尤善。」在其後又注曰：「或云卷蘆葉爲之，形如笳首也。」〔註 213〕《通典》將「葉」歸於八音之外，爲八音之外的三種樂器（即桃皮觱篥、貝、葉）之一。可見，在唐人眼中「葉」不屬於八音之列的樂器。

《舊唐書・音樂志》卷二十九「嘯葉」條釋曰：「嘯葉，銜葉而嘯，其聲清震，橘柚尤善。」《文獻通考》卷一三九也有相似記載：「銜葉而嘯，其聲清震，橘柚尤善，或云卷蘆葉而爲之，形如笳者也。」《尚書通考》卷六「葉」條亦云：「葉，銜葉而嘯，其聲清震，橘柚尤善，或云卷蘆葉爲之，形如茄首也。」〔註 214〕《樂書》文淵閣四庫全書版，在「八音」「俗部」「木之屬」中列有「嘯葉」的條目，但其後的詳述缺失，可貴的是繪有其圖（如圖 9）。

圖 9 《樂書》所繪「吹葉」

追溯「吹葉」之淵源，可見《樂書》卷一百三十「蘆笳」條載：「胡人卷蘆葉爲笳，吹之以作樂……」。《文獻通考》卷一百三十八亦有相似記述。《蔡琰別傳》（《太平御覽》卷五八一引）曰：「……笳者，胡人卷蘆葉，吹之以作樂也，故謂胡笳。」〔註 215〕傅玄《笳賦・序》曰：「吹葉爲聲」。〔註 216〕可見，笳最初的形態是將蘆葉卷起來吹奏，後來才加用竹、木或羊角爲管，以蘆葉爲哨頭。原始的笳至今在雲南哈尼族中仍能找到它的遺制，當地人將薑葉卷成簡狀，上端壓扁爲哨，用來吹奏自娛，有「薑葉笛」之稱。胡笳在西漢時已流行於塞北和西域一帶，爲匈奴族等少數民族的吹管類樂器之一。且在唐樊綽《蠻書》卷八《蠻夷風俗》第八載有：「少年子弟暮夜遊行閭巷，吹壺盧笙，或吹樹葉，聲韻之中，皆寄情言，用相呼召。」〔註 217〕可見，吹葉盛行於西南少數民族中。據此可看出，吹葉與胡笳同出一源，屬西域之外來樂器。

〔註 212〕〔宋〕郭茂倩：《樂府詩集》，北京，中華書局 1979 年版，第 638 頁。

〔註 213〕〔唐〕杜佑：《通典》，北京，中華書局 1984 年版，第 754 頁。

〔註 214〕〔元〕黄鎭成：《尚書通考》，卷六。

〔註 215〕〔宋〕李昉等：《太平御覽》，北京，中華書局 1960 年版，第 2620 頁。

〔註 216〕〔梁〕蕭統編、〔唐〕李善 注：《文選注》，卷四十一，見李少卿《答蘇武書》中李善所作注中引。

〔註 217〕〔唐〕樊綽：《蠻書》，卷八，《蠻夷風俗》第八。

由文獻所述，唐人在描述吹奏「葉」這一樂器時，未用「吹」或其他動詞形容，而以「嘯」字言之，說明「嘯」字與吹奏「葉」時的演奏狀態最為貼切。「嘯」，鄭玄釋曰「蹙口而出聲」。〔註 218〕所謂嘯，乃是古人尤其是文人墨客的一種特殊習尚，如魏晉名士就雅好長嘯。以「嘯」飾「葉」，或許是因以嘴而嘯之聲與以嘴銜葉嘯之聲有較為相似的音色與特點。《嘯旨》云：「夫氣激於喉中而濁，謂之言；激於舌而清，謂之嘯。」「嘯」具有「發妙聲於丹脣，激哀音於皓齒。響抑揚而潛轉，氣沖鬱而熛起。協黃宮於清角，雜商羽於流徵。……曲既終而響絕，遺餘玩而未已。良自然之至音，非絲竹之所擬。是故聲不假器，用不借物。……動脣有曲，發口成音。觸類感物，因歌隨吟。大而不洿，細而不沈。清激切於竽笙，優潤和於瑟琴」〔註 219〕的特點。從中或許可對「嘯葉」之音色與特點管窺一二。

由於「吹葉」直接將葉放入口中，這種方式使演奏者與葉融為一體，聲音的高低、強弱、表情，與力度的控制等各方面，都越於塤之上。如，葉較之塤而言，其音色圓潤優美，音量也較大，穿透力也較強。葉雖形制簡單，然而其音樂的表現力卻還是較為豐富的，正如非洲音樂研究專家克爾比（Kirby）所指出的那樣：「這些樂器不能從它簡單的外形來評價，而是應該從它們所產生的音樂和人們所謂的演奏技能來評價。從形制上看，它們確實簡單，但從功能上看，卻並不簡單。這些形制簡單的樂器反映出同樣的聲學原理，這些聲學原理潛藏於歐洲同樣構造的樂器的富麗堂皇的外表之中。」〔註 220〕因此，這也是吹葉由西域少數民族之樂器傳入中原，一時成為中原較為流行的民間樂器，至唐朝又被運用於宮廷清樂樂隊的演奏中，替代塤的重要原因。

關於「葉」在唐代生活音樂實踐中應用之情形，可從唐詩所述略知一二。如白居易《楊柳枝詞八首》之六：「蘇家小女舊知名，楊柳風前別有情。剝條盤作銀環樣，卷葉吹為玉笛聲。」〔註 221〕郎士元《聞吹楊葉者二首》：「妙吹楊葉動悲笳，胡馬音風起恨賒。若是雁門寒月夜，此時應卷盡驚沙。」「天生一藝更無倫，寥亮幽音妙入神，吹向別離攀折處，當應合有斷腸人。」

〔註 218〕〔宋〕眞德秀：《西山讀書記》，卷十三，文淵閣四庫全書本。
〔註 219〕〔唐〕房玄齡等：《晉書》，北京，中華書局 1974 年版，第 2374 頁。
〔註 220〕陳銘道：《從民族音樂學看非洲樂器》，《中國音樂》，1993 年第 3 期，第 24 頁。
〔註 221〕〔唐〕白居易：《白氏長慶集》卷三十一，北京，中華書局 1979 年版，第 714 頁。

〔註222〕李商隱《柳枝五首序》:「柳枝，洛中里娘也。……生十七年，塗妝綰髻未嘗竟，已復起去，吹葉嚼蕊，調絲擫管，作天海風濤之曲，幽憶怨斷之音。」〔註223〕張籍《牧童詞》:「隔堤吹葉應同伴，還鼓長鞭三四聲。」〔註224〕王貞白《蘆葦》:「穿花思釣叟，吹葉少羌雛。」〔註225〕可見，唐時吹葉在民間的運用還是較爲盛行的。

成都五代王建墓中的吹葉浮雕樂伎保存完好，是考證吹葉較爲珍貴的圖像資料。

由以上考述可知,「吹葉」與「胡笳」爲同族一源。唐時「吹葉」是將「葉」銜於口中，蹙口吹之，以此震動樹葉使之發聲。或將蘆葉卷起吹之，外形似笳的首部，其音色「清震」。這種論音色、音響效果與表現力等各方面，較之於「塤」都更爲豐富的樂器，在清樂樂隊中將塤取而代之自是情理之中，也是樂隊在不斷發展完善的過程中，經過長期的社會音樂實踐後選擇的結果。

2、跋膝

《樂書》卷一四八《俗部·八音》「跋膝管」條有較爲詳細地記述:「其形如篴而短，與七星管如篪而長者異矣。唐清樂部用之，然亦七竅，具黃鍾一均，其失又與七星管同矣。」且書中繪有跋膝管的形式(如圖 10)。《文獻通考》，卷一三八中也有相同記載〔註226〕，其內容估計抄錄於《樂書》。《律呂正義後編》卷六八載:「跋膝管其形如篴而短，唐清樂部用之，七竅具黃鍾一均。」

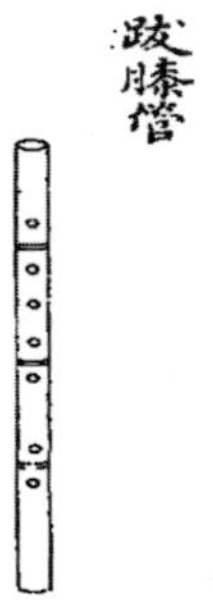

圖 10 《樂書》所繪「跋膝管」

〔註222〕〔清〕彭定求等纂輯:《全唐詩》卷二四八，北京，中華書局 1980 年版，第 2792 頁。

〔註223〕〔清〕彭定求等纂輯:《全唐詩》卷五四一，北京，中華書局 1980 年版，第 6232 頁。

〔註224〕〔清〕彭定求等纂輯:《全唐詩》卷三八二，北京，中華書局 1980 年版，第 4281 頁。

〔註225〕〔清〕彭定求等纂輯:《全唐詩》卷七〇一，北京，中華書局 1980 年版，第 8056 頁。

〔註226〕《文獻通考》，卷一三八「跋膝管」條載:跋膝管其形如篴而短，與七星管如篪而長者異矣。唐清樂部用之，然亦七竅，具黃鍾一均，其失又與七星管同矣。(〔宋〕馬端臨:《文獻通考》，北京，中華書局 1986 年版，第 1227 頁。)

3、清樂簫

《樂書》卷一四七《俗部・八音》:「景祐樂記教坊所用之簫，凡十七管以瞀策十字記其聲。然清樂部所用十七管，其聲法不同，故並存之。」書中繪有其圖（如圖11)。《文獻通考》卷一三八也有記載，似出自《樂書》〔註 227〕。

圖 11 《樂書》所繪「清樂簫」

（三）擊奏樂器

對比唐清樂樂隊編制的兩種類型，第一種編制類型，文獻所涉旋律性擊奏類樂器有鍾、磬，和非旋律性擊奏樂器節鼓。此外，僅《新唐書・樂志》記述的稍有不同，除鍾、磬外，還有方響。

第二種編制類型，文獻所涉有旋律性擊奏類樂器方響，及非旋律性的擊奏樂器拍板。

1、方響

《通典》卷一四四:「方響，梁有銅磬，蓋今方響之類也。方響以鐵爲之，修九寸，廣二寸，圓上方下，架如磬而不設業，倚於架上，以代鍾磬。人間所用者，才三四寸。」〔註 228〕

《舊唐書》卷二九《音樂志》「八音」釋曰:「方響，以鐵爲之，修八寸，廣二寸，圓上方下。架如磬而不設業，倚於架上以代鍾磬。」

《新唐書》卷二二:「方響，以體金應石而備八音。」〔註 229〕

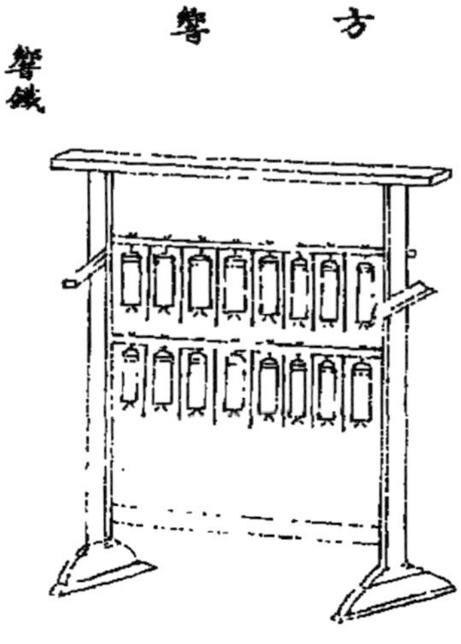

圖 12 《樂書》所繪「方響」

〔註 227〕《文獻通考》卷一三八載：景祐樂記教坊所用之簫，凡十七管以瞀策十字記其聲。然清樂所用十七管，其聲法不同，故並存之。(〔宋〕馬端臨：《文獻通考》，北京，中華書局 1986 年版，第 1226 頁。)

〔註 228〕〔唐〕杜佑：《通典》，北京，中華書局 1984 年版，第 752 頁。

〔註 229〕〔宋〕歐陽修：《新唐書》，北京，中華書局 1975 年版，第 474 頁。

《樂書》卷一二五《胡部・八音》載：「《大周正樂》載：西涼、清樂方響，一架十六枚，具黃鍾大呂二均聲。唐武宗朝，朱崖李太尉有樂吏廉郊，嘗攜琵琶於池上彈蕤賓調，忽聞芰荷間有物躍出其岸，視之乃方響蕤賓鐵也，豈指撥精妙，能致律呂之應然邪。和凝有響鐵之歌，蓋本諸此。」（如圖 12）

《樂書》卷一三三《俗部・八音》「俗部序」中言：「然方響十六同爲一架，雜用四清之聲，適足以使民之心淫矣。鄭衛之音也，欲民之移風易俗難矣。如欲用之，去四清以協律可也。」

《樂書》卷一三四《俗部・八音》「方響」條曰：「方響之制，蓋出於梁之銅磬。形長九寸，廣二寸，上圓下方。其數十六，重行編之，而不設業，倚於虡上，以代鍾磬。凡十六聲，比十二律，餘四清聲爾。抑又編縣之，次與雅樂鍾磬異。下格以左爲首，其一黃鍾，其二太蔟，其三姑洗，其四仲呂，其五蕤賓，其六林鍾，其七南呂，其八無射，上格以右爲首，其一應鍾，其二黃鍾之清，其三太蔟之清，其四姑洗之清，其五仲呂之清，其六大呂，其七夷則，其八夾鍾，此其大凡也。後世或以鐵爲之，教坊燕樂用焉，非古制也，非可施之，公庭用之，民間可也，今民間所用，才三四寸爾。」

《太平御覽》卷五八四引《三禮圖》亦有如是之說。〔註 230〕《律呂正義後編》卷六八〔註 231〕及《律呂正義後編》卷八九〔註 232〕均記有類似之說。

2、拍板

《舊唐書》卷二十九：「拍板，長闊如手，厚寸餘，以韋連之，擊以代。」

〔註 230〕《太平御覽》卷五八四：「《三禮圖》方響，梁有銅磬，蓋今方響也。方響以鐵爲之，修八寸，廣二寸，圓上方下，架如磬，而不設業，倚架上，以代鍾磬。人間所用者，才三四寸。《樂府雜錄》曰：唐咸通中，有調音律官吳續，爲鼓吹署丞，善打方響，其妙超群，本朱崖李太尉家樂人也。」（〔宋〕李昉等：《太平御覽》，北京，中華書局 1960 年版，第 2632 頁。）

〔註 231〕《律呂正義後編》卷六八：「案：《通典》謂方響代鍾磬，唐書則謂體金應石，王圻則直曰代磬。今以形制、度數、音韻考之，方響體方面平，而厚爲磬之半，其聲堅致無餘音，與磬頗似但直。云代磬，則隋唐清商樂有編鍾、編磬，又有方響。以此推之，杜氏、王氏代磬之說爲無據也。自唐以來，惟用於燕樂。……陳暘《樂書》謂與鍾磬異，則必其編懸之誤，而非有義說矣。」（《律呂正義後編》，文淵閣四庫全書本。）

〔註 232〕《律呂正義後編》卷八九：「金石鍾磬也，後世易之，爲方響、絲竹、琴簫也。後世變之爲箏笛匏笙也，攢之以斗。塤，土也，變而爲甌。革，麻料也，擊而爲鼓。木，柷敔也，貫之爲板。」（《律呂正義後編》，文淵閣四庫全書本。）

《通典》卷一四四：「拍板，長闊如手，重十餘枚，以韋連之，擊以代抃。（原注：抃，擊其節也。情發於中，手抃足蹈。抃者，因其聲以節舞，龜茲伎人彈指爲歌舞之節，亦抃之意也）。」〔註 233〕

《樂書》卷一三二：「拍板，長闊如手掌。大者九板，小者六板，以韋編之，胡部以爲樂節，蓋所以代抃也。唐人或用之，爲樂句。明皇嘗令黃幡綽撰譜，幡綽乃畫一耳進之。明皇問其故，對曰：但能聰聽，則無失節奏。可謂善諷諫矣。聖朝教坊所用，六板，長寸，上銳薄而下圓厚，以檀若桑木爲之。豈亦柷敔之變體歟。」並有「拍板」之圖（如圖）。

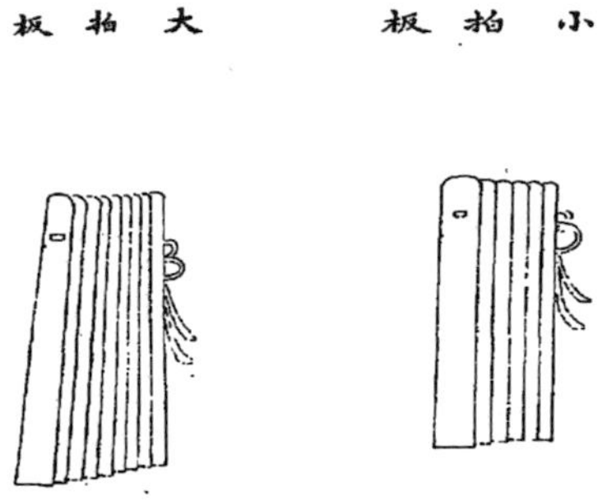

圖 13 《樂書》所繪「大拍板」、「小拍板」

《文獻通考》卷一三四亦有類似之載。〔註 234〕

3、節鼓

《樂書》卷一三八「節鼓」條：「節鼓不詳，所造蓋拊與相二器之變也。江左清樂有節鼓，狀如奕局，朱髹畫其上，中開圓竅，適容鼓焉，擊之以節樂也。自唐以來，雅樂升歌用之。傅休奕《節鼓賦》曰：『鏞鍾鳴歌，九韶興舞，口非節不詠，手非節不拊，是也。』隋制節鼓，上自大駕，中自皇太子，下逮正一品。並朱漆畫，飾以葆羽。其曲十有二，唐六典用之。所以興止登歌之樂，如縣内之柷敔。其制五採重，蓋清樂部以之，今太樂升歌用之，或以爲齊鼓，非也。」（如圖）

圖 14 《樂書》所繪「節鼓」

〔註 233〕〔唐〕杜佑：《通典》，北京，中華書局 1984 年版，第 753 頁。

〔註 234〕《文獻通考》卷一三四：「鐵拍板，九部夷樂有。拍板，以節樂句，蓋本無譜也。唐明皇遣黃幡綽造譜，乃於紙上畫兩耳，進之。上問，對曰：但有耳道，則無失節奏矣。韓文公目爲樂句。後周正樂所傳，連九枚。今教坊所用六枚，蓋古今異制也。」（〔宋〕馬端臨：《文獻通考》，北京，中華書局 1986 年版，第 1195 頁。）

四、唐代清樂樂隊編制之演變及其原因

茲將各文獻所涉清樂樂隊樂器組合形式，以樂器演奏方式爲分類標準，將其中樂器進行歸類，並加分析。

隋代清樂樂部的樂器

《隋書》卷十五《音樂志》記載清樂：「其樂器有鍾、磬、琴、瑟、擊琴、琵琶、箜篌、筑、箏、節鼓、笙、笛、簫、篪、塤等十五種，爲一部。工二十五人。」〔註 235〕

彈奏樂器：瑟、琴、擊琴、琵琶、箜篌、箏、筑（7 種）

吹奏樂器：笙、簫、篪、笛、塤（5 種）

擊奏樂器：鍾、磬、節鼓

唐代清樂樂部之樂器

如前文所述，據以上文獻，清樂樂部的樂器組合形式，可以大致劃分爲兩種類型。

第一種類型：

《唐六典》卷十四《太常寺》載：「編鍾、編磬各一架，瑟、彈琴、擊琴、琵琶、箜篌、箏、筑、節鼓各一，歌二人，笙、長笛、簫、篪各二，吹葉一人，舞四人。」

彈奏樂器：瑟、彈琴、擊琴、琵琶、箜篌、箏、筑各一（7 種，7 件）

吹奏樂器：笙、簫、篪、長笛各二，吹葉一（5 種，9 件）

擊奏樂器：編鍾、編磬各一架，節鼓一

《通典》卷一四六《樂六》載清樂：「樂用鍾一架，磬一架，琴一，一弦琴一，瑟一，秦琵琶一，臥箜篌一，筑一，箏一，節鼓一，笙二，笛二，簫二，篪二，葉一，歌二。」〔註 236〕

彈奏樂器：瑟一，琴一，一弦琴一，秦琵琶一，臥箜篌一，箏一，筑一（7 種，7 件）

吹奏樂器：笙二，簫二，篪二，笛二，葉一（5 種，9 件）

擊奏樂器：鍾一架，磬一架，節鼓一

《舊唐書》卷二九《音樂志》載：

〔註 235〕〔唐〕魏徵、房玄齡、長孫無忌等：《隋書》，北京，中華書局 1973 年版，第 355 頁。

〔註 236〕〔唐〕杜佑：《通典》，北京，中華書局 1984 年版，第 761 頁。

樂用鍾一架，磬一架，琴一，三弦琴一，擊琴一，瑟一，秦琵琶一，臥箜篌一，筑一，箏一，節鼓一，笙二，笛二，簫二，篪二，葉二，歌二。

彈奏樂器：瑟一，琴一，三弦琴一，擊琴一，秦琵琶一，臥箜篌一，箏一，筑一（8 種，8 件）

吹奏樂器：笙二，簫二，篪二，笛二，葉二（5 種，10 件）

擊奏樂器：鍾一架，磬一架，節鼓一

《新唐書》卷二一《禮樂志》載：

清商伎者，隋清樂也。有編鍾、編磬、獨弦琴、擊琴、瑟、秦琵琶、臥箜篌、筑、箏、節鼓，皆一；笙、笛、簫、篪、方響、跋膝，皆二。歌二人，吹葉一人，舞者四人，並習巴渝舞。〔註 237〕

彈奏樂器：瑟、獨弦琴、擊琴、奏琵琶、臥箜篌、箏、筑皆一（7 種，7 件）

吹奏樂器：笙、簫、篪、笛、跋膝皆二，吹葉一（6 種，11 件）

擊奏樂器：編鍾、編磬皆一，方響二，節鼓一

《樂書》卷一五九「胡部」之「清樂」條目載：

唐清樂部有編鍾、編磬、擊琴、彈瑟、琵琶、箜篌、箏、筑、笙、簫、塤、篪、笛、觱篥、吹葉、節鼓、舞爲一部工二十五人焉。

彈奏樂器：彈瑟、擊琴、琵琶、箜篌、箏、筑（6 種）

吹奏樂器：笙、簫、篪、笛、觱篥、塤、吹葉（7 種）

擊奏樂器：編鍾、編磬、節鼓

《玉海》卷一〇五載：

志……清商伎者，隋清樂也。有編鍾、編磬、獨弦琴、擊琴、瑟、秦琵琶、臥箜篌、筑、箏、節鼓皆一，笙、笛、簫、篪、方響、跋膝皆二，歌二人，吹葉一人，舞者四人，並習巴渝舞。

彈奏樂器：瑟、獨弦琴、擊琴、秦琵琶、臥箜篌、箏、筑皆一（7 種，7 件）

吹奏樂器：笙、簫、篪、笛、跋膝皆二，吹葉一（6 種，11 件）

擊奏樂器：編鍾、編磬皆一，方響二，節鼓一

比照文獻，可知此處《玉海》所言「志」爲《新唐書・樂志》，因而文中

〔註 237〕〔宋〕歐陽修：《新唐書》，北京，中華書局 1975 年版，第 470 頁。

引用清樂樂部的樂隊編制出自《新唐書・樂志》所載。

《律呂正義後編》，卷八十四載：

> 清商伎者，隋清樂也。有編鍾、編磬、獨弦琴、擊琴、瑟、秦琵琶、臥箜篌、筑、箏、節鼓皆一，笙、笛、簫、篪、方響、跋膝皆二，歌二人，吹葉一人，舞者四人，並習巴渝舞。

較之文獻，可看出上文所述是出自《新唐書》所云。

第二種類型：

《樂府雜錄》「清樂部」條目載：

> 清樂部，樂即有琴、瑟、雲和箏——其頭像雲、笙、竽、箏、簫、方響、篪、跋膝、拍板。

彈奏樂器：琴、瑟、雲和箏、箏（4種）

吹奏樂器：笙、竽、簫、篪、跋膝（5種）

擊奏樂器：方響、拍板

《樂書》（卷一八八）「雜樂」「俗部」之「清樂部」條目載：

> 唐清樂部，樂有琴、瑟、雲和箏、笙、竽、箏、簫、方響、篪、跋膝、拍板。

彈奏樂器：琴、瑟、雲和箏、箏（4種）

吹奏樂器：笙、竽、簫、篪、跋膝（5種）

擊奏樂器：方響、拍板

比較以上兩種清樂樂器組合，兩者編制差別很大。爲什麼會出現兩種不同的記載？存在三種可能性：其一，兩者中的一種記載有誤；其二，兩者之間的矛盾與差異體現了清樂樂部編制變化的歷史過程；其三，兩者在一定時期具有共存關係，兩者之間的差異，體現當時宮廷樂部制度逐漸衰微，體現音樂文化下移，由宮廷漸次走向民間的過程。

就第一種可能性而言，《隋書・樂志》、《唐六典》、《通典》、《新唐書》、《舊唐書》這幾本官書正史所載清樂樂部編制基本相同，可信度較高。與之相異的記載最早出自晚唐段安節《樂府雜錄》，據《新唐書・段志玄傳》載，段安節「乾寧中爲國子司業。善樂律，能自度曲云」〔註238〕。段安節《樂府雜錄・序》寫到：「以耳目所接，編成《樂府雜錄》一卷。」說明此書中記載有作者親聞親見，是在一定歷史事實的基礎上編寫而成的，應基本符合當時社會的

〔註238〕〔宋〕歐陽修：《新唐書》，北京，中華書局1975年版，第3764頁。

音樂實際。因而，認爲兩者其一記載有誤的可能性較小。

就第二種和第三種可能性而言，述及唐清樂的樂隊編制第一種類型的文獻，最早出自《唐六典》。是一部以紀實爲特點，成書於開元二十七年（739年）的官方會典，所載官制源流自唐初至開元止。書中正文所敘諸官司的職掌，多直接取自當時頒行的令、式，均屬第一手資料。因而，可以確定至唐開元年間，清樂樂部的樂隊編制爲「編鍾、編磬各一架，瑟、彈琴、擊琴、琵琶、箜篌、箏、筑、節鼓各一，歌二人，笙、長笛、簫、篪各二，吹葉一人，舞四人。」〔註 239〕

《通典》爲我國第一部論述歷代典章制度的專史，成書於貞元十七年（801年），所載內容下至唐玄宗天寶末年，《四庫全書總目》稱其「詳而不煩，簡而有要，原原本本，皆爲有用之實學」。《通典》卷一四六《樂六》載清樂：「樂用鍾一架，磬一架，琴一，一弦琴一，瑟一，秦琵琶一，臥箜篌一，筑一，箏一，節鼓一，笙二，笛二，簫二，篪二，葉一，歌二。」〔註 240〕與《唐六典》稍有出入。兩部典籍中清樂樂器組合形式的不同，存在兩種可能性，其一，反映的是一種歷史變化的過程。二者成書年代和記載下限時間不同，《通典》所載或是開元之後，即天寶年間或稍後的清樂樂隊的樂器組合形式；其二，《通典》與《唐六典》所述兩種清樂樂隊編制同時存在。在主要樂器不變的情況下，存在個別樂器的變化。

表 17　《唐六典》、《通典》載唐初至開元年間清樂樂隊編制表

類型 / 出處	擊奏樂器		彈奏樂器	吹奏樂器
	旋律	非旋律		
《唐六典》	鍾、磬各一架	節鼓一	瑟、彈琴、擊琴、琵琶、箜篌、箏、筑各一	笙、長笛、簫、篪各二，吹葉一
《通典》	鍾、磬各一架	節鼓一	瑟、琴、一弦琴、秦琵琶、臥箜篌、箏、筑各一	笙、笛、簫、篪各二，葉一

通過上表比照，可知除彈奏樂器組中僅《唐六典》之「擊琴」與《通典》「一弦琴」不同之外，其餘樂器與所用各種樂器數量均無差異。因而可以說，《唐六典》《通典》所載基本爲唐初至開元年間之清樂樂隊編制。

〔註 239〕〔唐〕李林甫等：《唐六典》，北京，中華書局 1992 年版，第 404 頁。
〔註 240〕〔唐〕杜佑：《通典》，北京，中華書局 1984 年版，第 761 頁。

述及第二種類型的文獻，最早出自《樂府雜錄》。此書成於唐乾寧元年（894年）前後，主要記載爲開元以後的樂部管理制度，爲段安節「耳目所接」編著而成，筆者認爲書中所述清樂樂隊樂器組合的形式，至少是唐乾寧元年（894年）期間狀況，這種類型至少可代表晚唐清樂樂隊編制。

此外，陳暘《樂書》中這兩種清樂編制均有記載，《樂書》卷一五九「胡部」之「清樂」條目載：「唐清樂部有編鍾、編磬、擊琴、彈瑟、琵琶、箜篌、箏、筑、笙、簫、塤、篪、笛、觱篥、吹葉、節鼓、舞爲一部工二十五人焉。」《樂書》卷一八八「俗部」之「清樂部」條目載：「唐清樂部，樂有琴、瑟、雲和箏、笙、竽、箏、簫、方響、篪、跋膝、拍板。」

段安節《樂府雜錄》，在記錄歌、舞、樂器等具體內容之前分別敘述「雅樂部」、「雲韶部」、「清樂部」、「鼓吹部」、「驅攤」、「熊羆部」、「鼓架部」、「龜茲部」、「胡部」，一共九個「部」。

《樂書》卷一八八所列條目爲「雅樂部、俗樂部、雲韶部、清樂部、鼓吹部、騎吹部、熊羆部、鼓架部、龜茲部、胡部、鈞容直、法曲部、教坊樂、東西班樂、四時樂、瀟湘樂。」

比照《樂府雜錄》與《樂書》，所撰寫之主要條目就可看出，《樂府雜錄》9個「部」與《樂書》13個主要條目〔註241〕，其中有8個相同。比較相同條目之內容，詳解部分也幾乎同出一筆。岸邊成雄在論述唐代音樂文獻時指出：「唐末段安節的《樂府雜錄》……等著名的書屢屢爲《新唐書》、陳暘《樂書》等所引用」〔註242〕。且後人著書中，如《說郛》卷一〇〇〔註243〕與《古今說海》卷一二九〔註244〕「清樂部」條內容與《樂府雜錄》也幾乎完全相同。據此，筆者判斷《樂書》卷一八八「俗樂」論述的「清樂部」內容及《說郛》卷一〇〇、《古今說海》卷一二九所載內容，應均來源於《樂府雜錄》所載。

〔註241〕《樂書》在記述時將「鼓吹部」、「騎吹部」歸於同一門類。鄭長鈴認爲《樂書》卷一八八是對音樂機構的介紹，《四時樂》《瀟湘樂》不歸入音樂機構之列，僅爲陳暘傳載的兩個故事。見鄭長鈴：《陳暘及其〈樂書〉研究》，北京，文化藝術出版社，2005年10月版，第198～199頁。

〔註242〕〔日〕岸邊成雄：《唐代音樂文獻解說》，原載《東洋音樂研究》第1卷第1號（1937年），秦序譯，載《交響》1987年第1期，第69頁。

〔註243〕《說郛》（卷一〇〇）載：「清樂部，樂即有琴、瑟、雲和箏（其頭像雲）、笙、竽、箏、簫、方響、篪、跋膝、拍板。戲即有弄賈大獵兒也。」

〔註244〕《古今說海》（卷一二九）：「清樂部，樂即有琴、瑟、雲和箏（其頭像雲）、笙、竽、箏、簫、方響、篪、跋膝、拍板。戲即有弄賈大臘兒也。」

就以上文獻考證，唐初至開元年間，清樂樂器組合形式與隋並無太多改變，僅吹奏樂器組中以「葉」代替了「塤」。其中原因「葉」考部分已作分析。

對比初、晚唐清樂樂隊編制，晚唐組合較之開元之前，其變化主要體現於四個方面：1、擊奏樂器組中方響取代了先前的鍾、磬；2、彈奏樂器組中琵琶、箜篌、筑等樂器被精減，出現了雲和箏；3、吹奏樂器組去笛，出現竽、跋膝；4、樂隊中起節奏作用的樂器只有拍板，無節鼓。

唐清樂樂隊，由開元前中 15 種樂器組成至晚唐時期爲 11 種，推測晚唐時期清樂樂隊規模簡化縮小之原因，有政治、經濟、文化等各方面因素。

政治原因，是中央統治權力削弱和藩鎮割據勢力強大，經濟的衰減更是宮廷樂隊簡化的主要原因。《舊唐書》本紀第一四《憲宗上》載：「元和二年十二月……己卯，史官李吉甫撰《元和國計簿》，總計天下方鎮凡四十八，管州府二百九十五，縣一千四百五十三，户二百四十四萬二百五十四，其鳳翔、鄜坊、邠寧、振武、涇原、銀夏、靈鹽、河東、易定、魏博、鎮冀、范陽、滄景、淮西、淄青十五道，凡七十一州，不申户口。每歲賦入倚辦，止於浙江東西、宣歙、淮南、江西、鄂岳、福建、湖南等八道，合四十九州，一百四十四萬户。比量天寶供稅之户，則四分有一。天下兵戎仰給縣官者八十三萬餘人，比量天寶士馬，則三分加一，率以兩户資一兵。其他水旱所損，徵科發斂，又在常役之外。吉甫都纂其事，成書十卷。」〔註 245〕且《舊唐書》本紀第十九下《僖宗》載：「光啓元年春正月……己卯，僖宗自蜀還京。……三月……丁卯，車駕至京師。己巳，御宣政殿，大赦，改元光啓。時李昌符據鳳翔，王重榮據蒲、陝，諸葛爽據河陽、洛陽，孟方立據邢、洺，李克用據太原、上黨，朱全忠據汴、滑，秦宗權據許、蔡，時溥據徐、泗，朱瑄據鄆、齊、曹、濮，王敬武據淄、青，高駢據淮南八州，秦彥據宣、歙，劉漢宏據浙東，皆自擅兵賦，迭相呑噬，朝廷不能制。江淮轉運路絕，兩河、江淮賦不上供，但歲時獻奉而已。國命所能制者，河西、山南、劍南、嶺南四道數十州。大約郡將自擅，常賦殆絕，藩侯廢置，不自朝廷，王業於是蕩然。」〔註 246〕由以上兩條文獻不難看出，《元和國計簿》雖是元和初年，然「安史之亂」至唐王朝滅亡，中央財賦來源之地並無太多變化。安史後，「長安政權

〔註 245〕〔後晉〕劉昫：《舊唐書》，北京，中華書局 1975 年版，第 424 頁。
〔註 246〕〔後晉〕劉昫：《舊唐書》，北京，中華書局 1975 年版，第 720 頁。

之得以繼續維持，除文化勢力外，僅恃東南八道財賦之供給。」〔註 247〕然而「黃巢起義」（乾符二年，即 875 年）後，東南區域經濟幾乎全被破壞，江淮轉運之路也被切斷，因而「奉長安文化爲中心、仰東南財賦以存立之政治集團，隨不得不土崩瓦解。大唐帝國之形式及實質，均於是告終矣」〔註 248〕。可以想見，晚唐經濟如此衰退，中央政府財政入不敷出，在這樣的條件下，宮廷供帝王享受的眾多樂人的供養、樂器的製造修補等需支出的大量費用，也會相應地減少。

這種現象背後更重要的直接原因源自晚唐禮樂制度的衰弱。「安史之亂」、「黃巢起義」兩次大動亂後，大量的宮廷鍾磬類禮樂器，被損害或散落遺失。自周公制禮作樂以來，樂懸制度歷來是各朝各代禮樂制度的核心，而鍾、磬這種大型編懸樂器正是這一制度的物質載體。因而，唐代清樂樂隊中編鍾、編磬的消失，與晚唐禮樂制度的衰弱有直接關係。穆宗以後，禮樂漸衰，至僖宗時黃巢之亂，唐禮樂制度全面衰敗，這從晚唐雅樂中僅南郊用樂和太廟酌獻樂舞，其他祭祀樂儀記錄很少的現象可以看出。《舊唐書》卷一二〇《郭子儀傳》載郭子儀之語：「夫以東周之地，久陷賊中，宮室焚燒，十不存一，百曹荒廢，曾無尺椽。中間畿內，不滿千戶，井邑榛棘，豺狼所號。」〔註 249〕可見安史之亂時，唐宮室焚燒，十不存一，更不用說安祿山攻入長安時，皇室貴族倉皇逃跑，遺留下來的鍾磬類大型樂器，慘遭劫禍，或被破壞，或被席卷一空。《舊唐書》卷二九《音樂志》載：「廣明初，巢賊干紀，輿駕播遷，兩都覆圮，宗廟悉爲煨燼，樂工淪散，金奏幾亡。及僖宗還宮，購募鍾縣之器，一無存者。」《新唐書》卷二一《音樂志》亦載：「其後黃巢之亂，樂工逃散，金奏皆亡。」廣明初年（880 年），黃巢起義之後，兩京殘破，樂工淪散，鍾、磬這種大型編懸樂器幾乎遺失散盡，僖宗由蜀地回至長安，購募鍾懸樂器，卻沒有一件能遺存下來，可以說這是清樂樂隊中鍾磬消失的直接原因。昭宗即位後，命殷盈孫重新製作。殷是晚唐禮樂製作的代表人物，《舊唐書》卷一一五《殷盈孫傳》說他於光啓二年冬（886 年）隨僖宗從四川入長安，他最重要的貢獻是依《周禮》重製宮懸之器：「昭宗即位，將親謁郊廟，有司請造樂縣，詢於舊工，皆莫知其制度。修奉樂縣使宰相張浚悉集太常樂

〔註 247〕陳寅恪：《唐代政治史述論稿》，北京，三聯書店，2001 年 4 月版，第 204 頁。
〔註 248〕陳寅恪：《唐代政治史述論稿》，北京，三聯書店，2001 年 4 月版，第 204 頁。
〔註 249〕〔後晉〕劉昫：《舊唐書》，北京，中華書局 1975 年版，第 3457 頁。

胥詳酌，竟不得其法。時太常博士殷盈孫深於典故，乃案周官考工記之文，究其欒、銑、於、鼓、鉦、舞、甬之法，沉思三四夕，用算法乘除，鎛鍾之輕重高低乃定。懸下編鍾，正黃鍾九寸五分，下至登歌倍應鍾三寸三分半，凡四十八等。口項之量，徑衡之圍，悉爲圖，遣金工依法鑄之，凡二百四十口。鑄成，張浚求知聲者處士蕭承訓、梨園樂工陳敬言與太樂令李從周，令先校定石磬……」。〔註250〕此段文獻記述了這樣一段史實，唐末無論是樂官還是樂工，宮廷之中已無人知曉製作鍾磬之古法。這次樂懸的重製，完全是殷盈孫依《周禮・考工記》臆造而鑄，說明晚唐時編鍾的製作盡失古法。雖然殷盈孫依照《考工記》所記載的尺寸比例複製出編鍾，但是他所複製出的編鍾並非明器而是實用器，僅靠形制比例關係是無法複製出編鍾應有的音樂性能。這從後世對殷盈孫所製樂懸之評價中得到印證。殷盈孫所製樂懸五代後周時仍存，王樸論唐末之樂時曾述及其樂懸。《舊五代史》卷一四五《樂志》記載：「安史之亂，京都爲墟，器之與工，十不存一，所用歌奏漸多，紕繆逮乎。黃巢之餘，工器都盡，購募不獲，文記亦亡，集官詳酌，終不知其制度。時有太常博士商盈孫，案周官考工記之文，鑄鎛鍾十二，編鍾二百四十，處士蕭承訓校定石磬。今之在懸者是也，雖有樂器之狀，殊無相應之和。」〔註251〕據此，至《樂府雜錄》成書，即乾寧元年（894年）前後，段安節由所見所聞而記載之清樂樂隊編制，還是較爲可信的。

唐「安史之亂」以後，唐王朝「名義上雖或保持其一統之外貌，實際上則中央政府與一部分之地方藩鎮，已截然劃爲二不同之區域，非僅政治軍事不能統一，即社會文化亦完全成爲互不關涉之集團」〔註252〕，唐王朝政治權力衰弱，經濟實力下降，禮樂制度衰敗，音樂文化下移，原爲滿足帝王感官享受及禮制需要的龐大的樂部編制，其形式也由繁入簡。音樂文化下移已是普遍現象，宮廷音樂逐漸走向民間，大量宮廷樂人流入官宦、貴族家庭與民間，因而清樂中編鍾、編磬這種象徵等級制度的大型樂器只能以小型樂器方響替代。

彈奏樂器組中琵琶、箜篌、筑被去掉，尤其是琵琶。雲和箏除形制如小箏外，其音色與演奏方式與琵琶很接近，或可認爲，雲和箏之所以運用

〔註250〕〔後晉〕劉昫：《舊唐書》，北京，中華書局1975年版，第1081頁。

〔註251〕〔宋〕薛居正等：《舊五代史》，北京，中華書局1976年版，第1937～1938頁。

〔註252〕陳寅恪：《唐代政治史述論稿》，北京，三聯書店，2001年4月版，第202～203頁。

於樂隊中，很可能是替代琵琶的音色，填充琵琶在樂隊中的作用。琵琶、箜篌以及樂隊中笛、吹葉這些西域外來樂器的省去，推測與安史之亂之後，所帶來時代民族問題及「華夷」之別等觀念不無關係。歷史學界對「安史之亂」的分析，一種獲得較多認同的觀點是：這是一場「華」、「夷」之間的民族矛盾。安史之亂引發嚴重的民族矛盾，如張弘靖爲幽州節度使時，曾掘安祿山、史思明之墓。《新唐書》卷一二七《張嘉貞傳》附《張弘靖傳》記載：「始入幽州，……俗謂祿山、思明爲二聖。弘靖懲始亂，欲變其俗，乃發墓毀棺，衆滋不悦。」河北北部幽州一帶，隋、唐時期，又有不少契丹和奚族歸附者居住於此，太宗時曾遷徙許多突厥人到這裡居住，故這裡是少數民族雜居之地，他們卻視安、史爲兩位聖人，與當時漢人的看法恰好相反，故出現弘靖掘其墓葬之事。可見，安史亂後，胡漢之間的民族矛盾相當尖銳。「安史之亂」平息以後，政治和文化上的反思如潮湧一般，〔註 253〕「華」、「夷」問題集中到音樂上來，「清樂」和「胡樂」之爭就是集中體現。唐玄宗喜好並大量吸收胡樂成爲文人墨客抨擊的目標，他們對玄宗於天寶十三載（754 年）「詔道調、法曲與胡部新聲合作」〔註 254〕的舉措，極爲不滿。白居易（772～846 年）的《法曲歌》：「……法曲法曲合夷歌，夷聲邪亂華聲和。以亂乾和天寶末，明年胡塵犯宮闕。乃知法曲本華風，苟能審音與政通。一從胡曲相參錯，不辨興衰與哀樂。願求牙曠正華音，不令夷夏相交侵。」〔註 255〕就反映了這種思想。這種觀念根深蒂固、深入人心，甚至至北宋時期仍然存在，沈括《夢溪筆談》卷五議之：「外國之聲，前世自別爲四夷樂。自唐天寶十三載，始詔法曲與胡部合奏。自此樂奏全失古法，以先王之樂爲『雅樂』，前世新聲爲『清樂』，合胡部者爲『宴樂』。」〔註 256〕因而，將琵琶、箜篌、笛、吹葉這些西域外來樂器，從代表「華夏正聲」的清樂樂隊中省去，保留琴、瑟、箏、笙、簫、篪這些屬於華夏傳統的樂器，而加入雲和箏、竽，其中的原因或許與安史之亂以後，上至宮廷帝王、皇室貴族，下至文人墨客、平民百姓中，這種「正華音，不令夷夏相交侵」的觀念，有著直接或間接的關係。這也可以說明在陳暘《樂書》

〔註 253〕陳寅恪《唐代政治史述論稿》，上海古籍出版社 1997 年版，第 27 頁。

〔註 254〕〔宋〕歐陽修：《新唐書》，北京，中華書局 1975 年版，第 477 頁。

〔註 255〕〔唐〕白居易《法曲歌》，見中國舞蹈藝術研究會舞蹈史研究組編《全唐詩中的樂舞資料》，音樂出版社 1958 年版，第 169 頁。

〔註 256〕〔北宋〕沈括：《新校正夢溪筆談》，北京，中華書局 1957 年版，第 61 頁。

中爲何記載有兩種類型的清樂樂隊編制。與第一種編制類型相似的記載出於書中「歌」之「胡」部分；與第二種編制類型相似的記載出於書中「雜樂（俗部）」。

唐清樂樂隊規模的縮小，與初唐以後至玄宗時宮廷的逐漸忽視也有很大關係。

《通典》卷一四六《樂六》載：

> 自長安以後，朝廷不重古曲，工伎轉缺，能合於管絃者，唯明君、楊叛、驍壺、春歌、秋歌、白雪、堂堂、春江花月夜等八曲。舊樂章多或數百言，武太后時明君尚能四十言，今所傳二十六言，就中訛失，與吳音轉遠。劉貺以爲宜取吳人使之傳習。開元中，有歌工李郎子。郎子北人，聲調已失，云學於俞才生。江都人也。自郎子亡後，清樂之歌闕焉。又聞清樂唯雅歌一曲，辭典而音雅，閱舊記，其辭信典。〔註 257〕

《舊唐書》卷二九《音樂志》中也有相似記載。〔註 258〕岸邊成雄述及《通典・樂》、《舊唐書》、《新唐書》等唐代重要音樂文獻史源時，認爲「玄宗朝人劉貺的《太樂令壁記》（《玉海》卷一〇五及其他引），是《通典》『樂』的原來依據，甚至結構或許文章都相似。《舊唐書》除亦由《通典》間接引用外，也直接引用本書。」《舊唐書》「卷二八至三二之《音樂志》多據《通典》之『樂』。」〔註 259〕秦序也認爲《通典》卷一四六「清樂」條中「自長安以後」至「其辭信典」的內容，當出自劉貺的《太樂令壁記》，只是文中有些地方改爲轉述。〔註 260〕孫曉輝在考述兩唐書樂志之史料來源時，同樣認爲《舊唐書・音樂志》

〔註 257〕〔唐〕杜佑：《通典》，北京，中華書局 1984 年版，第 761 頁。

〔註 258〕《舊唐書・音樂志》，卷二九載：「自長安已後，朝廷不重古曲，工伎轉缺，能合於管絃者，唯《明君》、《楊伴》、《驍壺》、《春歌》、《秋歌》、《白雪》、《堂堂》、《春江花月》等八曲。舊樂章多或數百言。武太后時，《明君》尚能四十言，今所傳二十六言，就之訛失，與吳音轉遠。劉貺以爲宜取吳人使之傳習。以問歌工李郎子，李郎子北人，聲調已失，云學於俞才生。才生，江都人也。今郎子逃，《清樂》之歌闕焉。又聞《清樂》唯《雅歌》一曲，辭典而音雅，閱舊記，其辭信典。」（〔後晉〕劉昫：《舊唐書》，北京，中華書局 1975 年版，第 1067～1068 頁。）

〔註 259〕〔日〕岸邊成雄：《唐代音樂文獻解說》，原載《東洋音樂研究》第 1 卷第 1 號（1937 年），秦序譯，載《交響》1987 年第 1 期，第 69 頁。

〔註 260〕秦序：《劉貺與〈太樂令壁記〉》，原載武漢音樂學院《黃鍾》1993 年第 1～2 期合刊。後收錄於論文集《一葦凌波》，上海音樂出版社，2004 年 12 月版，第 186 頁。

與《通典》中對「清樂」的記述皆出於劉貺《太樂令壁記》。〔註 261〕《新唐書・藝文志》云「劉貺《太樂令壁記》三卷」〔註 262〕，北宋《崇文總目》記載：「《太樂令壁記》三卷，唐協律郎劉貺撰，分樂元、正樂、四夷樂合三篇。」〔註 263〕《太樂令壁記》一書早佚，唯王應麟《玉海》載有少量引文。秦序依據文獻，推斷劉貺的生活年代約在公元 680～760 年〔註 264〕，由書名《太樂令壁記》知此書所載爲劉貺任太樂令時之見聞。《舊唐書》列傳第五十二《劉子玄傳》載：「開元初，遷左散騎常侍，修史如故。九年，長子貺爲太樂令，犯事配流。子玄詣執政訴理，上聞而怒之，由是貶授安州都督府別駕。」〔註 265〕可知，劉貺於開元九年（721 年）犯事流配，太樂令之職也至此時而止。故秦序認爲書中「所述內容屬開元九年以前事」，爲「開元初太樂署當時之事」〔註 266〕。故《太樂令壁記》上引文所言「今」，應指開元初。

據此可知，隋推崇爲華夏正聲的清樂，在唐朝即漸趨衰落。唐初武則天時還存有 63 曲，而武后長安（701～704 年）以後，朝廷不重古曲，清樂工伎漸缺，能合奏於管絃的只有《明君》、《楊叛》、《驍壺》等八首曲目。其內容也大大「縮水」，如《明君》一曲，先前數百言的樂章至武則天時只有四十句，至玄宗開元時，只剩二十六言。開元（713～741 年）中歌工李子郎「亡」後，宮中竟無人再用吳語來唱清樂「聲調」〔註 267〕，「清樂之歌闕焉」。清樂逐漸不被重視，也是其樂隊規模縮小的原因之一。

鄭祖襄《唐宋「雅、清、燕」三樂辨析》（以下簡稱《三樂辨析》）言劉貺《太樂令壁記》的成文時間，與筆者推斷清樂樂部發生變化的時間有所衝突，故對此問題稍加議論。

〔註 261〕孫曉輝：《兩唐書樂志研究》，上海音樂出版社，2005 年 8 月版，第 113 頁。

〔註 262〕〔宋〕歐陽修：《新唐書》，北京，中華書局 1975 年版，第 1436 頁。

〔註 263〕〔宋〕王堯臣等：《崇文總目》（卷一），文淵閣四庫全書本，上海古籍出版社 1987 年影印。

〔註 264〕秦序：《劉貺與〈太樂令壁記〉》，原載武漢音樂學院《黃鍾》1993 年第 1～2 期合刊。後收錄於論文集《一葦淩波》，上海音樂出版社，2004 年 12 月版，第 177、185 頁。

〔註 265〕〔後晉〕劉昫：《舊唐書》，北京，中華書局 1975 年版，第 3173 頁。

〔註 266〕秦序：《劉貺與〈太樂令壁記〉》，原載武漢音樂學院《黃鍾》1993 年第 1～2 期合刊。後收錄於論文集《一葦淩波》，上海音樂出版社，2004 年 12 月版，第 186 頁。

〔註 267〕秦序 主編：《中華藝術通史・隋唐卷（上篇）》，北京師範大學出版社，2006 年 6 月版，第 94 頁。

《三樂辨析》在論述《通典》卷一四六《樂六》「清樂」一段〔註 268〕時，認爲：「這段文字中記載的『自長安以後』，是指長安在『安史之亂』失陷又收復之後的時間裏。長安收復是在至德二年（757），由此可進一步推斷，劉貺著《太樂令壁記》最早也要在至德二年。」〔註 269〕其實文獻中所言「長安」指武周時期最後的年號，即 701～704 年。

首先，《舊唐書》中凡時間上涉及「安史之亂」的記載，共有 9 條〔註 270〕，皆未見以「長安」指代之語句，且《新唐書》中也是如此。〔註 271〕如《舊唐書》卷一一七載：「自安史之後，多爲山賊剽掠，……」卷一二四載：「自安、史以後，迄至於貞元，朝廷多務優容，……」卷一百四十一載：「自安史之亂，兩河藩帥多阻命。」列傳一〇二《馬璘傳》載：「天寶中，貴戚勳家，已務奢靡，而垣屋猶存制度。……及安、史大亂之後，法度隳弛，内臣戎帥，競務奢豪，……」〔註 272〕《律呂正義後編》卷八四對此段文字中「長安」也同樣注爲「武后年號」。〔註 273〕

其次，唐時「壁記」本身性質決定了《太樂令壁記》的撰寫時間。唐封演《封氏聞見記》卷五對「壁記」有詳細闡釋：「朝廷百司諸廳，皆有壁記，敘官秩創置及遷授始末，原其作意，蓋欲著前政履歷，而發將來健羨焉。故爲記之體，貴其說事詳雅，不爲苟飾。……韋氏《兩京記》云：『郎官盛寫壁記，以紀當時前後遷除出入，浸以馬俗。』然則壁記之出，當是國朝已來始自臺省，遂流郡邑耳。」〔註 274〕唐代，朝廷各官署的辦公處所，常有「壁記」，敘述官署的創置、官秩的確定以及官員的遷授始末等，刻在壁間。後來地方官署也起

〔註 268〕具體文獻見上文所引。

〔註 269〕鄭祖襄：《唐宋「雅、清、燕」三樂辨析》，《音樂研究》，2007 年 3 月第 1 期，第 43 頁。

〔註 270〕除下文所列 4 條，其餘 5 條如下：《舊唐書》卷四四（考證）載：「……則知不始於安史之亂也。」
《舊唐書》卷一二四載：「史臣曰：『自安史亂離河朔割據……』」
《舊唐書》卷一五七載：「自安史之亂，頻詔征發嶺南兵募，隸南陽魯炅軍。」
《舊唐書》卷一七二載：「自安史已來，翻覆如此。」
《舊唐書》卷一八〇載：「自安史之後，范陽非國家所有。」

〔註 271〕《新唐書》卷一三二載：「自安史亂常始有專地四方多。」
《新唐書》卷一五七載：「……上書曰：『自安史之亂，朝廷因循涵養，而諸方……』。」

〔註 272〕〔後晉〕劉昫：《舊唐書》，北京，中華書局 1975 年版，第 4067 頁。

〔註 273〕《御製律呂正義後編》，卷八四，文淵閣四庫全書本。

〔註 274〕〔唐〕封演：《封氏聞見記》卷五，北京，中華書局 2005 年版，第 41 頁。

而效法。「壁記」內容主要記錄在任「當時前後遷除出入」、「敘官秩創置及遷授始末」、在任時之政績等情況及風俗見聞等，其目的在於繼任者瞭解自己的職責和前任的情況，也可以此自檢，此即「昭昭吏師，長在屋壁，後之貪冒放肆以生人爲戲者，獨不愧於心乎。」〔註 275〕《唐會要》卷三九載武則天文明元年（684 年）四月十四日敕云：「律令格式，爲政之本。內外官人，退食之暇，各宜尋覽。仍以當司格令，書於廳事之壁，俯仰觀瞻，使免遺忘。」〔註 276〕德宗貞元二年敕：「宜委諸曹司，各以本司雜錢，置所要律令格式，其中要節，仍舊例錄在官廳壁。」〔註 277〕據此而言，至少在武則天文明元年至德宗貞元二年期間，「壁記」爲在任官員記錄在任之事，即當時人記當時事，是一種具有較強時效性的文體。如韓愈的《藍田縣丞廳壁記》，文中以崔斯立任藍田縣丞的種種境遇爲例，代其發出不平之鳴，且壁記最後所署爲「考功郎中、知制誥韓愈記」。考證文獻，崔斯立於元和十年（815 年）任藍田縣丞，故韓愈任考功郎中兼知制誥所題此壁記時，正是崔斯立任藍田縣丞之時。劉貺任太樂令止於開元九年（721 年），若依《三樂辨析》所言，劉貺最早於至德二年（757 年）始著《太樂令壁記》，即劉貺在經歷流配、復職 37 年後，才憑藉回憶撰寫了此文記述太樂令之事，顯然不符「壁記」的規則、特點及其目的。因而文中所言「今」應指唐開元年間，準確說應開元九年（721 年）以前一段時期。

據以上分析，筆者大膽作一推測，唐代宮廷清樂樂隊其編制發生變化的時間，最大可能應在「安史之亂」（755 年）以後。經黃巢起義（僖宗乾符二年，即 875 年）更演變爲段安節《樂府雜錄》中所載之清樂樂隊編制，即本書所言清樂樂隊第二種樂器組合形式。正如《樂書》卷一八二《俗部・舞》所言：「清商舞、清樂舞」條言：「清樂至開元天寶以後，制度亡矣，削之可也。」陳暘的評論是很有道理的。

第五節　西涼樂之樂器組合

一、西涼樂之淵源

漢代的涼州，包括張掖、酒泉、敦煌、武威、金城五郡，爲今甘肅省西

〔註 275〕〔宋〕李昉：《文苑英華》卷八○一，北京，中華書局 1966 年版，第 4238 頁。
〔註 276〕〔宋〕王溥：《唐會要》，北京，中華書局 1955 年版，第 705～706 頁。
〔註 277〕〔宋〕王溥：《唐會要》，北京，中華書局 1955 年版，第 706 頁。

北部，即河西走廊一帶。其地四通八達，隨著絲綢之路的繁榮，漸成爲政治、經濟、軍事重地。晉惠帝永寧元年（301 年），張軌任涼州刺史，兼護羌校尉。永嘉之亂，張軌以姑臧（今甘肅武威）爲中心據守涼州，史稱前涼。十六國期間，中原戰亂，而涼州卻一派平和氣象。因而，從晉永嘉之亂開始就有不少中原人及樂工避亂至河西。《通鑒》卷一三七胡注：「晉永嘉之亂，太常樂工多避地河西。」其後關中戰亂，前秦、後秦、夏滅亡時，又不斷有人遷來，河西重鎮姑臧聚集了大批中原樂工，中原舊樂因得以完好地保存與傳續。前秦滅前涼，獲其清商樂。前秦之末，苻堅派大將呂光遠征西域。建元二十年（384 年），呂光打敗龜茲，得其音樂。《十六國春秋輯補》卷八一記建元二十一年（385 年）三月，呂光「以駝二萬餘頭致外國珍寶及奇伎異戲」自西域而還至姑臧。386 年建立西涼國，以姑臧爲首都，所率軍隊及帶回西域人，特別是大批龜茲樂人居留河西。呂光變龜茲之樂並「雜以秦聲」（即中原傳統舊樂），號爲「秦漢伎」〔註 278〕。西涼樂這種新型的音樂品種就此在涼州形成。據《晉書》卷一二九《沮渠蒙遜載記》，北涼皇帝沮渠蒙遜於 421 年統一涼州，先後滅南涼、後涼、西涼。又據《魏書》卷四《世祖記》，太延五年（439 年），魏軍兵臨姑臧城下，北涼主沮渠牧犍出降，北涼滅亡，當地三萬戶被遷至京師，涼州樂及其樂工隨之被帶回魏都平城（今山西大同）。其樂改名爲《西涼樂》，這批樂工也成爲北魏宮廷樂人的主要組成部分，並爲北齊和隋朝所繼承。《通典》卷一四六：「西涼樂者，起苻氏之末，呂光、沮渠蒙遜等據有涼州，變龜茲聲爲之，號爲秦漢伎。後魏太祖既平河西，得之，謂之《西涼樂》。至魏、周之際，遂謂之《國伎》。魏代至隋咸重之。」《魏書》卷一百九《樂志》載：「世祖破赫連昌，獲古雅樂，及平涼州，得其伶人、器服，並擇而存之。」《通鑒》卷一三七亦云：「初，魏世祖克統萬及姑臧，獲雅樂器服工人，並存之。其後累朝無留意者，樂工浸盡，音制多亡。」胡注：「宋文帝元嘉四年，魏克統萬；十六年，克姑臧。晉永嘉之亂，太常樂工多避地河西；夏克長安，獲秦雅樂。故二國有其器服工人。」

《隋書》卷十五《音樂志》載：「《西涼》者，起苻氏之末，呂光、沮渠蒙遜等，據有涼州，變龜茲聲爲之，號爲秦漢伎。魏太武既平河西得之，謂

〔註 278〕這裡的「秦漢」，應指五胡、十六國中的秦（苻堅）、漢（劉氏）二國。參閱孫曉輝：《兩唐書樂志研究》，上海音樂學院出版社，2005 年 8 月版，第 165 頁。

之《西涼樂》。至魏、周之際，遂謂之《國伎》。今曲項琵琶、豎頭箜篌之徒，並出自西域，非華夏舊器。《楊澤新聲》、《神白馬》之類，生於胡戎。胡戎歌非漢魏遺曲，故其樂器聲調，悉與書史不同。其歌曲有《永世樂》，解曲有《萬世豐》舞，曲有《于闐佛曲》。」〔註 279〕《通典》卷一四六《樂六》亦載之。〔註 280〕《舊唐書・音樂志》載：「西涼樂者，後魏平沮渠氏所得也。晉、宋末，中原喪亂，張軌據有河西，苻秦通涼州，旋復隔絕。其樂具有鍾磬，蓋涼人所傳中國舊樂，而雜以羌胡之聲也。魏世共隋咸重之。」

西涼樂中的鍾、磬，屬於中原舊雅樂，曲項琵琶、豎箜篌等樂器則出自西域，其樂曲《楊澤新聲》、《神白馬》等，也產生於胡戎，這使西涼樂不同於漢魏舊曲。故隋唐人以「涼人所傳中國舊樂，而雜以羌胡之聲」爲西涼樂最爲重要之特點。西涼樂「曲有《于闐佛曲》」或與前涼永樂元年（346 年），「起自張重華據有涼州」，天竺「重四譯來貢男伎」，獻《天竺樂》〔註 281〕有一定關係。

二、唐代西涼樂樂部之樂器組合

（一）文獻所載西涼樂樂隊編制考

《隋書》卷十五《音樂志》載：

> 其樂器有鍾、磬、彈箏、搊箏、臥箜篌、豎箜篌、琵琶、五弦、笙、簫、大篳篥、豎〔註 282〕、小篳篥、橫笛、腰鼓、齊鼓、擔鼓、銅拔、貝等十九種，爲一部。工二十七人。〔註 283〕

〔註 279〕〔唐〕魏徵、房玄齡、長孫無忌等：《隋書》，北京，中華書局 1973 年版，第 378 頁。

〔註 280〕《通典》卷一四六《樂六》記載：「西涼樂者，起苻氏之末，呂光、沮渠蒙遜等據有涼州，變龜茲聲爲之，號爲秦漢伎。後魏太武既平河西，得之，謂之西涼樂。至魏、周之際，遂謂之國伎。魏代至隋咸重之。其曲項琵琶、豎頭箜篌之徒，並出自西域，非華夏舊器。楊澤新聲、神白馬之類，生於胡歌，非漢、魏遺曲，故其樂器聲調悉與書史不同。其歌曲有永世樂，解曲有萬代豐，舞曲有于闐佛曲。」（〔唐〕杜佑：《通典》，北京，中華書局 1984 年版，第 764 頁。）

〔註 281〕〔唐〕魏徵、房玄齡、長孫無忌等：《隋書》，北京，中華書局 1973 年版，第 378 頁。

〔註 282〕《隋書・音樂志》卷十五《校勘記》載：「『長笛』原作『豎』，據《通典》一四六改。《舊唐書・音樂志二》作『笛』無『長』字。」（〔唐〕魏徵、房玄齡、長孫無忌等：《隋書》，北京，中華書局 1973 年版，第 383 頁。）

〔註 283〕此處據文淵閣四庫全書本。

《隋書・音樂志》中華書局 1973 年 8 月版校勘記：「『長笛』原作『豎』，據《通典》一四六改。《舊唐書・音樂志二》作『笛』無『長』字。」《隋書・樂志》爲「豎」，《樂書》所錄爲「豎笛橫吹」，推測《隋書》遺漏「笛」字。此處「豎」改「豎笛」應更合理。

《唐六典》卷十四《太常寺》載：

> 編鍾、編磬各一架，歌二人，彈箏、搊箏、臥箜篌、豎箜篌、琵琶、五弦、笙、長笛、短笛、大觱篥、小觱篥、簫、腰鼓、齊鼓、擔鼓各一，銅鈸二，貝一，白舞一人，方舞四人。

《通典》卷一四六《樂六》載：

> 工人平巾幘，緋褶。白舞一人，方舞四人。白舞今闕。方舞四人，假髻，玉支釵，紫絲布褶，白大口袴，五彩接袖，烏皮靴。其樂器用鍾一架，磬一架，彈箏一，搊箏一，臥箜篌一，豎箜篌一，琵琶一，五弦琵琶一，笙一，簫一，大篳篥一，小篳篥一，長笛一，橫笛一，腰鼓一，齊鼓一，擔鼓一，貝一，銅鈸二。（注：今亡。）〔註 284〕

《舊唐書》卷二九《音樂志》載：

> 工人平巾幘，緋褶。白舞一人，方舞四人。白舞今闕。方舞四人，假髻，玉支釵，紫絲布褶，白大口袴，五彩接袖，烏皮靴。樂用鍾一架，磬一架，彈箏一，古箏一，臥箜篌一，豎箜篌一，琵琶一，五弦琵琶一，笙一，簫一，篳篥一，小篳篥一，笛一，橫笛一，腰鼓一，齊鼓一，檐鼓一，銅拔一，貝一。編鍾今亡。

《新唐書》卷二一《禮樂志》載：

> 《西涼伎》，有編鍾、編磬，皆一；彈箏、搊箏、臥箜篌、豎箜篌、琵琶、五弦、笙、蕭、觱篥、小觱篥、笛、橫笛、腰鼓、齊鼓、檐鼓，皆一；銅鈸二，貝一。白舞一人，方舞四人。〔註 285〕

《樂書》卷一五八「西涼」樂條目云：

> 其器有編鍾、編磬、琵琶、五弦、豎箜篌、臥箜篌、箏、筑、笙、簫、竽、大小觱篥、豎笛橫吹、腰鼓、齊鼓、檐鼓、銅鈸、貝爲一部。工二十七人。

茲將各書所載西涼樂之樂器，依演奏方式歸類後列爲下表：

〔註 284〕〔唐〕杜佑：《通典》，北京，中華書局 1984 年版，第 764 頁。
〔註 285〕〔宋〕歐陽修：《新唐書》，北京，中華書局 1975 年版，第 470 頁。

表 18 《隋書》、《唐六典》、《通典》、《舊唐書》載西涼樂樂器組合比對表

類型 出處	擊奏樂器		彈奏樂器	吹奏樂器
	旋律	非旋律		
《隋書·音樂志》	鍾、磬	腰鼓、齊鼓、擔鼓、銅拔	彈箏、搊箏、臥箜篌、豎箜篌、琵琶、五弦	笙、簫、大篳篥、豎笛、小篳篥、横笛、貝
《唐六典·太常寺》	鍾、磬	腰鼓、齊鼓、擔鼓、銅鈸	彈箏、搊箏、臥箜篌、豎箜篌、琵琶、五弦	笙、長笛、短笛、大觱篥、小觱篥、簫、貝
《通典·樂六》	鍾、磬	腰鼓、齊鼓、擔鼓、銅鈸	彈箏、搊箏、臥箜篌、豎箜篌、琵琶、五弦琵琶	笙、簫、大篳篥、小篳篥、長笛、横笛、貝
《舊唐書·音樂志》	鍾、磬	腰鼓、齊鼓、檐鼓、銅拔	彈箏、古箏、臥箜篌、豎箜篌、琵琶、五弦琵琶	笙、簫、篳篥、小篳篥、笛、横笛、貝
《新唐書·禮樂志》	鍾、磬	腰鼓、齊鼓、檐鼓、銅鈸	彈箏、搊箏、臥箜篌、豎箜篌、琵琶、五弦	笙、蕭、觱篥、小觱篥、笛、横笛、貝
《樂書》	鍾、磬	腰鼓、齊鼓、檐鼓、銅鈸	琵琶、五弦、豎箜篌、臥箜篌、箏、筑	笙、簫、竽、大小觱篥、豎笛横吹、貝

比照五本史籍記述西涼樂樂隊之樂器及數目，大體相同，僅有兩處樂器名稱相異。

其一，《舊唐書・音樂志》、《新唐書・禮樂志》、《樂書》中所記「檐鼓」，與《隋書・音樂志》、《唐六典・太常寺》、《通典・樂六》所錄「擔鼓」不同。疑「檐鼓」爲謄抄筆誤。因「擔鼓」繁文爲「擔鼓」，「擔」與「檐」字形較爲近似，極有可能後人在抄錄唐人之作時，將「擔鼓」謄誤爲「檐鼓」。後人記述「擔鼓」時，亦將「擔鼓」與「檐鼓」混爲一談。最典型的例子見陳暘《樂書》，該書記載「擔鼓」有三處，記錄「檐鼓」亦有三處，詳見下表：

表 19 陳暘《樂書》所載「擔鼓」、「檐鼓」內容詳表

擔鼓		檐鼓	
卷一五八「高麗」樂條目	「其器有臥箜篌、豎箜篌、琵琶、彈箏、五弦、笙、簫、横笛、小觱篥、桃皮觱篥、腰鼓、齊鼓、擔鼓、銅鈸、貝等十四種，爲一部。」	卷一二七《樂圖論·胡部》「八音革之屬」	「檐鼓：西涼、高麗之器也。狀如甕而小，先冒以革而漆之，是其制也。」（並繪製有其圖）

卷一八九《樂圖論・吉禮》	「乘輿國門外作胡部」，其樂隊中用「擔鼓」兩面。	卷一五八「西涼」樂條目	「其器有編鍾、編磬、琵琶、五弦、豎箜篌、臥箜篌、箏、筑、笙、簫、竽、大小觱篥、豎笛橫吹、腰鼓、齊鼓、檐鼓、銅鈸、貝爲一部。」
卷一八九《樂圖論・吉禮》	「乘輿門外作胡樂」，其樂隊中用「擔鼓」兩面。	卷一五八「安國」樂條目	「安國之樂，其器有箜篌、琵琶、五弦、笛、簫、雙觱篥、正鼓、和鼓、銅鈸、歌、簫、小觱篥、桃皮觱篥、腰鼓、齊鼓、檐鼓、貝等十四種，爲一部。」

《樂書》卷一二七「檐鼓」條云：「檐鼓：西涼、高麗之器也。」然著述「西涼」樂與「高麗」樂樂器時，此鼓名稱卻不相同，西涼樂爲「檐鼓」，高麗樂爲「擔鼓」。既然「檐鼓」亦爲高麗之器，爲何記爲「擔鼓」？顯然是作者撰寫、謄抄錯誤，或者刻版錯誤。故筆者推斷《舊唐書》、《新唐書》中所記「檐鼓」與《隋書》、《唐六典》、《通典》所錄「擔鼓」實爲同一種鼓。因《隋書》、《唐六典》、《通典》著書在前，均爲唐人所撰，故應依此三本史籍，以「擔鼓」爲準。《舊唐書》、《新唐書》、《樂書》中西涼樂隊之「檐鼓」應爲「擔鼓」。

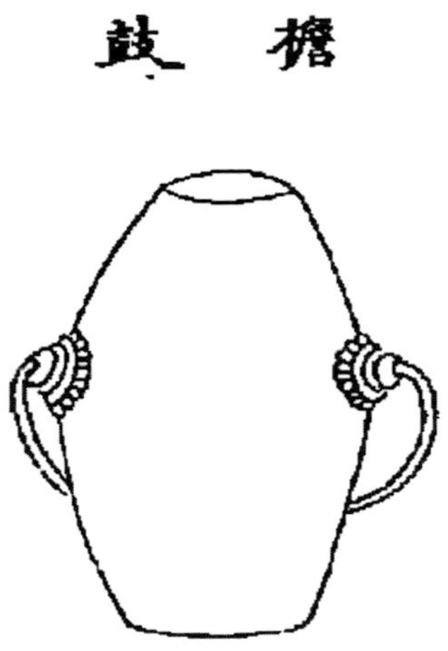

圖 15 《樂書》所繪「檐鼓」

其二，上引《隋書》、《唐六典》、《通典》、《新唐書》文之箏類樂器均爲「彈箏、搊箏」；而《舊唐書》爲「彈箏、古箏」。這些箏的稱謂，應是依演奏手法命名，因此西涼樂中箏類樂器各文獻之記述區別不大。

陳暘《樂書》卷一二九「搊箏」條釋曰：「高麗樂器用彈箏一、搊箏一、臥箏一。自魏至隋並存，其器至於制度之詳，不可得而知也。唐平人女以容色選入內者，教習琵琶、五弦、箜篌、箏者，謂之搊彈家。開元初，製《聖壽樂》，令諸女衣五方色衣歌舞之，宜春院爲首尾，搊彈家在行間倣之而已。」書中未將「搊箏」闡釋清楚。那麼何爲「搊」？《通典》卷一四四《樂四》曰：「五弦琵琶，稍小，蓋北國所出。舊彈琵琶，皆用木撥彈之，大唐貞觀中始有手彈之法，今所謂搊琵琶者是也。《風俗通》所謂以手琵琶之，知乃非用撥之義，豈上代固有搊之者？（注：手彈法，近代已廢，自裴洛兒始爲之。）」《新唐書》卷二十一《禮樂志》:「五弦如琵琶而小，北國所出，舊以木撥彈，樂工裴神符初以手彈，太宗悅甚，後人習爲搊琵琶。」《新唐書·釋音》卷三和卷二五將「搊」注爲:「楚鳩切，手搊」。由此可見，「搊」指用手指彈奏。這或許與唐時箏弦質地的不同有關，「搊箏」指不戴義甲只用手指彈奏的箏，其弦應較柔和、軟鬆；「彈箏」之「彈」爲指戴鹿甲，亦稱義爪彈奏，其弦堅硬，如鵾弦等。〔註 286〕故文獻中有稱箏等彈撥絃樂器的藝人爲「搊彈家」〔註 287〕。彈箏因用義甲彈奏，其弦硬度較大，故在音響效果方面理應優於手彈之「搊箏」。

此外，與其餘五本史籍相較，《樂書》所錄主要有四處不同：一是彈奏樂器組中有「筑」；二是樂隊中「箏」並未如其他史籍分「彈箏」、「搊箏」，只籠統記爲「箏」；三是吹奏樂器組多了「竽」；四是樂隊所用笛類樂器爲「豎笛橫吹」。

試以《通典》比對《舊唐書·音樂志》及《隋書·樂志》，可以發現，三本史籍所述西涼樂的內容多相似：

表 20　《通典》、《舊唐書》、《隋書·樂志》所述西涼樂內容比勘表

	《通典》	《舊唐書》	《隋書·樂志》
淵源	西涼樂者，起符氏之末，呂光、沮渠蒙遜等據有涼州，變龜茲聲爲之，號爲秦漢伎。後魏太武既平河西，得之，謂之西涼樂。至魏、周之際，遂謂之國伎。魏代至隋咸重之。其曲項琵琶、豎頭箜篌之徒，並出自西域，非華夏舊器。楊澤新聲、神白馬之類，生於胡歌，非漢、魏遺曲，故其樂器聲調悉與	《西涼樂》者，後魏平沮渠氏所得也。晉、宋末，中原喪亂，張軌據有河西，苻秦通涼州，旋復隔絕。其樂具有鍾磬，蓋涼人所傳中國舊樂，而雜以羌胡之聲也。魏世共隋咸重之。	西涼者，起苻氏之末，呂光、沮渠蒙遜等據有涼州，變龜茲聲爲之，號爲秦漢伎。魏太武既平河西，得之，謂之西涼樂。至魏、周之際，遂謂之國伎。今曲項琵琶、豎頭箜篌之徒，並出自西域，非華夏舊器。楊澤新聲、神白馬之類，生於胡戎，胡戎

〔註 286〕焦文彬：《琴箏史話》，北京，中國文聯出版社，2002 年 9 月版，第 79、80、86、87 頁。

〔註 287〕亦可見《教坊記》載：「平人女以容色選入內者，教習琵琶、三弦、箜篌、箏等者，謂搊彈家。」（〔唐〕崔令欽：《教坊記》，北京，中華書局 1962 年版，第 25 頁）

	書史不同。其歌曲有永世樂，解曲有萬代豐，舞曲有于闐佛曲。		歌，非漢魏遺曲，故其樂器聲調悉與書史不同。其歌曲有永世樂，解曲有萬世豐，舞曲有於寘佛曲。
舞、衣	工人平巾幘，緋褶。白舞一人，方舞四人。白舞今闕。方舞四人，假髻，玉支釵，紫絲布褶，白大口袴，五彩接袖，烏皮靴。	工人平巾幘，緋褶。白舞一人，方舞四人。白舞今闕。方舞四人，假髻，玉支釵，紫絲布褶，白大口袴，五彩接袖，烏皮靴。	
器、工	其樂器用鍾一架，磬一架，彈箏一，搊箏一，臥箜篌一，豎箜篌一，琵琶一，五弦琵琶一，笙一，簫一，大篳篥一，小篳篥一，長笛一，橫笛一，腰鼓一，齊鼓一，擔鼓一，貝一，銅鈸二。(杜注：今亡)	樂用鍾一架，磬一架，彈箏一，古箏一，臥箜篌一，豎箜篌一，琵琶一，五弦琵琶一，笙一，簫一，篳篥一，小篳篥一，笛一，橫笛一，腰鼓一，齊鼓一，檐鼓一，銅拔一，貝一。編鍾今亡。	其樂器有鍾、磬、彈箏、搊箏、臥箜篌、豎箜篌、琵琶、五弦、笙、簫、大篳篥、豎、小篳篥、橫笛、腰鼓、齊鼓、擔鼓、銅拔、貝等十九種爲一部工二十七人

通過以上文字比較可知：《通典》「西涼樂」條之前半部分，抄錄於《隋書‧音樂志》，然《通典》所述某些樂器名與《隋書‧音樂志》不同〔註 288〕。各樂器使用之數量，《通典》後半部分並非來自《隋書‧音樂志》，因而該文記述之初唐至盛唐西涼樂樂隊組合形式，較爲可信。《舊唐書》中「西涼樂」條目中後半部分之內容，即自「工人平巾幘，緋褶……」至「……編鍾今亡」一段，對樂工舞伎服飾、樂舞名稱及人數、樂隊編制的描述，史料源於《通典》「西涼樂」條。因而《舊唐書》段中「白舞一人，方舞四人。白舞今闕」及「編鍾今亡」等句，應皆抄自《通典》。故文字中所言「今」並非指《舊唐書》成書之後晉，而應以杜佑《通典》文中所云「今」之時段爲準。

按《通典》此文雖原出《太樂令壁記》，然文中之「今亡」，爲《通典》編撰者所加，應指杜佑撰此書之時，即德宗貞元十七年前。

《通典》「西涼樂」條此文後注曰「今亡」。此指有兩種可能：其一指西涼樂今亡，即西涼樂至德宗時漸已消亡，所置其樂部制度及樂隊編制亦不存在。其二如《舊唐書‧樂志》所云，是指「編鍾今亡」。

若依第一種可能性而言，至德宗時期西涼樂漸已消亡，所置其樂部制度

〔註 288〕如《隋書‧樂志》原作「豎」，而《通典》爲「長笛」。

及樂隊編制均已取消。然依據文獻所載，德宗之後多部樂於宮廷之中上演的次數，雖較之初唐及盛唐時期明顯減少，但仍有其表演的記錄。按岸邊成雄所錄多部樂演出年表，唐時共上演 33 次，德宗貞元之後，又有兩次出演。而按左漢林《唐五代多部伎演出情況考》，考唐代上演次數爲 48 次以上，德宗貞元之後，有一次出演的記錄。〔註 289〕

文獻載大中十二年（858 年）十月，封敖任太常卿，設九部樂於私第。《新唐書》卷一七七《封敖傳》:「（封敖）大中中，歷平盧、興元節度使……還爲太常卿。卿始視事，廷設九部樂，敖宴私第，爲御史所劾．徙國子祭酒。復拜太常，進尚書右僕射。」〔註 290〕又《唐語林》卷七《補遺三》:「太常卿封敖於私第上事。御史彈奏，左遷國子祭酒。故事：太常卿上日，庭設九部樂，盡一時之盛。敖欲便於觀閱，遂就私第視事。」〔註 291〕《東觀奏記》下卷所記略同。《唐會要》卷六五「太常寺」條:「（大中）十二年十月，太常卿封敖左授國子祭酒。舊式，太常卿上事，庭設九部樂。時敖拜命後，欲便於觀閱，移就私第視事。爲御史所舉。遂有此責。」〔註 292〕

《新唐書》卷二〇八《宦者》（下）載:「帝（昭宗）遂問遊幸費。（楊復恭）對曰：聞，懿宗以來，每行無慮，用錢十萬金帛五車十部樂工五百……」

此外，唐朝之後的五代時期，亦有多部樂上演的記載。天成四年（929 年），宴文武百僚，設九部之樂。〔註 293〕天福四年（939 年）十二月，正旦上壽，用九部雅樂。〔註 294〕

可見，西涼樂至德宗時漸已消亡，所置其樂部制度及樂隊編制已不存在

〔註 289〕左漢林：《唐代樂府制度研究》，首都師範大學博士學位論文，2005 年 5 月，第 297～306 頁。

〔註 290〕〔宋〕歐陽修：《新唐書》，北京，中華書局 1975 年版，第 5287 頁。

〔註 291〕〔宋〕王讜：《唐語林》，北京，中華書局 1987 年版，第 640 頁。

〔註 292〕〔宋〕王溥：《唐會要》，北京，中華書局 1955 年版，第 1137 頁。

〔註 293〕《復位正冬朝會禮儀奏（天成四年十一月禮官）》:「竊以開元舊制．長安廣庭，故可以究皇儀而展帝容，陳百辟而贊群后。今京邑親造，殿廡未更，若用前規。慮爲狹隘。議請皇帝冠烏紗巾服赭黃袍，百僚具公服，候朝堂宏廠，即舉舊儀。二舞鼓吹熊羆之案，工師樂器等事，繇久廢無次頗甚，歲月之間，未可補修。且請設九部之樂，權用教坊伶人。」（〔清〕董誥：《全唐文》卷九七〇，北京，中華書局 1983 年版，第 10073 頁。）

〔註 294〕《舊五代史》卷七八《晉書．高祖紀》天福四年（939 年）十二月壬戌：「禮官奏：『正旦上壽，宮懸歌舞未全，且請雜用九部雅樂，歌教坊法曲。』從之。」（〔宋〕薛居正等：《舊五代史》，北京，中華書局 1976 年版，第 1034 頁。）

的這種可能性雖然也有，但其可能性較小。因安史之亂，後又加之黃巢起義，對唐王朝政治、經濟、文化等各方面都造成了沉重的打擊。由於經濟的消退、王室的動蕩、社會的不安、樂人的逃散、樂器的散佚、音樂傳承的中斷、經費的消減等多種原因，使得多部樂這種奢華龐大的制度和演出次數亦因之減少，甚至極少上演，但並未見文獻中有任何記載言及德宗之後西涼樂已「亡」或多部樂已「亡」的著述。

若依第二種可能性而言，杜佑所云「今亡」僅是指「編鍾今亡」，那麼至德宗時期，西涼樂中已無「編鍾」。

《樂書》卷一二五「方響」條目引《大周正樂》云：「《西涼》、《清樂》方響一架，十六枚，具黃鍾、大呂二均聲。」《樂書》卷一二五「編鍾」條載：「唐西涼部非特有方響，亦有編鍾焉。豈中國之制，流入於四夷邪？齊武帝始通使於魏，僧度謂其兄子儉曰：古語謂中國失禮問之四夷，計樂亦如之，非虛言也。」《樂書》卷一二六「編磬」條載：「唐西涼部之樂非特有編鍾，亦有編磬者焉。段安節《樂府雜錄》論之詳矣，以西涼方響推之一架，用十六枚，則其編鍾、編磬亦不過十六爾。」

由以上所引《樂書》記述，以及其中所引《大周正樂》、《樂府雜錄》之言，可知西涼樂中「編鍾」及「編磬」於晚唐時期均「亡」。以《通典》所注「今亡」，更可推知該樂之「編鍾」德宗時已無，故後以「方響」代之，這點是較爲確定的。故至德宗時期，其西涼樂樂隊之旋律性擊奏樂器「編鍾」、「編磬」已被「方響」取代。

從另一方面看，杜佑著錄《通典》一書的文風，可以佐證其第一種可能性是較小的，而第二種可能性較大。如他在撰寫四方樂之「龜茲樂」的樂隊編制時，言道：「豎箜篌一，琵琶一，五弦琵琶一，笙一，橫笛一，簫一，篳篥一，答臘鼓一，腰鼓一，羯鼓一，毛員鼓一（杜注：今亡），雞婁鼓一，銅鈸二，貝一。」〔註295〕在著錄四方樂之「高昌樂」的樂隊編制時，亦言：「樂用答臘鼓一，腰鼓一，雞婁鼓一，羯鼓一，簫一，橫笛二，篳篥二，五弦琵琶二，琵琶二，銅角一，豎箜篌一（杜注：今亡），笙一。」〔註296〕可見，「西涼樂」條末尾杜佑所言「今亡」指的是編鍾已不在此樂隊中運用的含義，而非西涼樂已亡之意。

〔註295〕〔唐〕杜佑：《通典》，北京，中華書局1984年版，第762頁。
〔註296〕〔唐〕杜佑：《通典》，北京，中華書局1984年版，第762頁。

（二）西涼樂之樂隊性質

1、由組成西涼樂樂隊的樂器種類來看其風格特點

據《唐六典》卷十四《太常寺》條所載西涼樂之樂隊編制，各類樂器在整個樂隊中所佔之比例，圖示如下：

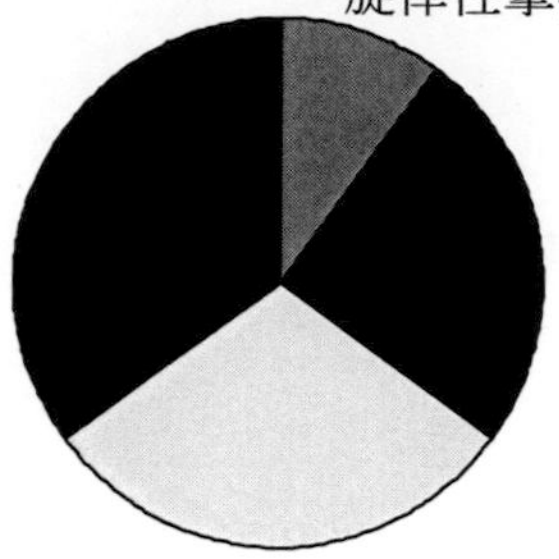

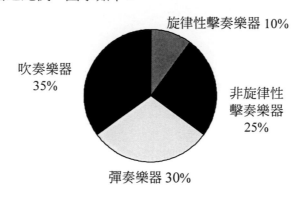

圖 16 《唐六典・太常寺》載西涼樂樂器類型比例圖

由圖可清晰地看出，彈奏樂器、吹奏樂器、擊奏樂器在西涼樂整個樂隊中比例相當，即各占三分之一。可見，此樂隊的配器原則較爲平均，並非以某一類樂器爲主，故其風格亦顯折衷平衡。

2、由西涼樂之樂器性質的構成來看樂隊的性質

西涼樂樂隊之樂器性質來源，依岸邊成雄所分爲〔註 297〕：

雅樂系四種：鍾、磬、笙、簫

俗樂系五種：彈箏、搊箏、臥箜篌、齊鼓、擔鼓

胡樂系九種：豎箜篌、琵琶、五弦、大篳篥、小篳篥、横笛、腰鼓、銅鈸、貝

可見胡樂系之樂器佔據樂器種類的一半，證明西涼樂以龜茲樂爲主，故《隋書》卷十五《音樂志》有如下記載：「《西涼》者，起苻氏之末，呂光、沮渠蒙遜等，據有涼州，變龜茲聲爲之，號爲秦漢伎。……今曲項琵琶、豎頭箜篌之徒，並出自西域，非華夏舊器。《楊澤新聲》、《神白馬》之類，生於胡戎。胡戎歌非漢魏遺曲，故其樂器聲調，悉與書史不同。」〔註 298〕然樂器組成仍運用著

〔註 297〕〔日〕岸邊成雄著，梁在平、黃志炯譯：《唐代音樂史的研究》，臺北，臺灣中華書局，1973 年版，第 503 頁。

〔註 298〕〔唐〕魏徵、房玄齡、長孫無忌等：《隋書》，北京，中華書局 1973 年版，第 378 頁。

濃厚的中原音樂因素，如象徵中原雅樂的典型性樂器——鍾磬。這類大型編懸樂器的使用，使西涼樂樂隊具備了突出的雅樂性質，而非單純俗樂與胡樂的融合。關於西涼樂中雅樂及俗樂因素的來源，應歸於清樂的影響，岸邊成雄早已指出：「西涼樂中屬於中國樂器者必來自清樂也」〔註 299〕。可以說，西涼樂是清樂與龜茲樂融合而成的，就其音樂性質而言，是雅、胡、俗三者融合之產物。

三、隋唐西涼樂樂隊編制之比較

（一）唐代與隋代的西涼樂樂隊編制之比照

茲將唐代與隋代西涼樂的樂器構成情況列於下表〔註 300〕，以便比照：

			《隋書．音樂志》	《唐六典．太常寺》	《通典．樂六》	《舊唐書．音樂志》	《新唐書．禮樂志》	《樂書》	《明集禮》
擊奏樂器	旋律	鍾	*	編鍾	1 架	1 架	編鍾	編鍾	1 架
		磬	*	編磬	1 架	1 架	編磬	編磬	1 架
	非旋律	腰鼓	*	1	1	1	1	*	1
		齊鼓	*	1	1	1	1	*	1
		擔鼓	*	1	1	檐鼓 1	檐鼓 1	*	檐鼓 1
		銅鈸	*	2	2	1	2	*	2
彈奏樂器		彈箏	*	1	1	1	1	箏	1
		搊箏	*	搗箏 1	1	古箏 1	1		1
		卧箜篌	*	1	1	1	1	*	1
		堅箜篌	*	1	1	1	1	*	1
		琵琶	*	1	1	1	1	*	1
		五弦	*	1	五弦琵琶 1	五弦琵琶 1	1	*	1
		筑						*	
吹奏樂器		笙	*	1	1	1	1	*	1
		簫	*	1	1	1	1	*	1
		大篳篥	*	1	1	篳篥 1	篳篥 1	*	1
		小篳篥	*	1	1	1	1	*	1

〔註 299〕〔日〕岸邊成雄著，梁在平、黃志炯譯：《唐代音樂史的研究》，臺北，臺灣中華書局，1973 年版，第 504 頁。

〔註 300〕《隋書．音樂志》（卷十五）所涉文獻中只列出清樂部中的樂器種類，未標明每種樂器的數目，故在本表中只標記「*」。

	長笛	豎笛	1	1	笛 1	笛 1	豎笛橫吹	1
	橫笛	*	1	1	1	1		1
	貝	*	1	1	1	1	*	1
	竽						*	
	歌工		2					
	白舞		1	1		1		
	方舞		4	4		4		
	工	27					27	

由表中所列可看出隋、唐西涼樂樂隊構成並無較多變化。樂器種類，隋朝九部樂之西涼樂爲 19 種；唐朝十部樂之西涼樂樂器種類，《唐六典》、《通典》的記載與隋朝完全相同，亦 19 種。對此，筆者不敢苟同岸邊成雄所持西涼樂「唐制規模，略較隋制爲大」的觀點，認爲隋、唐西涼樂樂器種類並無多少變化。

（二）隋代西涼樂樂隊編制之推斷

由文獻所載可看出，唐西涼樂樂隊編制秉承隋制，並無太多變化。就文獻可考，有關唐西涼樂樂部編制的記載，最早可見於《唐六典》卷十四《太常寺》。此書成於開元二十七年（739 年），此時唐西涼樂樂部編制與隋相比，除彈奏樂器中唐有「搊箏」而《隋書・樂志》爲「搊箏」，稍有不同外，其他樂器均相同，且樂部其「工」總數亦均爲 27 人。《隋書・樂志》未記載西涼樂各種樂器具體數目及歌、舞人數，對此可根據文獻所載唐清樂樂部編制來大膽推測。《唐六典》、《通典》、《舊唐書》、《新唐書》都記載有各樂器數目，綜合四書所載，《唐六典》與《通典》、《新唐書》所載西涼樂樂隊編制相同：彈奏樂器組與吹奏樂器組中之樂器均各爲 1 件，擊奏樂器組中除「銅鈸」2 件外，其餘均爲 1 件，編鍾、編磬各爲 1 架。且就成書時間、所述史實時期及所載編制而言，《唐六典》所載與隋時西涼樂樂隊組合形式亦最接近。《唐六典》載西涼樂部歌 2 人、白舞 1 人、方舞 4 人，西涼樂樂部「工」之總數，統計爲 27 人，均與隋西涼樂部總人數相同。若按《唐六典》所載各樂器樂工及「歌」「舞」人數推測隋西涼樂部編制，可能如下表所列：

表 21　隋代西涼樂樂器組合表

擊奏樂器	旋　律	鍾、磬各一架
	非旋律	腰鼓、齊鼓、擔鼓皆一，銅拔二
彈奏樂器	彈箏、搊箏、臥箜篌、豎箜篌、琵琶、五弦皆一	
吹奏樂器	笙、簫、大篳篥、豎笛、小篳篥、橫笛皆一	
歌、舞	歌二人，白舞一人，方舞四人	
「工」	二十七人	

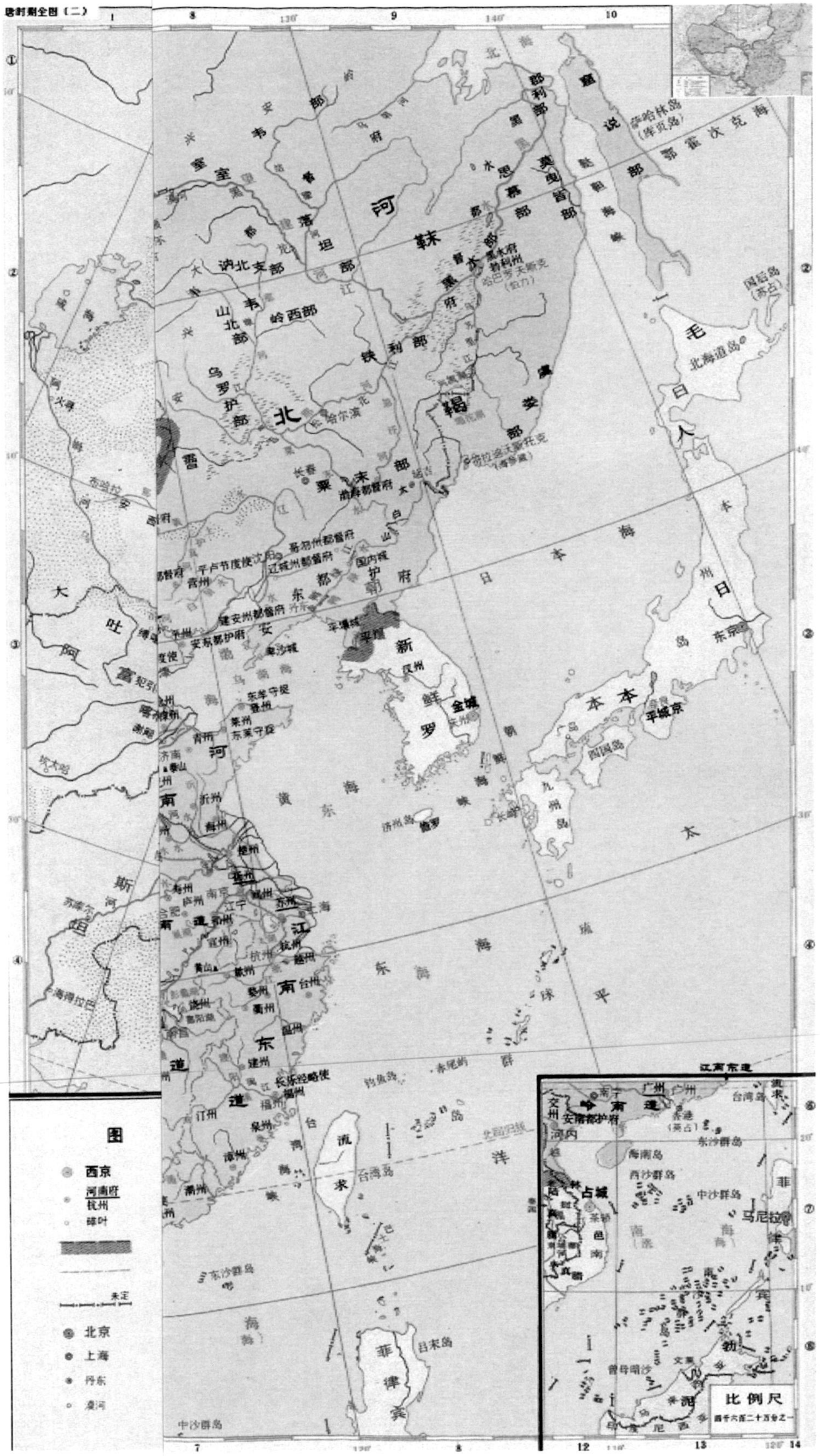

圖 17　開元時

* 譚其驤：《中國歷史

第二章　唐代四夷樂之樂器組合形式

本章主要以四夷樂所包括的東夷、南蠻、西戎、北狄之樂隊組合形式爲研究對象。這部分研究主要對除清樂、西涼樂、讌樂及文康樂以外的多部樂樂隊組合的具體形式加以梳理、考辨。其中第一節「西域系之樂器組合」又分爲龜茲樂、天竺樂、疏勒樂、安國樂、康國樂、高昌樂之樂隊組合形式六個方面。第二節「南蠻系之樂器組合」主要對扶南樂、南詔樂、驃國樂的樂隊組合形式加以整理、考述。第三節「東夷系及北狄系之樂器組合」對高麗樂、百濟樂之樂隊組合形式分而述之。因有關唐代宮廷之中北狄樂樂隊形式的記述較少，故不對其詳加探討。

第一節　西域系之樂器組合

一、龜茲樂及其樂器考

（一）龜茲樂之淵源

龜茲爲西域古國，其地位於今新疆庫車一帶。前秦之末，苻堅派大將呂光遠征西域，建元二十年（384 年），呂光打敗龜茲，得其音樂。建元二十一年（385 年）三月，呂光「以駝二萬餘頭致外國珍寶及奇伎異戲」自西域而還至姑臧〔註 1〕，386 年建立西涼國，以姑臧爲首都。呂光所率軍隊及帶回的西域人，特別是大批龜茲樂人，大多居留河西。據《晉書》卷一二九《沮渠蒙遜載記》，北涼皇帝沮渠蒙遜於 421 年統一涼州，前後滅南涼、後涼、西涼。據《晉書》卷一二九《沮渠蒙遜載記》，北涼皇帝沮渠蒙遜於 421 年統一涼州，前後滅南涼、後涼、西涼。又據《魏書》卷四《世祖記》，太延五年（439 年），

〔註 1〕〔北魏〕崔鴻著，〔清〕湯球輯補：《十六國春秋輯補》北京，中華書局 1985 年版，第 567 頁。

北魏太武帝滅北涼，復獲得此樂。故陳寅恪《隋唐制度淵源略論稿》述及隋之胡樂淵源，指出「隋之胡樂大半受之北齊，而北齊鄴都之胡人胡樂又從北魏洛陽轉徙而來」。其後，龜茲樂再次大規模傳入並盛行於中原，則與北周武帝時期同突厥之「和親」有直接關係。《周書》卷九《武帝阿史那皇后傳》曰：「武帝阿史那皇后，突厥木杆可汗俟斤之女。突厥滅茹茹之後，盡有塞表之地，志陵中夏。太祖方與齊人爭衡，結以爲援。俟斤初欲以女配帝，……天和三年三月，後至，高祖行親迎之禮。」〔註 2〕北周武帝宇文邕，於天和三年三月（568 年）與阿史那公主「和親」。作爲陪嫁，跟隨阿史那公主前來的，還有西域諸國樂舞，其中包括一支規模浩大的龜茲樂隊。《舊唐書・音樂志》載：「周武聘虜女爲后，西域諸國來媵，於是龜茲、疏勒、安國、康國之樂，大聚長安。」又《隋書》卷十四《音樂志》載：「先是周武帝時，有龜茲人曰蘇抵婆，從突厥皇后入國，善胡琵琶。」〔註 3〕著名的龜茲音樂家蘇抵婆就是「和親」樂隊裏的一員。龜茲樂其聲後來多有變異，到隋朝後甚至形成《西國龜茲》、《齊朝龜茲》、《土龜茲》三部。隋文帝開皇年間，龜茲樂「大盛於閭閻」，著名樂人曹妙達、王長通、李士衡、郭金榮、安進貴等，「皆妙絕絃管，新聲奇變，朝改暮易，持其音技，估衒公王之間，舉時爭相慕尙」。〔註 4〕爲此，隋文帝反覆勸說群臣，要他們即便是自家飲宴也要演奏正聲，而不要喜好沉溺於這些新變之樂，但卻無濟於事。煬帝更是大製「豔篇」，讓樂正白明達（來自西域的羯人）「造爲新聲」，創出《萬歲樂》、《藏鈎樂》、《舞席同心髻》、《七夕相逢樂》、《投壺樂》、《鬥雞子》、《鬥百草》、《泛龍舟》、《十二時》等曲。煬帝還鼓勵白明達說：「齊氏偏隅，曹妙達猶自封王。我今天下大同，欲貴汝，宜自修謹。」《隋書》卷十五《音樂志》介紹「龜茲樂」時插述以上煬帝制樂活動，看來這類「新聲」之基礎爲當時流行的龜茲樂調。

〔註 2〕〔唐〕令狐德棻等：《周書》，北京，中華書局 1971 年版，第 143～144 頁。

〔註 3〕〔唐〕魏徵、房玄齡、長孫無忌等：《隋書》，北京，中華書局 1973 年版，第 345 頁。

〔註 4〕〔唐〕魏徵、房玄齡、長孫無忌等：《隋書》，北京，中華書局 1973 年版，第 378 頁。《通典・樂六》卷一四六亦有記載：「龜茲樂者，起自呂光破龜茲，因得其聲。呂氏亡，其樂分散，後魏平中原，復獲之。有曹婆羅門，受龜茲琵琶於商人，代傳其業，至於孫妙達，尤爲北齊文宣所重，常自擊胡鼓和之。周武帝聘突厥女爲后，西域諸國來媵，於是有龜茲。至隋，有西龜茲、齊龜茲、土龜茲凡三部，開皇中大盛於閭閻。疏勒、安國、康國之樂，帝大聚長安。胡兒、羯人白智通教習，頗雜以新聲。」（〔唐〕杜佑：《通典》，北京，中華書局 1984 年版，第 763 頁。）

（二）隋、唐代十部樂之龜茲樂樂器組合考

《隋書》卷十五《音樂志》載：

龜茲者，……其歌曲有《善善摩尼》，解曲有《婆伽兒》，舞曲有《小天》，又有《疏勒鹽》。其樂器有豎箜篌、琵琶、五弦、笙、笛、簫、篳篥、毛員鼓、都曇鼓、答臘鼓、腰鼓、羯鼓、雞婁鼓、銅拔、貝等十五種，爲一部。工二十人。〔註5〕

《唐六典》卷十四《太常寺》載：

豎箜篌、琵琶、五弦、笙、簫、橫笛、觱篥各一，銅鈸二，答臘鼓、毛員鼓、都曇鼓、羯鼓、侯提鼓、腰鼓、雞婁鼓、貝各一，舞四人。〔註6〕

《通典・樂六》卷一四六載：

龜茲樂，工人皂絲布頭巾，緋絲布袍，錦袖，緋布袴。舞四人，紅抹額，緋襖，白袴帑，烏皮靴。樂用豎箜篌一，琵琶一，五弦琵琶一，笙一，橫笛一，簫一，篳篥一，答臘鼓一，腰鼓一，羯鼓一，毛員鼓一（原注：今亡），雞婁鼓一，銅鈸二，貝一。〔註7〕

《舊唐書》卷二九《音樂志》載：

龜茲樂，工人皂絲布頭巾，緋絲布袍，錦袖，緋布袴。舞者四人，紅抹額，緋襖，白袴帑，烏皮靴。樂用豎箜篌一，琵琶一，五弦琵琶一，笙一，橫笛一，簫一，篳篥一，毛員鼓一，都曇鼓一，答臘鼓一，腰鼓一，羯鼓一，雞婁鼓一，銅拔一，貝一。毛員鼓今亡。

《新唐書》卷二一《禮樂志》載：

龜茲伎，有彈箏、豎箜篌、琵琶、五絃、橫笛、笙、簫、觱篥、答臘鼓、毛員鼓、都曇鼓，侯提鼓、雞婁鼓、腰鼓、齊鼓、檐鼓、貝，皆一；銅鈸二。舞者四人。設五方師子，高丈餘，飾以方色。每師子有十二人，畫衣，執紅拂，首加紅袜，謂之師子郎。〔註8〕

茲將上引文獻中所載隋、唐龜茲樂之樂隊構成，列於下表，以便比照：

〔註5〕〔唐〕魏徵、房玄齡、長孫無忌等：《隋書》，北京，中華書局1973年版，第378～379頁。

〔註6〕〔唐〕李林甫：《唐六典》，北京，中華書局1992年版，第404頁。

〔註7〕〔唐〕杜佑：《通典》，北京，中華書局1984年版，第762頁。

〔註8〕〔宋〕歐陽修：《新唐書》，北京，中華書局1975年版，第470頁。

表 22　文獻所載隋、唐龜茲樂樂隊構成比照表

類型	出處／樂器	《隋書·音樂志》	《唐六典·太常寺》	《通典·樂六》	《舊唐書·音樂志》	《新唐書·禮樂志》	《明集禮·樂·樂器》
擊奏樂器	毛員鼓	*	1	1	1	1	1
	都曇鼓	*	1		1	1	
	答臘鼓	*	1	1	1	1	1
	腰鼓	*	1	1	1	1	1
	羯鼓	*	1	1	1		1
	雞婁鼓	*	1	1	1	1	1
	齊鼓					1	
	檐鼓					1	
	侯提鼓		1			1	
	銅鈸	*	2	2	1	2	2
彈奏樂器	豎箜篌	*	1	1	1	1	1
	琵琶	*	1	1	1	1	1
	五弦	*	1	1	1	1	1
	彈箏					1	
吹奏樂器	笙	*	1	1	1	1	1
	橫笛	笛	1	1	1	1	1
	簫	*	1	1	1	1	1
	篳篥	*	1	1	1	1	1
	貝	*	1	1	1	1	1
其他	舞伎		4	4	4	4	
	工	20					
樂器種類		15					

由表中可看出，《隋書·音樂志》與《舊唐書·音樂志》記述樂器種類相同，均 15 種。《通典》未記有「都曇鼓」，《唐六典·太常寺》中多一「侯提鼓」，而《新唐書·禮樂志》的記載則不同之處較多，沒有「羯鼓」，而多出「侯提鼓」、「齊鼓」、「檐鼓」及「彈箏」。除《隋書·音樂志》中所載 15 種樂器之外，唐代在設置、編配此樂隊時，可能有「侯提鼓」的編入，但對於整個龜茲樂樂隊性質而言，影響甚小。

（三）龜茲樂樂隊性質

1、由組成龜茲樂樂隊的樂器種類來看其風格特點

由《唐六典》卷十四《太常寺》所載龜茲樂之樂隊編制，各類樂器在整個樂隊中所佔之比例，圖示如下：

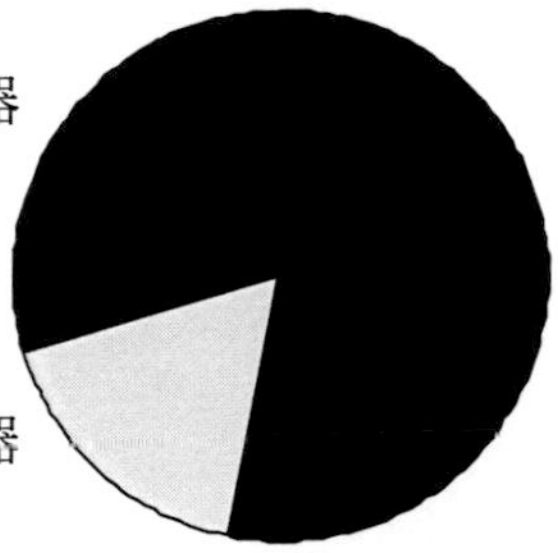

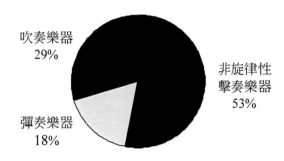

圖 18　《唐六典・太常寺》載龜茲樂樂器類型比例圖

由圖中所繪，可明顯看出非旋律性的擊奏樂器的數量占整個樂隊的一半以上；吹奏樂器次之，占三分之一；彈奏樂器最少，僅占 18%的比例。可見，龜茲樂隊以非旋律性的擊奏樂器（主要爲鼓類樂器）爲主，具有明顯的吹打樂樂器配置特點。龜茲樂的鼓類樂器多達七種，並且亦非常具有特色，看來，鼓是龜茲樂的重要樂器。龜茲的鼓舞曲在中原影響很大，《太樂令壁記》和《通典》卷一四六都指出，北周以來管絃雜曲多用西涼樂，鼓舞曲多用龜茲樂，「其曲度皆時俗所知也」。說明龜茲的鼓舞曲廣爲流傳，爲內地大眾熟知。這從一側面反映了龜茲樂隊的主要風格與重要特徵。

2、由龜茲樂的樂器構成來看樂隊性質

從探討西域系龜茲樂之樂隊性質，需與多部樂中其他各樂部相比較。

茲將《唐六典》卷十四《太常寺》「十部樂」條所載龜茲樂、天竺樂、疏勒樂、安國樂、高昌樂、高麗樂的樂隊構成情況，列爲下表以便比照：

表 23　《唐六典》所載龜茲樂、天竺樂、疏勒樂、安國樂、高昌樂、高麗樂樂隊編制比對表

類型	西域系					東夷系
	龜茲樂	天竺樂	疏勒樂	安國樂	高昌樂	高麗樂
	毛員鼓	毛員鼓				

擊奏樂器	都曇鼓	都曇鼓				
	答臘鼓		答臘鼓			
	腰鼓			正鼓	腰鼓	腰鼓
				和鼓		
	羯鼓		羯鼓			
	雞婁鼓		雞婁鼓		雞婁鼓	
	侯提鼓		侯提鼓			
						齊鼓
						擔鼓
		銅鼓				
	銅鈸	銅鈸		銅鈸		
彈奏樂器	豎箜篌	鳳首箜篌	豎箜篌	豎箜篌	豎箜篌	豎箜篌
						臥箜篌
	琵琶	琵琶	琵琶	琵琶	琵琶	琵琶
	五弦	五弦	五弦	五弦	五弦	五弦
						彈箏
吹奏樂器	笙				笙	笙
	橫笛	橫笛	橫笛	橫笛	橫笛	橫笛
	簫		簫		簫	簫
	篳篥		篳篥	大篳篥	篳篥	小篳篥
				雙篳篥		桃皮篳篥
					銅角	
	貝	貝				貝
種類	16	9	10	9	10	14

從上表可清晰地看出，天竺樂 9 種樂器，除特有樂器銅鼓與鳳首箜篌外，其餘 7 種均見諸龜茲樂的 16 種樂器中。尤其是疏勒樂，其 10 種樂器亦均見於龜茲樂。安國樂除篳篥分大篳篥、雙篳篥，及腰鼓分正鼓、和鼓〔註 9〕之外，其餘 5 種亦與龜茲樂樂器相同。高昌樂中除特有樂器銅角外，其餘九種亦包含於龜茲樂中。且龜茲樂與清樂融合之產物——西涼樂樂隊 19 種樂器中，有

〔註 9〕詳見下文中對「安國樂」樂隊編制有關腰鼓分正鼓、和鼓的考述。

10 種與龜茲樂樂器相同。比較之後，最令人關注的是龜茲樂樂器中竟然沒有一件樂器是其所獨有而其他樂部所無的，可見其樂隊實集西域系樂器之大成。此外，龜茲樂、疏勒樂、高昌樂三樂之樂隊構成，甚爲接近，它們共同使用的樂器有雞婁鼓、豎箜篌、琵琶、五弦、橫笛、篳篥、簫，多達 7 種。而安國、康國因位於蔥嶺以西，其地理位置與龜茲相離較遠，故樂隊中使用該地特有之樂器。而天竺樂樂隊性質較爲豐富，不局限於上述諸國所用西域樂器。

綜合上述分析，可以說龜茲樂、疏勒樂、高昌樂三樂爲西域系各樂之代表，三樂之樂隊中共同使用之樂器爲西域樂之典型樂器，形成樂隊之基本架構。而龜茲樂較之疏勒樂、高昌樂，其所使用的西域系樂器又最爲完備，故爲西域系各樂中最爲典型、最具代表性的樂隊形式。

（四）十部樂之「龜茲伎」與太常四部樂之「龜茲部」的樂隊形式

《樂府雜錄》載：

> 龜茲部，樂有觱篥、笛、拍板、四色鼓、揩羯鼓（引者按：應爲揩鼓、羯鼓）、雞婁鼓。戲有五方獅子，高丈餘，各衣五色。每一獅子有十二人，戴紅抹額，衣畫衣，執紅拂子，謂之「獅子郎」，舞《太平樂》曲。《破陣樂》曲亦屬此部，秦王所製，舞人皆衣畫甲，執旗旆；外藩鎮春冬犒軍亦舞此曲，兼馬軍引入場，尤甚壯觀也。《萬斯年曲》，是朱崖李太尉進此曲名，即《天仙子》是也。

《樂書》卷一八八「龜茲部」條亦云：

> 隋開皇中，龜茲樂大盛於世。新聲音變，朝改暮易，文帝深疾而敕止之，終莫能救，浸以靡曼，遂至於亡。至唐，龜茲部樂有觱篥、笛、拍板、四色鼓、楷鼓、腰鼓、羯鼓、雞婁鼓。戲有五方師子，高丈餘，各依方色。每一師子有十二人，戴緋抹額，衣執紅拂，謂之列師子郎，舞《太平樂》曲。而《破陣樂》亦屬此部，秦王所製，舞用一千人皆畫衣甲，執旗旆；外藩鎮春冬犒軍設亦舞此曲，兼馬軍引入場，尤壯觀也。《萬斯年》曲，是朱崖李太尉進曲名，即《天仙子》是也。聖朝大中祥符中諸工請增龜茲部，如教坊云：其曲有雙調宇宙清感皇恩也。

上引文獻所載「龜茲部」與十部樂「龜茲伎」樂隊編制明顯不同。筆者認爲《樂府雜錄》及《樂書》卷一八八「龜茲部」條所云，實指唐時太常四部樂之「龜茲部」。然二者同以「龜茲」命名，之間有何關係？它們的樂隊形式又有怎樣聯繫？這個問題，本書在論述太常四部樂時將詳細論述。茲將文獻所載有關兩種樂部之樂器編配情況列表比照如下：

表 24　唐太常四部「龜茲部」與十部樂「龜茲伎」樂隊編制比照表

<table>
<tr><td colspan="2"></td><td colspan="2">十部樂之「龜茲伎」</td><td colspan="2">太常四部之「龜茲部」</td></tr>
<tr><td>類型</td><td>出處
樂隊構成</td><td>《唐六典・太常寺》</td><td>《通典・樂六》</td><td>《樂府雜錄》</td><td>《樂書》</td></tr>
<tr><td rowspan="14">擊奏樂器</td><td>毛員鼓</td><td>*</td><td>*</td><td></td><td></td></tr>
<tr><td>都曇鼓</td><td>*</td><td></td><td></td><td></td></tr>
<tr><td>答臘鼓</td><td>*</td><td>*</td><td></td><td></td></tr>
<tr><td>腰鼓</td><td>*</td><td>*</td><td></td><td>*</td></tr>
<tr><td>羯鼓</td><td>*</td><td>*</td><td>*</td><td>*</td></tr>
<tr><td>雞婁鼓</td><td>*</td><td>*</td><td>*</td><td>*</td></tr>
<tr><td>齊鼓</td><td></td><td></td><td></td><td></td></tr>
<tr><td>揩鼓</td><td></td><td></td><td>*</td><td>*</td></tr>
<tr><td>檐鼓</td><td></td><td></td><td></td><td></td></tr>
<tr><td>侯提鼓</td><td>*</td><td></td><td></td><td></td></tr>
<tr><td>四色鼓</td><td></td><td></td><td>*</td><td>*</td></tr>
<tr><td>拍板</td><td></td><td></td><td>*</td><td>*</td></tr>
<tr><td>銅鈸</td><td>*</td><td>*</td><td></td><td></td></tr>
<tr><td>方響</td><td></td><td></td><td></td><td></td></tr>
<tr><td rowspan="4">彈奏樂器</td><td>豎箜篌</td><td>*</td><td>*</td><td></td><td></td></tr>
<tr><td>琵琶</td><td>*</td><td>*</td><td></td><td></td></tr>
<tr><td>五弦</td><td>*</td><td>*</td><td></td><td></td></tr>
<tr><td>彈箏</td><td></td><td></td><td></td><td></td></tr>
<tr><td rowspan="6">吹奏樂器</td><td>笙</td><td>*</td><td>*</td><td></td><td></td></tr>
<tr><td>橫笛</td><td>*</td><td>*</td><td rowspan="2">笛</td><td rowspan="2">笛</td></tr>
<tr><td>短笛</td><td></td><td></td></tr>
<tr><td>簫</td><td>*</td><td>*</td><td></td><td></td></tr>
<tr><td>篳篥</td><td>*</td><td>*</td><td>*</td><td>*</td></tr>
<tr><td>貝</td><td>*</td><td>*</td><td></td><td></td></tr>
<tr><td colspan="2">樂器種類</td><td>16</td><td>14</td><td>7</td><td>8</td></tr>
</table>

由上表可明顯看出太常四部樂之「龜茲部」（下文簡稱「太常龜茲部」）與十部樂之「龜茲伎」（下文簡稱「十部龜茲伎」）的樂隊形式存在著諸多差異。太常龜茲部樂隊形式略顯簡單，所用樂器種類較少。

二者之間是怎樣的關係？隋文帝設七部樂，煬帝又更設九部樂，其中龜茲伎是較爲重要之一部，可見「十部龜茲伎」樂隊形式隋代便已形成。唐初循隋制設十部樂，由文獻所述可看出，盛唐及中唐時期「十部龜茲伎」之樂隊形式與隋時亦並無太多變化。據《玉海》卷一〇五「唐太常四部樂」條引《玄宗實錄》云：「玄宗先天元年八月乙酉，吐蕃遣使朝賀，帝宴之於武德殿，設太常四部樂於庭。」說明玄宗朝時太常四部樂已有，岸邊成雄推測其創設在玄宗「即位十天內頒佈實施，亦並非不可能也」〔註 10〕。盛唐時期「太常龜茲部」之樂隊構成，因缺乏史料記載，未知其詳，其樂隊形式是否與「十部龜茲伎」相同或相似，亦不可知。但將「十部龜茲伎」與德宗時期南詔樂之龜茲部相比較，諸如羯鼓、腰鼓、雞婁鼓、笛、篳篥、銅鈸等樂器，雖後者所缺，然前者則作爲較爲核心之樂器保留和使用，二者最爲重要的不同，是「太常龜茲部」中並無彈奏樂器，這使樂隊形式更具特色，亦更突出龜茲樂所具有「震厲」的特點。「太常龜茲部」自建立之始便已有「十部龜茲伎」，這或許是創設者爲區分二者而有意編配，亦或隨著時間推移逐漸形成。

綜合以上，可知兩者均爲典型的龜茲樂樂隊，只是龜茲樂在不同時期、因不同需要的不斷發展、變形。可以說，唐「太常龜茲部」之樂器編配源於「十部龜茲伎」，前者是以後者爲基礎而形成的樂隊形式。

二、天竺樂

（一）天竺樂之淵源

天竺，其地在今印度地區。前涼永樂元年（346 年），涼州張重駿卒，其子張重華嗣立稱涼王。〔註 11〕其永樂年間（346～353 年）天竺人重四譯來進獻《天竺樂》及男伎樂工，始有天竺伎。《隋書》卷十五《音樂志》「十部伎」條載：「《天竺》者，起自張重華據有涼州，重四譯來貢男伎，《天竺》即其樂

〔註 10〕〔日〕岸邊成雄著，梁在平、黃志炯譯：《唐代音樂史的研究》，臺北，臺灣中華書局，1973 年版，第 709 頁。

〔註 11〕〔唐〕房玄齡等：《晉書》卷八六《張重華傳》，北京，中華書局 1974 年版，第 2240 頁。

焉。」〔註 12〕其後，天竺國之王子爲沙門遊歷中土，又將天竺之樂再次傳入中原。《通典》卷一四六載：「初，張重華時，天竺重譯致樂伎，後其國王子爲沙門來遊中土，又得傳其方伎。」〔註 13〕《樂書》卷一五八「天竺」樂條詳述：「天竺國在月氏東南數千里，亦名身毒國。其樂器有鳳首箜篌……工十二人。歌曲有沙石疆，舞曲有朝天曲。蓋自張重華據有涼州，重譯來貢男伎者也。其後國王子爲沙門來遊，又傳其方音。漢安帝時，天竺獻伎，能自斷手足，刳腸胃，唐高宗惡其驚俗，勑西域關津不令入，中國亦一時英斷也。（原注：商調有大朝天、小朝天。）」

（二）文獻所載唐代十部樂之天竺樂樂器組合考

《隋書》卷十五《音樂志》載：

> 樂器有鳳首箜篌、琵琶、五弦、笛、銅鼓、毛員鼓、都曇鼓、銅拔、貝等九種，爲一部。工十二人。〔註 14〕

《唐六典》卷十四《太常寺》載天竺樂，其樂器有：

> 鳳首箜篌、琵琶、五弦、橫笛、銅鼓、都曇鼓、毛員鼓各一，銅鈸二，貝一，舞二人。〔註 15〕

《通典》卷一四六「四方樂」條載：

> 天竺樂，樂工皁絲布襆頭巾，白練襦，紫綾袴，緋帔。舞二人，辮髮，朝霞袈裟，若今之僧衣也。行纏，碧麻鞋。樂用羯鼓、毛員鼓、都曇鼓、篳篥、橫笛、鳳首箜篌、琵琶、五弦琵琶、銅鈸、貝。其都曇鼓今亡。〔註 16〕

《舊唐書》卷二九《音樂志》載：

> 《天竺樂》，工人皁絲布頭巾，白練襦，紫綾袴，緋帔。舞二人，辮髮，朝霞袈裟，行纏，碧麻鞋。袈裟，今僧衣是也。樂用銅鼓、羯鼓、毛員鼓、都曇鼓、篳篥、橫笛、鳳首箜篌、琵琶、銅拔、貝。毛員鼓、都曇鼓今亡。

〔註 12〕〔唐〕魏徵、房玄齡、長孫無忌等：《隋書》，北京，中華書局 1973 年版，第 379 頁。

〔註 13〕〔唐〕杜佑：《通典》，北京，中華書局 1984 年版，第 763 頁。

〔註 14〕〔唐〕魏徵、房玄齡、長孫無忌等：《隋書》，北京，中華書局 1973 年版，第 379 頁。

〔註 15〕〔唐〕李林甫：《唐六典》，北京，中華書局 1992 年版，第 404 頁。

〔註 16〕〔唐〕杜佑：《通典》，北京，中華書局 1984 年版，第 762 頁。

《新唐書》卷二一《禮樂志》載：

> 天竺伎有銅鼓、羯鼓、都曇鼓、毛員鼓、觱篥、橫笛、鳳首箜篌、琵琶、五弦、貝皆一，銅鈸二，舞者二人。〔註 17〕

《樂書》卷一五八「天竺」樂條詳述：

> 其樂器有鳳首箜篌、琵琶、五弦、橫笛、銅鼓、毛員鼓、都曇鼓、銅鈸、貝等九種，爲一部，工十二人。

茲將文獻中所載天竺樂之樂隊構成列於下表，以便比照：

表 25　文獻所載天竺樂樂隊構成比照表

類型／出處	非旋律性擊奏樂器	彈奏樂器	吹奏樂器
《隋書・音樂志》	銅拔、銅鼓、毛員鼓、都曇鼓	鳳首箜篌、琵琶、五弦	笛、貝
《唐六典・太常寺》	銅鈸二，銅鼓、都曇鼓、毛員鼓各一	鳳首箜篌、琵琶、五弦各一	橫笛、貝各一
《通典・樂六》	銅鈸、羯鼓、毛員鼓、都曇鼓，其都曇鼓今亡。	鳳首箜篌、琵琶、五弦琵琶	篳篥、橫笛、貝
《舊唐書・音樂志》	銅拔、銅鼓、羯鼓、毛員鼓、都曇鼓，毛員鼓、都曇鼓今亡。	鳳首箜篌、琵琶	篳篥、橫笛、貝
《新唐書・禮樂志》	銅鈸二，銅鼓、羯鼓、都曇鼓、毛員鼓皆一	鳳首箜篌、琵琶、五弦皆一	觱篥、橫笛、貝皆一
《樂書》	銅鈸、銅鼓、毛員鼓、都曇鼓	鳳首箜篌、琵琶、五弦	橫笛、貝

由表中可看出，諸上文獻所載天竺樂所用樂器除個別樂器之外，其餘並無太多出入。其中需說明一點，《通典》中未記有「銅鼓」，又言「都曇鼓今亡」，且與《隋書》及《唐六典》中所載相比照多記有「羯鼓」和「篳篥」，從中可看出，此樂隊編制於前後不同時期之大致變化，說明天竺樂之樂器編配在唐朝，尤其是盛唐至中唐時期，發生了一些變化。其變化主要體現於兩點：一爲隋朝及唐初時期天竺樂獨具之樂器「銅鼓」和「都曇鼓」，至中唐時期亦或因其製作、演奏有所困難，亦或其他原因，而漸次廢用；二爲「羯鼓」和「篳篥」這兩樣極具龜茲樂性質的典型樂器於隋朝及唐初時期並未編入天

〔註 17〕〔宋〕歐陽修：《新唐書》，北京，中華書局 1975 年版，第 470 頁。

竺樂之樂隊中，而是至中唐時期才將其編入。

（三）天竺樂樂隊性質

1、由組成天竺樂樂隊的樂器種類來看其風格特點

由《唐六典》卷十四《太常寺》所載天竺樂之樂隊編制，可以繪出各類樂器在整個樂隊中所佔之比例：

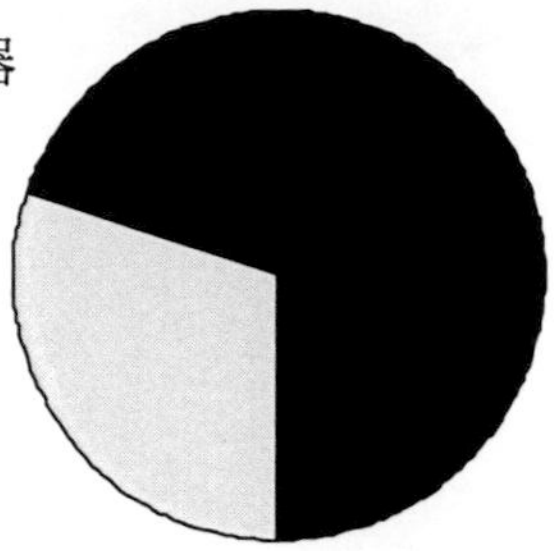

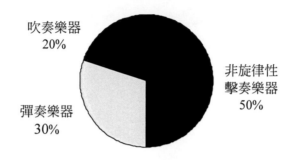

圖 19 《唐六典・太常寺》載天竺樂樂器類型比例圖

由圖中所繪，可明顯看出非旋律性的擊奏樂器的數量佔據了整個樂隊的一半；彈奏樂器居於其次，約占三分之一的比例；吹奏樂器所佔的比例最少，僅占 20%。可見，天竺樂樂隊以非旋律性的擊奏樂器（主要指鼓類樂器）爲主，略具打擊樂樂器配置的特點。

2、由天竺樂的樂器構成來看樂隊的性質

表 26 文獻所載天竺樂樂器構成、類型比照表

類型	出處 樂器	《隋書・音樂志》	《唐六典・太常寺》	《通典・樂六》	《舊唐書・音樂志》	《新唐書・禮樂十一》	《樂書》	《明集禮・樂・樂器》
擊奏樂器	羯鼓			*	*	1		1
	毛員鼓	*	1	*	*	1	*	1
	都曇鼓	*	1	*	*	1	*	1
	銅鼓	*	1		*	1	*	
	銅鈸	*	2	*	*	2	*	1
彈奏	鳳首箜篌	*	1	*	*	1	*	1
	琵琶	*	1	*	*	1	*	1

樂器	五弦	*	1	*		1	*	1
吹奏樂器	橫笛	*	1	*	*	1	*	1
	篳篥			*	*	1		1
	貝	*	1	*	*	1	*	1
其他	舞伎		2	2		2		
	工	12					12	
樂器種類		9	9	10	10	11	9	10

有關天竺樂的樂器構成來看，岸邊成雄在《唐代音樂史的研究》一書中通過文獻和考古資料對紀元前後至十世紀間之印度樂器進行了考證，認爲天竺樂 11 種樂器中，與印度樂器相同的就多達 8 種，指出其中鳳首箜篌、五弦、橫笛、銅鼓、毛員鼓、都曇鼓、銅鈸、貝等八種爲印度樂器，「此可證明天竺伎係佛教音樂時代之印度音樂所移入者」。〔註 18〕

天竺樂樂隊中「鳳首箜篌」及「銅鼓」是十部樂各樂中所沒有的，爲其樂隊獨有之樂器。

由上文所列龜茲樂、天竺樂、疏勒樂、安國樂、高昌樂、高麗樂的樂隊構成情況〔註 19〕之比照表，可較爲清晰地看出，隋朝及初唐時期天竺樂 9 種樂器中，除特有樂器「銅鼓」與「鳳首箜篌」外，其餘 7 種均包含於龜茲樂的 16 種樂器中。且其後盛唐至中唐時期，編入之「羯鼓」、「篳篥」，又爲龜茲樂典型之樂器。

故，綜合上述分析，可知天竺樂之樂隊並非僅爲西域之印度樂器編配所成，確切地講是以印度傳來樂器爲主配置而成，且樂隊具有濃鬱的龜茲樂風格。

三、疏勒樂

（一）疏勒樂之淵源

《隋書》卷十五《音樂志》「十部伎」條載：「《疏勒》、《安國》、《高麗》，並起自後魏平馮氏及通西域，因得其伎。後漸繁會其聲，以別於太

〔註 18〕〔日〕岸邊成雄著，梁在平、黃志炯譯：《唐代音樂史的研究》，臺北，臺灣中華書局，1973 年版，第 513 頁。

〔註 19〕表中所列各樂之樂器編制爲《唐六典》卷十四《太常寺》「十部樂」條所載。

樂。……《疏勒》，歌曲有《亢利死讓樂》，舞曲有《遠服》，解曲有《鹽曲》。」〔註 20〕

馮氏是指馮跋於 407 年弑後燕慕容熙而建立的北燕（河北地方），436 年後魏太武帝逐走北燕君主馮宏，北燕滅。北燕所用疏勒、安國、高麗之樂皆歸於北魏。然，「魏平馮跋，亦得之而未具」〔註 21〕。故文中又言「後漸繁會其聲」，說明之後疏勒樂仍源源不斷地傳入中原。

而文中又言「以別於太樂」此句，令人不解。筆者對此問題贊同岸邊成雄之觀點〔註 22〕，認爲句中「別」應爲「列」之所誤。此句是指將疏勒樂列入太樂署，編入太常寺太樂署所屬的九部樂之中。關於此句之解，《通典》卷一四六「四方樂」條所載之文獻亦可爲旁證：「平林邑國，獲扶南工人及其匏瑟琴，陋不可用，但以天竺樂傳寫其聲，而不列樂部。」〔註 23〕是言扶南樂未編入十部樂之中，可見此句中「不列樂部」與「以列於太樂」之「列」似有相同之意。

（二）文獻所載唐代十部樂之疏勒樂樂器組合考

《隋書》卷十五《音樂志》載：

> 樂器有豎箜篌、琵琶、五弦、笛、簫、篳篥、答臘鼓、腰鼓、羯鼓、雞婁鼓等十種，爲一部，工十二人。〔註 24〕

《唐六典》卷十四《太常寺》「疏勒伎」條述其樂有

> 豎箜篌、琵琶、五弦、横笛、簫、觱篥、荅臘鼓、羯鼓、侯提鼓、雞婁鼓各一，舞二人。〔註 25〕

《通典》卷一四六載：

> 疏勒樂，工人皁絲布頭巾，白絲布袍，錦衿褾，白絲布袴。舞二人，白襖，錦袖，赤皮靴，赤皮帶。樂用豎箜篌一，琵琶一，五弦琵琶一，横笛一，簫一，篳篥一，答臘鼓一，腰鼓一，羯鼓一，

〔註 20〕〔唐〕魏徵、房玄齡、長孫無忌等：《隋書》，北京，中華書局 1973 年版，第 380 頁。

〔註 21〕〔唐〕杜佑：《通典》，北京，中華書局 1984 年版，第 763 頁。

〔註 22〕〔日〕岸邊成雄著，梁在平、黃志炯譯：《唐代音樂史的研究》，臺北，臺灣中華書局，1973 年版，第 533 頁。

〔註 23〕〔唐〕杜佑：《通典》，北京，中華書局 1984 年版，第 763 頁。

〔註 24〕〔唐〕魏徵、房玄齡、長孫無忌等：《隋書》，北京，中華書局 1973 年版，第 380 頁。

〔註 25〕〔唐〕李林甫：《唐六典》，北京，中華書局，1992 年版，第 404 頁。

雞婁鼓一。〔註26〕

《舊唐書》卷十五《音樂志》：

《疏勒樂》，工人皁絲布頭巾，白絲布袴，錦襟褾，舞二人，白襖，錦袖，赤皮靴，赤皮帶。樂用豎箜篌、琵琶、五弦琵琶、橫笛、簫、篳篥、答臘鼓、腰鼓、羯鼓、雞婁鼓。

《新唐書》卷二一《禮樂志》載：

《疏勒伎》，有豎箜篌、琵琶、五弦、簫、橫笛、觱篥、答臘鼓、羯鼓、侯提鼓、腰鼓、雞婁鼓，皆一；舞者二人。〔註27〕

茲將文獻中所載疏勒樂之樂隊構成列於下表，以比照之：

表27　文獻所載疏勒樂樂隊構成比照表

類型	出處／樂器	《隋書·音樂志》	《唐六典·太常寺》	《通典·樂六》	《舊唐書·音樂志》	《新唐書·禮樂志》	《明集禮·樂·樂器》
非旋律性擊奏樂器	答臘鼓	*	1	1	*	1	1
	腰鼓	*		1	*	1	1
	羯鼓	*	1	1	*	1	1
	雞婁鼓	*	1	1	*	1	1
	侯提鼓		1			1	
彈奏樂器	豎箜篌	*	1	1	*	1	1
	琵琶	*	1	1	*	1	1
	五弦	*	1	1	*	1	1
吹奏樂器	橫笛	笛	1	1	*	1	1
	簫	*	1	1	*	1	1
	篳篥	*	1	1	*	1	1
其他	舞伎		2	2	2	2	
	工	12					

〔註26〕〔唐〕杜佑：《通典》，北京，中華書局1984年版，第762頁。

〔註27〕〔宋〕歐陽修：《新唐書》，北京，中華書局1975年版，第470頁。

樂器種類	10	10	10	10	11	10

由表中可看出，諸上文獻所載疏勒樂所用樂器除個別樂器之外，其餘並無太多出入。

（三）疏勒樂樂隊性質

1、由組成疏勒樂樂隊的樂器種類來看其風格特點

由《唐六典》卷十四《太常寺》所載疏勒樂之樂隊編制，可以繪出各類樂器在整個樂隊中所佔之比例：

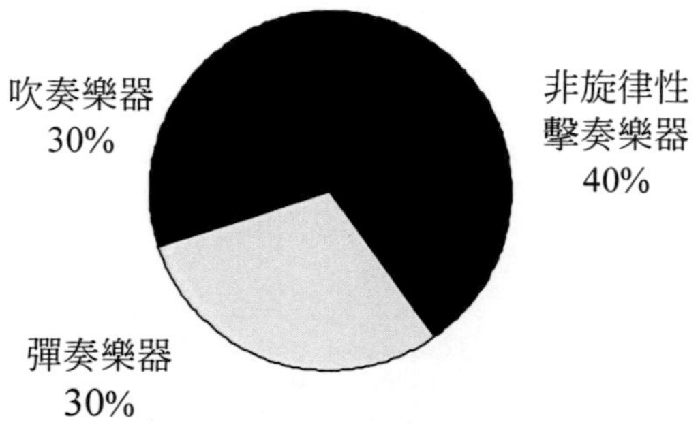

圖 20 《唐六典・太常寺》載疏勒樂樂器類型比例圖

由構成疏勒樂的樂器類型來看，非旋律性擊奏樂器（主要指鼓類樂器）佔據了整個樂隊樂器總數的五分之二，吹奏樂器和彈奏樂器各約占三分之一的比例，可見疏勒樂樂器編配之各類樂器所佔比例還是較爲平均，樂隊並非以某一種樂器類型爲主，故僅從此角度而言，其樂隊樂器類型編配的特點並不是較爲明顯和突出。

2、由疏勒樂的樂器構成來看樂隊的性質

若探討西域系疏勒樂之樂隊性質，則需和多部樂中與其相近之樂部相比較。

茲將《唐六典》卷十四《太常寺》「十部樂」條所載龜茲樂、天竺樂、疏勒樂的樂隊構成情況，列於下表，以比照之：

表 28 《唐六典・太常寺》所載龜茲樂、天竺樂、疏勒樂樂隊構成比照表

種類	龜茲樂	天竺樂	疏勒樂
	毛員鼓	毛員鼓	

擊奏樂器	都曇鼓	都曇鼓	
	答臘鼓		答臘鼓
	腰鼓		
	羯鼓		羯鼓
	雞婁鼓		雞婁鼓
	侯提鼓		侯提鼓
		銅鼓	
	銅鈸	銅鈸	
彈奏樂器	豎箜篌	鳳首箜篌	豎箜篌
	琵琶	琵琶	琵琶
	五弦	五弦	五弦
吹奏樂器	笙		
	橫笛	橫笛	橫笛
	簫		簫
	篳篥		篳篥
	貝	貝	
種類	16	9	10

由上表所列龜茲樂、天竺樂、疏勒樂的樂隊構成情況之比照表，可較爲清晰地看出，疏勒樂樂隊的 10 種樂器，均包含於龜茲樂的 16 種樂器中，可見二者關係甚爲密切。將疏勒樂與龜茲樂相較，樂隊中未編有天竺樂之毛員鼓、都曇鼓，以及印度系之銅鈸和貝，這些表明疏勒樂可謂是一支小型的龜茲樂樂隊，但最爲關鍵的一點是其樂隊中缺少了印度系性格和色彩的樂器，這也是疏勒樂樂隊性質之根本所在。

四、安國樂

（一）安國樂之淵源

《隋書》卷十五《音樂志》「十部伎」條載：「《疏勒》、《安國》、《高麗》，並起自後魏平馮氏及通西域，因得其伎。後漸繁會其聲，以別於太樂（引者按：應爲以列於太樂）。……《安國》，歌曲有《附薩單時》，舞曲有《末奚》，解曲有《居和祇》。」〔註28〕由文獻所述可知，安國樂傳入中原之過程，大致與疏勒樂相同。據文獻所載可知，於北齊時期，由於安國樂人的傳播及其時皇室之寵愛，而使得此樂盛行一時。

其時，安國爲粟特國（Sogdiana）的一部分，位於現蘇俄中央亞細亞的Bukhara市地區。因安國與康國其地理位置均爲蔥嶺以西，所以其樂隊配器及風格特點等方面自然會與其他西域諸樂部稍有不同。

（二）文獻所載唐代十部樂之安國樂樂器組合考

《隋書》卷十五《音樂志》載：

> 樂器有箜篌、琵琶、五弦、笛、簫、篳篥、雙篳篥、正鼓、和鼓、銅拔等十種，爲一部。工十二人。〔註29〕

《唐六典》卷十四《太常寺》「安國伎」條述其樂有

> 豎箜篌、琵琶、五弦、横笛、大觱篥，雙觱篥、正鼓、和鼓各一，銅鈸二，舞二人。〔註30〕

《通典》卷一四六載：

> 安國樂，工人皁絲布頭巾，錦衿褾，紫袖袴。舞二人，紫襖，白袴帑，赤皮靴。樂用琶琶一，五弦琶琵一，豎箜篌一，簫一，横笛一，大篳篥一，雙篳篥一，正鼓一，銅鈸二，箜篌一。〔註31〕

《舊唐書》卷十五《音樂志》：

> 《安國樂》，工人皁絲布頭巾，錦褾領，紫袖袴。舞二人，紫襖，白袴帑，赤皮靴。樂用琵琶、五弦琵琶、豎箜篌、簫、横笛、篳篥、正鼓、和鼓、銅拔，箜篌、五弦琵琶今亡。此五國，西戎之樂也。

《新唐書》卷二一《禮樂志》載：

> 《安國伎》，有豎箜篌、琵琶、五弦、横笛、簫、觱篥、正鼓、和鼓、銅鈸，皆一；舞者二人。〔註32〕

茲將文獻中所載安國樂之樂隊構成列於下表，以比照之：

〔註28〕〔唐〕魏徵、房玄齡、長孫無忌等：《隋書》，北京，中華書局1973年版，第380頁。
〔註29〕〔唐〕魏徵、房玄齡、長孫無忌等：《隋書》，北京，中華書局1973年版，第380頁。
〔註30〕〔唐〕李林甫：《唐六典》，北京，中華書局，1992年版，第405頁。
〔註31〕〔唐〕杜佑：《通典》，北京，中華書局1984年版，第762～763頁。
〔註32〕〔宋〕歐陽修：《新唐書》，北京，中華書局1975年版，第470頁。

表 29　文獻所載安國樂樂隊構成比照表

類型	出處 樂器	《隋書・音樂志》	《唐六典・太常寺》	《通典・樂六》	《舊唐書・音樂志》	《新唐書・禮樂志》	《明集禮・樂・樂器》（卷五十三上）
彈奏樂器	箜篌	*		1	1		1
	豎箜篌		1	1	1	1	1
	琵琶	*	1	1	1	1	1
	五弦	*	1	1	1	1	1
吹奏樂器	橫笛	笛	1	1	1	1	1
	簫	*		1	1	1	1
	篳篥	*	大篳篥 1	大篳篥 1	1	1	大篳篥 1
	雙篳篥	*	1	1			1
擊奏樂器	正鼓	*	1	1	1	1	1
	和鼓	*	1	1	1	1	
	銅鈸	*	2	2	1	1	2
其他	舞伎		2	2	2	2	
	工	12					
樂器種類		10	9	11	10	9	10

由上表比照來看，各書所載安國樂之樂隊編制並無較多出入。其中有一點需說明，《舊唐書・音樂志》及《新唐書・禮樂志》中均未記有「雙篳篥」這一樂器。關於這點，《御製律呂正義後編》卷八四有按語云：「《文獻通考》安國樂有雙觱篥，《唐樂圖》所傳也，新、舊志俱闕。」〔註 33〕說明安國樂樂隊之中確編有雙篳篥，而《舊唐書》、《新唐書》文中缺記，很可能如《律呂正義後編》所言是由於編撰者並未參考《唐樂圖》一書所載而致。

（三）安國樂樂隊性質

1、由組成安國樂樂隊的樂器種類來看其風格特點

由《唐六典》卷十四《太常寺》所載安國樂之樂隊編制，可以繪出各類

〔註 33〕〔清〕允祿、張照等：《御製律呂正義後編》，文淵閣四庫全書第二一七冊，第八四卷，第 403 頁。

樂器在整個樂隊中所佔之比例：

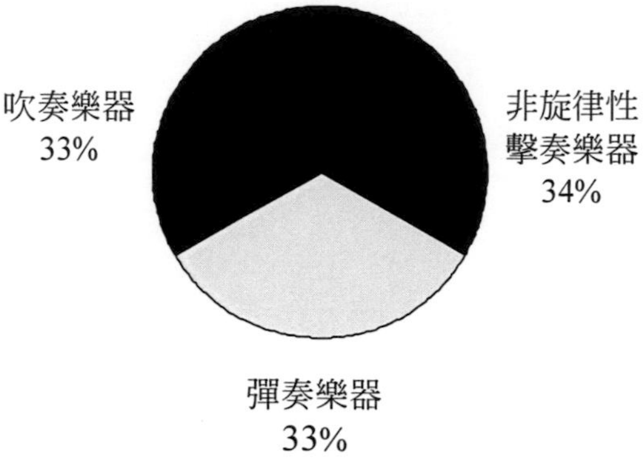

圖 21 《唐六典・太常寺》載安國樂樂器類型比例圖

由構成安國樂樂隊的樂器種類比例圖來看，非旋律性擊奏樂器、吹奏樂器、彈奏樂器各占三分之一，可見其樂器編配之各類樂器所佔比例與疏勒樂各類樂器的比例較爲接近，三類樂器的編配還是較爲平均的，樂隊並非以某一種樂器種類爲主，故僅從此角度而言，與以擊奏樂器爲主的其他西域系樂部如龜茲樂、天竺樂、康國樂相比，其樂隊樂器類型編配的特點還是較爲折衷，音樂風格亦稍顯柔和。

2、由安國樂的樂器構成來看樂隊的性質

茲將《唐六典》卷十四《太常寺》「十部樂」條所載安國樂與龜茲樂的樂隊構成情況相比照，並列於下表：

表 30 《唐六典・太常寺》載安國樂與龜茲樂樂隊構成比照表

類型	非旋律性擊奏樂器									彈奏樂器			吹奏樂器					
龜茲樂	毛員鼓	都曇鼓	答臘鼓	腰鼓		羯鼓	雞婁鼓	侯提鼓	銅鈸	豎箜篌	琵琶	五弦	笙	橫笛	簫	篳篥		貝
安國樂				正鼓	和鼓				銅鈸	豎箜篌	琵琶	五弦		橫笛		大篳篥	雙篳篥	

由上表所列可清晰地看出，安國樂與龜茲樂樂隊之樂器相同者有銅鈸、

豎箜篌、琵琶、五弦、橫笛，除這五種樂器之外，安國樂中之「正鼓」、「和鼓」及「大篳篥」、「雙篳篥」與龜茲樂有所不同。

故在此需將安國樂中之「正鼓」、「和鼓」及「大篳篥」、「雙篳篥」這四種樂器稍加考述。

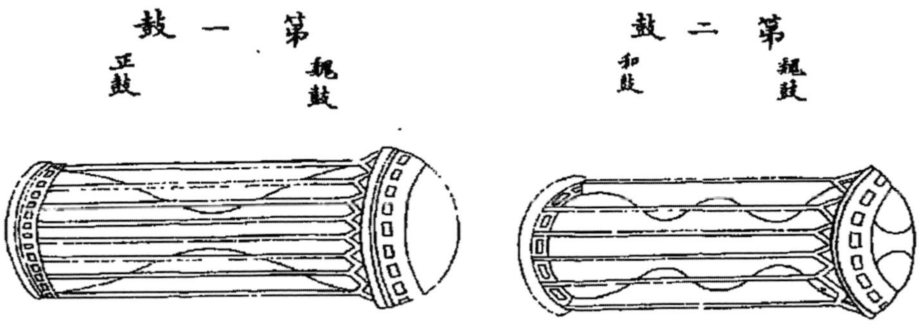

圖 22　《樂書》所繪「正鼓」、「和鼓」

《樂書》卷一二七「正鼓、和鼓」條述曰：「以上三鼓，龜茲國獲羯鼓、揩鼓、杖鼓、腰鼓。漢魏用之，大者以瓦，小者以木類。皆廣首纖腹。宋蕭思話所謂細腰鼓是也。魏有正鼓、和鼓之別。後周有三等之制。」書中並繪有這兩種樂器的圖示。

可見，正鼓、和鼓實爲細腰鼓之大、小不同的兩種形制。然是否如岸邊成雄所言二鼓能一人同時演奏，還需有進一步的考證。「此兩種鼓根據考古學實例，早現於印度佛教音樂初期。」〔註 34〕

關於「雙篳篥」，《樂書》卷一三〇「雙觱篥」條亦有記述：「胡部安國樂器有雙觱篥焉，《唐樂圖》所傳也。」並繪有其圖。而「大篳篥」，由其名可知應爲形制稍大的篳篥。可見雙篳篥、大篳篥均爲篳篥類的吹管樂器。岸邊成雄在述及觱篥的起源時，言「據說篳篥係由北狄之『胡笳』傳來之西域樂器，總之篳篥並非發生於印度」。〔註 35〕

〔註 34〕〔日〕岸邊成雄著，梁在平、黃志炯譯：《唐代音樂史的研究》，臺北，臺灣中華書局，1973 年版，第 535 頁。

〔註 35〕〔日〕岸邊成雄著，梁在平、黃志炯譯：《唐代音樂史的研究》，臺北，臺灣中華書局，1973 年版，第 535 頁。

將以上這四種樂器考述清楚之後，再來比照安國樂與龜茲樂的樂隊編成，可以較爲肯定的是，安國樂中的樂器種類均包含於龜茲樂之中。安國樂樂隊以銅鈸、豎箜篌、琵琶、五弦、橫笛這五種西域系樂器爲基礎，另以其獨有之大篳篥、雙篳篥及印度系正鼓、和鼓爲其樂隊之色彩性樂器而編成。故其樂隊在多具龜茲音樂風格的同時，又獨具其濃鬱的地方音樂色彩。

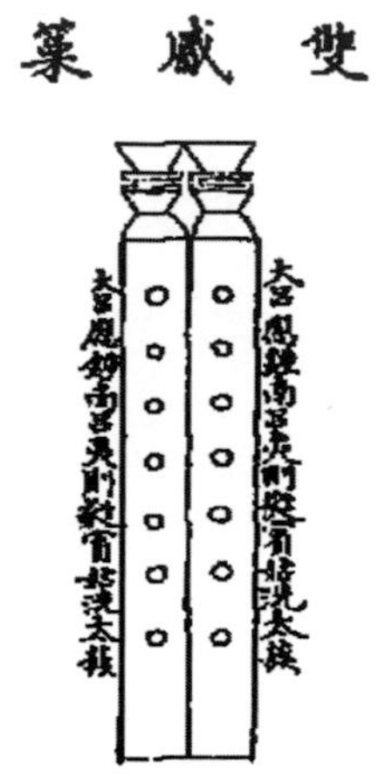

圖 23 《樂書》所繪「雙篳篥」

五、康國樂

（一）康國樂之淵源

其時，康國與安國均爲粟特國（Sogdiana）的一部分，其地理位置與安國很爲接近，位於蔥嶺以西，現爲 Samarkand 一帶的地區。因其地理位置的因素，其樂隊編配及風格與其他西域樂部相異較多，故亦最獨具特色。

《隋書》卷十五《音樂志》「十部伎」條載：「《康國》，起自周武帝娉北狄爲後，得其所獲西戎伎，因其聲。歌曲有《戢殿農和正》，舞曲有《賀蘭鉢鼻始》、《末奚波地》、《農惠鉢鼻始》、《前拔地惠地》等四曲。」〔註 36〕且《隋書》卷十四《音樂志》「北周」條載：「天和六年，武帝罷掖庭四夷樂。其後帝娉皇后於北狄，得其所獲康國、龜茲等樂，更雜以高昌之舊，並於大司樂習焉。採用其聲，被於鍾石，取周官制以陳之。」〔註 37〕由文獻所述，可知康國樂是與迎娶突厥之阿史娜皇后入朝而同時傳入中原及其時宮廷之中的。文中所言「大司樂」，其實就是指太樂署，因其時武帝更改官制，而將太樂署易名爲大司樂，故文中有此語，是言將康國樂、龜茲樂並雜以高昌舊樂，並列於太樂署教習、演奏之意。

（二）文獻所載唐代十部樂之康國樂樂器組合考

《隋書》卷十五《音樂志》載：

〔註 36〕〔唐〕魏徵、房玄齡、長孫無忌等：《隋書》，北京，中華書局 1973 年版，第 379 頁。

〔註 37〕〔唐〕魏徵、房玄齡、長孫無忌等：《隋書》，北京，中華書局 1973 年版，第 342 頁。

樂器有笛、正鼓、加鼓（引者按：應爲和鼓）、銅拔等四種，爲一部。工七人。〔註 38〕

《唐六典》卷十四《太常寺》「康國伎」載其樂有：

笛二，正鼓、和鼓各一，銅鈸二，舞二人。〔註 39〕

《通典》卷一四六載：

康國樂，工人皁絲布頭巾，緋絲布袍，錦衿。舞二人，緋襖，錦袖，綠綾渾襠袴，赤皮靴，白袴帑。舞急轉如風，俗謂之胡旋。樂用笛鼓二（引者按：應爲笛），正鼓一，小鼓一，和鼓一，銅鈸二。〔註 40〕

《舊唐書》卷十五《音樂志》：

《康國樂》，工人皁絲布頭巾，緋絲布袍，錦領。舞二人，緋襖，錦領袖，綠綾渾襠袴，赤皮靴，白袴帑。舞急轉如風，俗謂之胡旋。樂用笛二，正鼓一，和鼓一，銅拔一。

《新唐書》卷二一《禮樂志》載：

《康國伎》，有正鼓、和鼓，皆一；笛、銅鈸，皆二。舞者二人。工人之服皆從其國。〔註 41〕

茲將文獻中所載康國樂之樂隊構成列於下表，以比照之：

表 31　文獻載康國樂樂隊構成比照表

類型	出處／樂器	《隋書・音樂志》	《唐六典・太常寺》	《通典・樂六》	《舊唐書・音樂志》	《新唐書・禮樂十一》	《明集禮・樂・樂器》
吹奏樂器	笛	*	2	笛鼓 2	2	2	2
擊奏	正鼓	*	1	1	1	1	1
	和鼓	加鼓	1	1	1	1	1

〔註 38〕〔唐〕魏徵、房玄齡、長孫無忌等：《隋書》，北京，中華書局 1973 年版，第 379～380 頁。

〔註 39〕〔唐〕李林甫：《唐六典》，北京，中華書局，1992 年版，第 405 頁。

〔註 40〕〔唐〕杜佑：《通典》，北京，中華書局 1984 年版，第 762 頁。

〔註 41〕〔宋〕歐陽修：《新唐書》，北京，中華書局 1975 年版，第 470 頁。

樂器				小鼓 1			
	銅鈸	*	2	2	1	2	2
其他	舞伎		2	2	2	2	
樂器種類		4	4	5	4	4	4

由上表可以較爲清晰地看出，各書所載康國樂的樂器組成情況大體一致，並無較多相異之處。筆者疑《隋書・音樂志》所記「加鼓」應爲「和鼓」之誤。各書中僅《通典》所述稍有不同，樂隊中多一小鼓，且言有「笛鼓」一器與其他文獻亦相異。據《隋書》卷八三《西域傳》「康國」條曰：其國「有大小鼓、琵琶、五弦、箜篌、笛。」據此來看，文中「大小鼓」應更可能是指大小不同形制的腰鼓即正鼓、和鼓而言，文中已言樂隊中有「正鼓」、「和鼓」，故筆者疑「小鼓」爲誤記所致。《隋書》卷八三《西域傳》「康國」條言及有「笛」樂器，未見有「笛鼓」之說，且筆者比照其他文獻的記載，疑文中所言「笛鼓」應爲「笛」之誤。

（三）康國樂樂隊性質

1、由組成康國樂樂隊的樂器種類來看其風格特點

由《唐六典》卷十四《太常寺》所載康國樂之樂隊編制，可以繪出各類樂器在整個樂隊中所佔之比例：

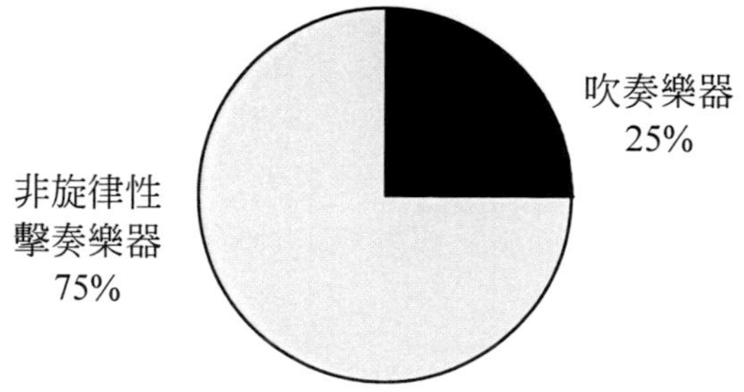

圖 24 《唐六典・太常寺》載康國樂樂器類型比例圖

上圖很清晰地反映了康國樂的樂隊構成情況，與其他西域系各樂相比，其很爲顯著的特點是樂隊中未編入彈奏類樂器，整個樂隊中僅由非旋律性擊奏樂器與吹奏樂器構成，且非旋律性擊奏樂器主要指鼓類樂器，佔據了四分之三的比例，而起旋律性的吹奏樂器僅占整個樂隊的四分之一。從這一角度

而言，康國樂可謂是一支以擊奏樂器爲主的典型的吹打樂性質的樂隊。

2、由康國樂的樂器構成來看樂隊的性質

由康國樂的樂器構成來看，樂隊中笛和銅鈸爲西域系各樂之基本樂器，而以大小爲別之腰鼓即正鼓、和鼓，僅爲康國和安國兩樂之特有樂器，這兩種樂器應爲獨具其地方特色之樂器。

就樂隊規模而言，康國樂與西域系其他各樂相比較，其樂器種類與數量明顯較少，樂隊中僅有 4 種、6 件（亦或 5 種、7 件）樂器，與龜茲樂（16 種）、天竺樂（9 種）、疏勒樂（10 種）、安國樂（9 種）、高昌樂（10 種）〔註 42〕這些規模較大的樂隊很爲不同。

六、高昌樂

（一）高昌樂之淵源

《隋書》卷一四《音樂志》「北周」條曰：「太祖輔魏之時，高昌款附，乃得其伎，教習以備饗宴之禮。及天和六年，武帝罷掖庭四夷樂。其後帝娉皇后於北狄，得其所獲康國、龜茲等樂，更雜以高昌之舊，並於大司樂習焉。採用其聲，被於鍾石，取《周官》制以陳之。」〔註 43〕且「龜茲」條又云：煬帝大業「六年高昌獻聖明樂曲。帝令知音者，於館所聽之，歸而肄習。乃客方獻，先於前奏之，胡夷皆驚焉」。《通典・樂六》卷一四六「四方樂」條述曰：「高昌樂者，西魏與高昌通，始有高昌伎。隋文帝開皇六年，高昌獻聖明樂曲，帝令知音者於官所聽之，歸而肄習，及客獻，先於前奏之，胡夷大驚。大唐平高昌，盡收其樂。」〔註 44〕據文中所述，北周太祖輔魏之時，高昌入朝進貢，傳入其樂，以備宮廷宴饗之禮樂所用，並「被於鍾石」以雅樂演奏。至天和六年（571 年），武帝廢止四夷樂，其後高昌舊樂與因迎娶突厥之阿史那皇后入朝而傳入之康國樂、龜茲樂，一併歸於大司樂（實爲太樂署）之中教習、演奏。隋開皇初年，始置七部樂時，未將高昌樂列於其中，且《隋書・音樂志》在記述七部樂之外的四夷樂時，亦未提及此樂，如文中言「又雜有疏勒、扶南、康國、百濟、突厥、倭國等伎」。其後九部樂中亦未被採納。隋煬帝大業六年（610 年），文獻

〔註 42〕此處所舉西域其他各樂樂隊之樂器種類數目，均以《唐六典》卷一四《太常寺》所載爲準。

〔註 43〕〔唐〕魏徵、房玄齡、長孫無忌等：《隋書》，北京，中華書局 1973 年版，第 342 頁。

〔註 44〕〔唐〕杜佑：《通典》，北京，中華書局 1984 年版，第 763 頁。

有高昌使者入朝獻樂之記載。高昌樂是十部樂中最後編入的，應發生於太宗貞觀十四年（640 年）高昌歸順唐王朝之後，其時間與讌樂編入大致爲同一時期。

（二）文獻所載唐代十部樂之高昌樂樂器組合考

《唐六典》卷十四《太常寺》「高昌伎」條注曰其樂有：

> 豎箜篌、琵琶、五弦、笙、横笛、簫、觱篥、腰鼓、雞婁鼓各一，銅角一，舞二人。〔註 45〕

《通典》卷一四六載：

> 高昌樂，舞二人，白襖錦袖，赤皮靴、皮帶，紅抹額。樂用答臘鼓一，腰鼓一，雞婁鼓一，羯鼓一，簫一，横笛一，篳篥二，五弦琵琶二，琵琶二，銅角一，豎箜篌一（原注：今亡），笙一。〔註 46〕

《舊唐書》卷十五《音樂志》：

> 《高昌樂》，舞二人，白襖錦袖，赤皮靴，赤皮帶，紅抹額。樂用答臘鼓一，腰鼓一，雞婁鼓一，羯鼓一，簫二，横笛二，篳篥二，琵琶二，五弦琵琶二，銅角一，箜篌一。箜篌今亡。

《新唐書》卷二一《禮樂志》載：

> 及平高昌，收其樂。有豎箜篌、銅角，一；琵琶、五弦、横笛、簫、觱篥、答臘鼓、腰鼓、雞婁鼓、羯鼓，皆二人。工人布巾，袷袍，錦襟，金銅帶，畫絝。舞者二人，黃袍袖，練襦，五色絛帶，金銅耳璫；赤鞾。〔註 47〕

茲將文獻中所載高昌樂之樂隊構成列於下表，以比照之：

表 32　文獻載高昌樂樂隊構成比照表

類型	出處 樂器	《唐六典·太常寺》	《通典·樂六》	《舊唐書·音樂志》	《新唐書·禮樂十一》	《明集禮·樂·樂器》
擊奏樂器	腰鼓	1	1	1	2	1
	雞婁鼓	1	1	1	2	1
	羯鼓		1	1	2	1
	答臘鼓		1	1	2	1

〔註 45〕〔唐〕李林甫：《唐六典》，北京，中華書局，1992 年版，第 405 頁。
〔註 46〕〔唐〕杜佑：《通典》，北京，中華書局 1984 年版，第 762 頁。
〔註 47〕〔宋〕歐陽修：《新唐書》，北京，中華書局 1975 年版，第 470～471 頁。

吹奏樂器	簫	1	1	2	2	1
	笙	1	1			1
	橫笛	1	1	2	2	2
	篳篥	1	2	2	2	2
	銅角	1	1	1	1	1
彈奏樂器	琵琶	1	2	2	2	2
	五弦	1	2	2	2	2
	豎箜篌	1	1	箜篌 1	1	1
其他	舞伎	2	2	2	2	
樂器種類		10	12	11	11	12

比照各文獻所載，除個別樂器種類、數量稍有出入之外，大體而言相異之處不多。《唐六典》卷一四《太常寺》中未記有羯鼓和答臘鼓；《舊唐書》、《新唐書》中未記有笙。由唐人所撰史料之時間來推測，初唐至盛唐開元時期，高昌樂樂隊中未運用有羯鼓和答臘鼓，而其後至少於中唐時期才將這兩種較爲典型亦最爲基本的西域系樂器納入其中。

（三）高昌樂樂隊性質

1、由組成高昌樂樂隊的樂器種類來看其風格特點

由《唐六典》卷十四《太常寺》所載天竺樂之樂隊編制，可以繪出各類樂器在整個樂隊中所佔之比例：

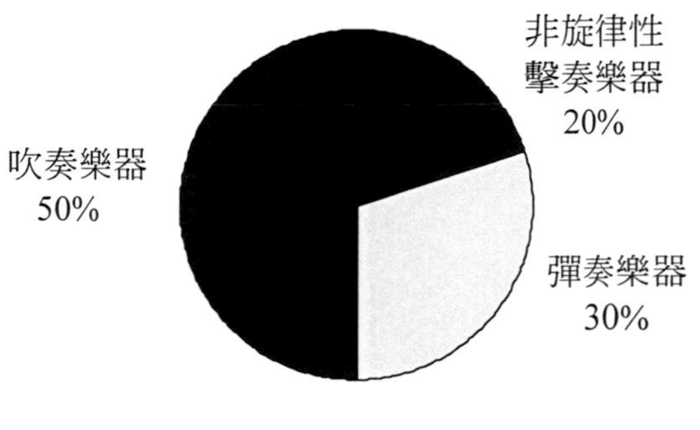

圖 25　《唐六典・太常寺》載天竺樂樂器類型比例圖

由構成高昌樂樂隊的樂器種類比例圖來看，吹奏樂器佔據整個樂隊一半的比例，可見，以吹奏樂器爲主是其樂隊配器最爲顯著的特點之一。而高昌

樂作爲西域系的一支，樂隊中非旋律性擊奏樂器的比例並不大，只占五分之一的比例，這與西域其他樂部多以非旋律性擊奏樂器（主要指鼓類樂器）爲主的特點有所相異，可以想見，其演奏特色亦與龜茲樂（非旋律性擊奏樂器占53%）、天竺樂（非旋律性擊奏樂器占50%）、康國樂（非旋律性擊奏樂器占75%）〔註48〕其聲較爲震厲的風格特點多爲不同。

2、由高昌樂的樂器構成來看樂隊的性質

有關高昌國之風俗文化及音樂特色的記載，文獻中近乎未見有著述。僅於南宋王明清《揮麈録》卷四記錄太平興國六年五月，詔遣供奉官王延德出使高昌之見聞中有云：「樂多箜篌。……婦人戴油帽，謂之蘇幕遮。開元七年曆，以三月九日爲寒食。……好遊賞，行者必抱樂器。」雖可從文中記述來推測唐時高昌音樂狀況之一斑，然僅憑於此還不能對其國總體音樂特徵亦或特色之具體樂器盡知其詳。

茲將《唐六典》卷十四《太常寺》「十部樂」條所載高昌樂與龜茲樂的樂隊構成情況相比照，並列於下表：

表33 《唐六典・太常寺》載高昌樂與龜茲樂樂隊構成比照表

類型	非旋律性擊奏樂器								彈奏樂器			吹奏樂器					
龜茲樂	毛員鼓	都曇鼓	答臘鼓	腰鼓	羯鼓	雞婁鼓	侯提鼓	銅鈸	豎箜篌	琵琶	五弦	笙	橫笛	簫	篳篥	貝	
高昌樂				腰鼓		雞婁鼓			豎箜篌	琵琶	五弦	笙	橫笛	簫	篳篥		銅角

從上表來看，高昌樂中除特有樂器銅角外，其餘九種亦包含於龜茲樂之中。且與其他西域諸樂如龜茲樂、天竺樂、疏勒樂、安國樂之樂隊構成相比照，僅高昌樂中運用有銅角，可見其應爲此樂隊特有之樂器，亦是樂隊中主要體現其地方音樂風格之色彩性樂器。

〔註48〕各樂中非旋律性擊奏樂器所佔比例，均以《唐六典》卷十四《太常寺》所載各樂之樂隊編制爲準。

有關「銅角」的記載，《舊唐書》卷二九有云：「西戎有吹金者，銅角是也，長二尺，形如牛角。」《樂書》卷一二五「銅角」條亦有詳述：「銅角，高昌之樂器也。形如牛角，長二尺。西戎有吹金者，銅角是也。陶偘表有奉獻金口角之說，謂之吹金，豈以金其口而名之邪。或云本出吳越非也。」其旁並繪有圖示。

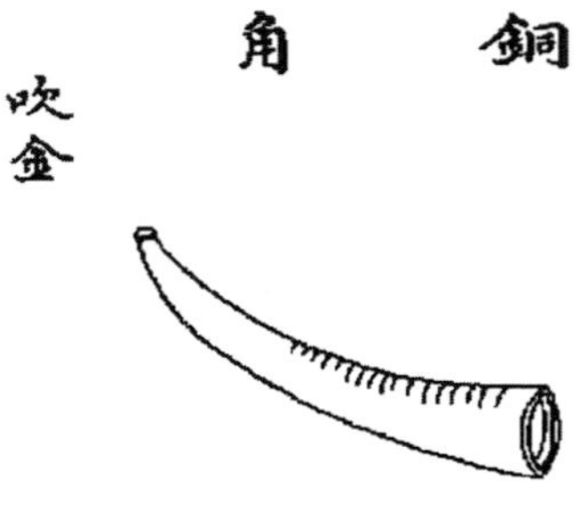

圖 26 《樂書》所繪「銅角」

岸邊成雄考其性質，言「銅角，盛行於印度佛教音樂初期，長約二尺，中國在唐朝以前，尚未使用銅角。銅鼓係印度系樂器，爲天竺所採用，據此研究，高昌伎之銅角必係印度系之銅角」。〔註 49〕

綜合上述分析，可知，高昌樂與龜茲樂很爲接近，唯有銅角這一種樂器爲其樂隊所特有，應是代表其地方音樂之色彩性樂器，亦是突出此樂隊獨特風格之重要樂器。

第二節　南蠻系之樂器組合

一、南詔樂

南詔位於今雲南省洱海一帶，原有蒙舍、施浪、浪穹、越析等六詔，當地稱王爲詔，六詔實際爲六個大部落。地處六詔最南部的蒙舍詔，在唐王朝的扶持之下，於開元年間一舉兼併各詔，並西敗吐番。開元二十七年（639 年）徙居大和城（今雲南大理縣），定爲國都，並接受朝廷冊封，正式建立南詔王國。

天寶年間，由於唐王朝的錯誤壓制政策與南詔日益增長的割據勢力矛盾尖銳，唐朝兩次進攻南詔，但均以慘敗告終。此後南詔割據政權愈發強大，對周圍之小國以「兵強地接，常羈制之」。位於南詔西南部的驃國（今緬甸北部），懾於其威，而臣服於其統治。「他們的樂舞也進入南詔宮廷，每於大宴會中演奏」。〔註 50〕至唐德宗貞元年間（758～805 年），唐朝對南詔採取了新

〔註 49〕〔日〕岸邊成雄著，梁在平、黃志炯譯：《唐代音樂史的研究》，臺北，臺灣中華書局，1973 年版，第 544 頁。

〔註 50〕秦序：《驃國獻樂與白居易〈驃國樂〉詩》，收錄於文集《一葦淩波》，上海音樂出版社，2004 年 12 月版，第 213 頁。

的政策。唐劍南節度使韋皐連年致書規勸南詔回歸朝廷。南詔亦不堪吐蕃的重斂苛擾，隨歸順唐朝，聯合大敗吐蕃。貞元十年六月（794 年）唐朝冊封異牟尋爲南詔王，爲表修好敦睦之誠，遣使臣詣劍南西川節度使韋皐，表示「欲獻夷中歌曲，且令驃國進樂」〔註 51〕。

於是韋皐作《南詔奉聖樂》，與南詔進獻之樂、器、工、衣，一併於貞元十六年正月（800 年）至長安獻演。德宗親閱於麟德殿，並將奉聖樂「以授太常工人，自是殿庭宴則立奏，宮中則坐奏。」〔註 52〕可見，《南詔奉聖樂》自此「成爲宮中時常上演的樂舞之一」〔註 53〕。《唐會要》卷三三《雅樂下》曰：「南詔樂，貞元十六年正月，南詔異牟尋作《奉聖樂舞》，因西川押雲南八國使韋皐以進時，御麟德殿以閱之。」《舊唐書》卷二八《音樂志》亦云：「貞元十六年正月，南詔異牟尋作《奉聖樂舞》，因韋皐以進。」〔註 54〕《新唐書》卷二二二下《南蠻傳》亦述曰：「牟尋遣使楊加明詣劍南西川節度使韋皐請獻夷中歌曲，且令驃國進樂人。於是皐作《南詔奉聖樂》。」〔註 55〕

《新唐書》卷二二二下《南蠻傳》對所獻《南詔奉聖樂》有很爲細緻地闡述，文中曰：

> 於是皐作《南詔奉聖樂》，……舞六成，工六十四人，贊引二人，序曲二十八疊，舞「南詔奉聖樂」字。舞人十六，執羽翟，以四爲列。舞「南」字，歌《聖主無爲化》；舞「詔」字，歌《南詔朝天樂》；舞「奉」字，歌《海宇修文化》；舞「聖」字，歌《雨露覃無外》；舞「樂」字，歌《闢土丁零塞》。皆一章三疊而成。舞者初定，執羽，簫、鼓等奏散序一疊，次奏第二疊，四行，贊引以序入。將終，雷鼓作於四隅，舞者皆拜，金聲作而起，執羽稽首，以象朝覲。每拜跪，節以鉦鼓。次奏拍序一疊，舞者分左右蹈舞，每四拍，揖羽稽首，拍終，舞者拜，復奏一疊，蹈舞抃揖，以合「南」字。字成遍

〔註 51〕〔宋〕歐陽修：《新唐書・禮樂志》，北京，中華書局 1975 年版，第 480 頁。

〔註 52〕〔宋〕歐陽修：《新唐書・禮樂志》，北京，中華書局 1975 年版，第 480 頁。

〔註 53〕秦序：《驃國獻樂與白居易〈驃國樂〉詩》，收錄於文集《一葦淩波》，上海音樂出版社，2004 年 12 月版，第 212 頁。

〔註 54〕《舊唐書》卷十三《德宗本紀下》亦云：「十六年春正月……南詔獻奉聖樂舞曲上閱於麟德殿前」。（〔後晉〕劉昫：《舊唐書》，北京，中華書局 1975 年版，第 392 頁。）

〔註 55〕〔宋〕歐陽修：《新唐書》，北京，中華書局 1975 年版，第 6313 頁。

終，舞者北面跪歌，導以絲竹。歌已，俯伏，鉦作，復揖舞。餘字皆如之，唯「聖」字詞末皆恭揖，以明奉聖。每一字，曲三疊，名爲五成。次急奏一疊，四十八人分行罄折，象將臣禦邊也。字舞畢，舞者十六人爲四列，又舞《闢四門》之舞。遽舞入遍兩疊，與鼓吹合節，進舞三，退舞三，以象三才、三統。舞終，皆稽首逡巡。又一人舞《億萬壽》之舞，歌《天南滇越俗》四章，歌舞七疊六成而終。七者，火之成數，象天子南面生成之恩。六者，坤數，象西南向化。凡樂三十，工百九十六人，分四部：一、龜茲部，二、大鼓部，三、胡部，四、軍樂部。龜茲部，有羯鼓、揩鼓、腰鼓、雞婁鼓、短笛、大小觱篥、拍板，皆八；長短簫、橫笛、方響、大銅鈸、貝，皆四。凡工八十八人，分四列，屬舞筵四隅，以合節鼓。大鼓部，以四爲列，凡二十四，居龜茲部前。胡部，有箏、大小箜篌、五弦琵琶、笙、橫笛、短笛、拍板，皆八；大小觱篥，皆四。工七十二人，分四列，屬舞筵之隅，以導歌詠。軍樂部，金鐃、金鐸，皆二；掆鼓、金鉦，皆四。鉦、鼓，金飾蓋，垂流蘇。工十二人，服南詔服，立《闢四門》舞筵四隅，節拜合樂。又十六人，畫半臂，執掆鼓，四人爲列。舞人服南詔衣、絳裙襦、黑頭囊、金佉苴、畫皮鞾革，首飾襪額，冠金寶花鬘，襦上復加畫半臂。執羽翟舞，俯伏，以象朝拜；裙襦畫鳥獸草木，文以八綵雜華，以象庶物咸遂；羽葆四垂，以象天無不覆；正方布位，以象地無不載；分四列，以象四氣；舞爲五字，以象五行；秉羽翟，以象文德；節鼓，以象號令遠布；振以鐸，明采詩之義；用龜茲等樂，以象遠夷悅服。鉦鼓則古者振旅獻捷之樂也。黃鍾，君聲，配運爲土，明土德常盛。黃鍾得《乾》初九，自爲其宮，則林鍾四律以正聲應之，象大君南面提天統於上，乾道明也。林鍾得《坤》初六，其位西南，西南感至化於下，坤體順也。太蔟得《乾》九二，是爲人統，天地正而三才通，故次應以太蔟。三才既通，南呂復以羽聲應之。南呂，酉，西方金也；羽，北方水也。金、水悅而應乎時，以象西戎、北狄悅服。然後姑洗以角音終之。姑，故也；洗，濯也。以象南詔背吐蕃歸化，洗過日新。〔註56〕

〔註56〕〔宋〕歐陽修：《新唐書》，北京，中華書局1975年版，第6309～6310頁。

此段文字詳實記錄《南詔奉聖樂》中四部樂之名稱、各部所用樂器及其數量等。從上段文字可看出，南詔樂在表演時，其伴奏樂隊分爲：龜茲部、大鼓部、胡部、軍樂部四部。此四部亦爲太常四部樂劃分之重要依據，有關唐代太常四部樂的名稱及其內容、樂器組合形式，在「唐代太常四部樂之樂器組合形式」一節中有詳細考證。

上引文已將各部所用樂器及其數量一一詳錄，僅「大鼓部」未說明所用樂器狀況，唯言「大鼓部，以四爲列，凡二十四，居龜茲部前。」從後文《奉聖樂》五宮異用之《五均譜》各均所用樂器記述來看，在演奏《奉聖樂》「太蔟，商之宮」和「林鍾，徵之宮」時，伴奏樂隊所用大鼓均爲「十二分左右」，顯而易見大鼓部使用樂器僅大鼓一種。再者，四部樂之中三部所用的樂器都記錄詳明，且每種樂器的數目都一一述之，且亦將大鼓部樂隊排列陣容、位置敘述清楚，沒有道理漏記大鼓部所用樂器。《新唐書・南蠻傳》之所以能對《南詔奉聖樂》獻演樂舞的過程、舞態歌容，以及伴奏各樂部所用樂器、數量、樂隊陣容、排列方式等，有條不紊地敘寫下來，所根據的應是貞元十六年正月（800 年）獻演於宮中麟德殿，提交德宗親閱之後「付史臣」的實錄，據此，就當時之史官記史而言，對大鼓部所用樂器也不可能漏記。由此亦證明，唐時所稱之大鼓部，其樂器僅爲大鼓這一種。

表 34　唐太常四部樂樂器組合表

	擊奏樂器		彈奏樂器	吹奏樂器	排列形式
	旋律	非旋律			
龜茲部	方響四	羯鼓、揩鼓、腰鼓、雞婁鼓、拍板，皆八；大銅鈸四。		短笛、大觱篥、小觱篥，皆八；長簫、短簫、橫笛、貝，皆四。	凡工八十八人，分四列，屬舞筵四隅，以合節鼓。
大鼓部		大鼓二十四面			以四爲列，凡二十四，居龜茲部前。
胡部		拍板八	箏、大箜篌、小箜篌、五弦琵琶，皆八。	笙、橫笛、短笛，皆八；大觱篥、小觱篥，皆四。	工七十二人，分四列，屬舞筵之隅，以導歌詠。

軍樂部		金鐃、金鐸，皆二；掆鼓、金鉦，皆四。			工十二人，……立《闢四門》舞筵四隅，節拜合樂。

通過四部樂所用之樂器，可看出各樂部之風格特點：

「龜茲部」以吹管類樂器和非旋律性擊奏樂器（鼓類樂器居多）爲主；無彈弦類樂器；故以吹奏類樂器起旋律樂器的作用；具有旋律性的擊奏樂器方響 4 架，且由文中所載可知其中一架方響的調首定在「古黃鍾」；依「龜茲部」中所用樂器而言，其樂部風格特點接近於鼓吹樂。

「大鼓部」僅有大鼓 24 面，氣勢磅礡，突出對人精神的振奮作用。

「胡部」主要由彈弦類樂器與吹管類樂器組成，非旋律性擊奏樂器僅拍板 8 具，無鼓類樂器。樂部中旋律樂器較多，具有「絲竹」樂的特點，其音亦較爲嫻雅。

「軍樂部」中僅有非旋律性擊奏樂器，樂部中所用金鐃、金鐸、金鉦等樂器，自古即爲軍中所用的信號樂器，是軍樂中的典型樂器，故以「軍樂部」命名此樂部，最爲妥貼。因該樂部以金屬類樂器爲主，故其樂部音響效果較之其他三個樂部，其音當更清脆、明亮。

就各樂部樂器組合之形式而言，演奏樂曲時，「龜茲部」與「胡部」注重的是音樂的表現，「大鼓部」、「軍樂部」更側重於聲響效果，以營造出浩大的聲勢爲主要目標。

韋皐又安排《奉聖樂》在五個不同的調上演奏，並作《五均譜》，《新唐書》卷二二二下《南蠻傳》對《五均譜》各段所用伴奏樂器、表演形式等有詳盡的描述：

> 皐以五宮異用，獨唱殊音，復述《五均譜》，分金石之節奏：
>
> 一曰黃鍾，宮之宮，軍士歌《奉聖樂》者用之。舞人服南詔衣，秉翟俯伏拜抃，合「南詔奉聖樂」五字，倡詞五，舞人乃易南方朝天之服，絳色，七節襦袖，節有青褾排衿，以象鳥翼。樂用龜茲、胡部，金鉦、掆鼓、鐃、貝、大鼓。
>
> 二曰太蔟，商之宮，女子歌《奉聖樂》者用之。合以管絃。若奏庭下，則獨舞一曲。樂用龜茲、鼓笛各四部，與胡部等合作。琵琶、笙、箜篌，皆八；大小觱篥、箏、弦、五弦琵琶、長笛、短笛、方響，各四。居龜茲部前。次貝一人，大鼓十二分左右，餘皆坐奏。
>
> 三曰姑洗，角之宮，應古律林鍾爲徵宮，女子歌《奉聖樂》者

用之。舞者六十四人，飾羅綵襦袖，間以八採，曳雲花履，首飾雙鳳、八卦、彩雲、花鬘，執羽爲拜抃之節。以林鍾當地統，象歲功備、萬物成也。雙鳳，明律呂之和也。八卦，明還相爲用也。彩雲，象氣也。花鬘，象冠也。合「奉聖樂」三字，唱詞三，表天下懷聖也。小女子字舞，則碧色襦袖，象角音主木；首飾巽卦，應姑洗之氣；以六人略後，象六合一心也。樂用龜茲、胡部，其鉦、撊、鐃、鐸，皆覆以綵蓋，飾以花趺，上陳錦綺，垂流蘇。按《瑞圖》曰：「王者有道，則儀鳳在鼓。」故羽葆鼓棲以鳳凰，鉦棲孔雀，鐃、鐸集以翔鷺，鉦、撊頂足又飾南方鳥獸，明澤及飛走翔伏。鉦、撊、鐃、鐸，皆二人執擊之。貝及大鼓工伎之數，與軍士《奉聖樂》同，而加鼓、笛四部。

四曰林鍾，徵之宮，斂拍單聲，奏《奉聖樂》，丈夫一人獨舞。樂用龜茲，鼓笛每色四人。方響二，置龜茲部前。二隅有金鉦，中植金鐸二、貝二、鈴鈸二、大鼓十二分左右。

五曰南呂，羽之宮，應古律黃鍾爲君之宮。樂用古黃鍾方響一，大琵琶、五弦琵琶、大箜篌倍，黃鍾觱篥、小觱篥、竽、笙、塤、篪、搊箏、軋箏、黃鍾簫，笛倍。笛、節鼓、拍板等工皆一人，坐奏之。絲竹緩作，一人獨唱，歌工復通唱軍士《奉聖樂》詞。〔註57〕

由上引文，可知韋臯改作《南詔奉聖樂》，將此曲以黃鍾宮、太蔟商、姑洗角、林鍾徵、南呂羽五種不同的調高和調式演奏，以不同的樂隊配制伴奏，用不同的舞蹈、歌唱形式表演，形成了五種不同的音樂風格，以表達了樂曲五種不同的內涵。

在此需補充說明一點，《新唐書・南蠻傳》中華書局版「二曰太蔟，商之宮」一段記所用樂器爲：「樂用龜茲……箏、弦、五弦琵琶、長笛……」，「箏」與「五弦琵琶」兩樂器間多一「弦」字。筆者疑此字不是樂器名，而是謄抄或刻印紕漏。與《新唐書・南蠻傳》四庫文淵閣版對校，此處並無「弦」字，故應將「弦」字刪去。

〔註57〕〔宋〕歐陽修：《新唐書》，北京，中華書局1975年版，第6311頁。

表 35　《奉聖樂》五宮異用之《五均譜》各均所用樂器表

一曰黃鍾宮曲	軍士歌《奉聖樂》者用之。	樂用龜茲、胡部，金鉦、搁鼓、鐃、貝、大鼓。
二曰太簇商曲	女子歌《奉聖樂》者用之，合以管絃。	樂用龜茲、鼓、笛各四部，與胡部等合作。琵琶、笙、箜篌，皆八；大小觱篥、箏、五弦琵琶、長笛、短笛、方響，各四。居龜茲部前。次貝一人，大鼓十二分左右，餘皆坐奏。
三曰姑洗角曲	女子歌《奉聖樂》者用之。	樂用龜茲、胡部，其鉦、搁、鐃、鐸，皆覆以綵蓋，……鉦、搁、鐃、鐸，皆二人執擎之。貝及大鼓工伎之數，與軍士《奉聖樂》同，而加鼓、笛四部。
四曰林鍾徵曲	斂拍單聲，奏《奉聖樂》。	樂用龜茲，鼓、笛每色四人。方響二，置龜茲部前。二隅有金鉦，中植金鐸二、貝二、鈴鈸二、大鼓十二分左右。
五曰南呂羽曲	絲竹緩作，一人獨唱，歌工復通唱軍士《奉聖樂》詞。	樂用古黃鍾方響一，大琵琶、五弦琵琶、大箜篌倍，黃鍾觱篥、小觱篥、竽、笙、塤、篪、搊箏、軋箏、黃鍾簫，笛倍。笛、節鼓、拍板等工皆一人，坐奏之。

從韋皐《五均譜》各均樂曲中所用樂器的記述中可看出：

黃鍾宮曲的《奉聖樂》，四個樂部的樂器均有所使用。

太簇商曲的《奉聖樂》，伴奏樂器主要以管絃爲主，使用了龜茲部、胡部與大鼓部三部樂器，未使用軍樂部樂器。此種樂隊編配與該曲係以女子歌唱的形式有很大關係。在黃鍾宮演奏的《奉聖樂》是軍士歌唱，當以太簇宮的調高演奏，當換爲女子歌唱時，則刪減金鉦、金鐃、金鐸等軍樂中信號樂器，改變其音樂表現效果，以區別於黃鍾爲宮的軍士之曲《奉聖樂》。

姑洗角曲的《奉聖樂》，與黃鍾爲宮的軍士《奉聖樂》，樂隊編配大致相同，四個樂部的樂器亦均有使用，其樂隊規模則較之軍士《奉聖樂》稍大。

林鍾徵曲的《奉聖樂》，使用了龜茲部、大鼓部、軍樂部三部之樂器，未用胡部中絲竹樂器，故此樂中缺少彈弦類樂器。可以想見，樂曲的旋律部分僅由吹管類樂器承擔，其餘均爲擊奏類樂器，此種樂隊編配所奏之樂必定節奏突出，而旋律性弱化，完全符合以林鍾爲宮的《奉聖樂》「斂拍單聲」之特點，其風格類於吹打樂。

南呂羽曲的《奉聖樂》，由所用樂器可看出其樂隊編配主要以胡部「絲竹」類樂器爲主；無大鼓部、軍樂部之樂器；對龜茲部，也只挑選個別樂器如方響等編入樂隊。其樂隊配制中有五種彈弦類樂器，有九種吹管類樂器，而起節奏作用的擊奏類樂器僅有方響、節鼓、拍板各一件，與其樂「絲竹緩作，一人獨唱」的表演形式相匹配。此樂較以上四樂，音樂風格最爲舒緩、典雅、安靜。

表 36 《奉聖樂》五宮異用之《五均譜》各均所用樂部及樂器分類表

	所用樂部	擊奏樂器		彈奏樂器	拉奏樂器	吹奏樂器	樂隊配制特點
		旋律	非旋律				
黃鍾宮	龜茲部、大鼓部、軍樂部、胡部	方響	羯鼓、揩鼓、腰鼓、雞婁鼓、拍板、大銅鈸、金饒、𨬇鼓、金鉦、大鼓等	箏、大箜篌、小箜篌、五弦琵琶等		短笛、大觱篥、小觱篥、長簫、短簫、橫笛、笙、貝等	
太簇商	龜茲部、大鼓部、胡部	方響	羯鼓、揩鼓、腰鼓、雞婁鼓、大鼓等	琵琶、箜篌、箏、五弦琵琶等		笙、大觱篥、小觱篥、長笛、短笛、貝等	以管絃爲主加以大鼓
姑洗角	龜茲部、大鼓部、軍樂部、胡部	方響	羯鼓、揩鼓、腰鼓、雞婁鼓、拍板、大銅鈸、鉦、𨬇、鐃、鐸、大鼓等	箏、大箜篌、小箜篌、五弦琵琶等		短笛、大觱篥、小觱篥、長簫、短簫、橫笛、笙、貝等	
林鍾徵	龜茲部、大鼓部、軍樂部	方響	羯鼓、揩鼓、腰鼓、雞婁鼓、金鉦、金鐸、鈴鈸、大鼓等			短笛、大觱篥、小觱篥、長簫、短簫、橫笛、貝等	以鼓笛爲主即以吹打爲主
南呂羽	以胡部樂器爲主	方響		大琵琶、五弦琵琶、大箜篌倍、搊箏	軋箏	黃鍾觱篥、小觱篥、竽、笙、塤、篪、黃鍾簫，笛倍。笛、節鼓、拍板	以絲竹爲主

《五均譜》將《南詔奉聖樂》這一首樂曲分別安排在五個不同的調高和調式上演奏，可以看作是《奉聖樂》曲的變奏結合樂曲配器變化，即以變換不同的樂器組合形式，作爲改變樂曲風格特點的主要手段。說明唐人已經認識到樂器組合的變化，會對音樂的表現及風格特點的形成產生較大影響。可

見在音樂繁盛的唐代，人們已經知道採用不同的樂器編配可以作爲音樂創作的一種重要手段。

有關《南詔奉聖樂》樂舞表演過程中各種伴奏樂隊之使用情況，可從有關獻舞中舞與樂相配合演出形式的描述中看出〔註 58〕：「舞者初定，執羽，簫、鼓（龜茲部）等奏散序一疊，……將終，雷鼓（大鼓部）作於四隅，舞者皆拜，金聲（軍樂部）作而起，執羽稽首，以象朝覲。每拜跪，節以鉦（軍樂部）、鼓。……字成遍終，舞者北面跪歌，導以絲竹（龜茲部）。歌已，俯伏，鉦（軍樂部）作，復揖舞。……又舞《闢四門》之舞。遽舞入遍兩疊，與鼓吹（龜茲部）合節……」。從對韋臯所作《奉聖樂》五宮異用之《五均譜》各段樂曲所用樂器的記述，可知《南詔奉聖樂》在演奏中，是將四個樂部中各個樂器依樂曲表現需要而選擇性地演奏，並有所選擇地綜合使用各樂部中各種樂器。

《南詔奉聖樂》獻入唐宮廷以後，樂隊演奏形式及演奏場合，《新唐書》卷二二《禮樂志》云：「德宗閱於麟德殿，以授太常工人，自是殿庭宴則立奏，宮中則坐奏。」〔註 59〕由此可知，《南詔奉聖樂》樂隊，依演奏場合的需要可立奏亦可坐奏。皇帝在殿庭宴饗群臣、使節時，此樂隊爲立奏的演奏形式，在宮中此樂隊則爲坐奏的演奏形式。

二、驃國樂

唐時驃國位於今緬甸一帶，經多位學者考證，驃國京都的確切地理位置，應在今孟加拉灣畔伊洛瓦底江三角洲的「卯箚」村（Hmawza）遺址〔註 60〕。

唐德宗貞元年間，經西川節度使韋臯的規勸，南詔國於貞元十六年（800年）將「夷中歌曲」等南詔方樂及樂器、樂工，經韋臯加工爲《南詔奉聖樂》一併進獻唐王朝。在南詔勢力範圍統轄之下的驃國，其國王雍羌「聞南詔歸唐，有內附心，異牟尋遣使楊加明詣劍南西川節度使韋臯請獻夷中歌曲，且令驃國進樂人。」〔註 61〕故亦遣王太子舒難陀，於第二年即貞元十七年（801年），出發至長安進獻其國之樂，於十八年正月乙丑（801 年正月初八）陳奏

〔註 58〕所引文獻中所加括號裏的內容部分爲筆者推測。
〔註 59〕〔宋〕歐陽修：《新唐書》，北京，中華書局 1975 年版，第 480 頁。
〔註 60〕轉引自沈冬：《唐代樂舞新論》，北京大學出版社，2004 年 4 月版，第 150～151 頁。
〔註 61〕〔宋〕歐陽修：《新唐書》，北京，中華書局 1975 年版，第 6308 頁。

之於闕庭。〔註62〕途中行至成都時，韋皋將驃國樂「復譜次其聲。以其舞容、樂器異常，乃圖畫以獻。」〔註63〕進獻後，德宗下令將驃國獻樂之事「付史臣，下太常」，並「授舒難陀太僕卿」，同時開州刺史唐次述亦撰《驃國獻樂頌》以獻。〔註64〕

《舊唐書》卷十五《音樂志》云《驃國樂》:「貞元中，其王來獻本國樂，凡一十二曲，以樂工三十五人來朝。樂曲皆演釋氏經論之辭」〔註65〕，稱為「南蠻之樂」。《新唐書》卷二二二下《南蠻傳》對驃國獻樂作有詳盡記載，描述了其時驃國樂工一行三十五人所使樂器、所用樂律、所奏樂曲、所演樂舞的情況。

《新唐書》卷二二二下《南蠻傳》言驃國所獻「工器二十有二，其音八：金、貝、絲、竹、匏、革、牙、角。金二、貝一、絲七、竹二、匏二、革二、牙一、角二。」由其所述「其音八」可看出，將驃國樂器亦按「八音」分類。然驃國「八音」不盡同於周禮「八音」即「金、石、土、革、絲、木、匏、竹」的分類。沈冬認為驃國之「八音」分類法並不妥當，指出驃樂中屬「牙」類之「牙笙」和屬「角」類之「二角笙」、「三角笙」，「既然都為『笙』類樂器，以《周禮》的分類原則，理應歸於『匏』類更為合理，」故「驃樂只能謂之『其音六』」，而非八音，認為驃國「八音」是「史臣意欲勉強比附於《周

〔註62〕有關驃國獻樂之時間，文獻中有兩種記載，一為《新唐書・禮樂志》、元稹《驃國樂》（詩作「貞元辛巳歲」）及白居易《驃國樂》原注，記載時間為貞元十七年（801年）；另一種所載時間為貞元十八年（802年），此種記載可見於《唐會要》卷一〇〇、《舊唐書・德宗本紀》、《冊府元龜》卷九二七、《資治通鑒》卷二三六，《舊唐書・德宗本紀》記其時間更為確切，言其獻樂為十八年「春正月乙丑」。陳寅恪認為「蓋實以貞元十七年來獻，而十八年正月陳奏之於闕庭也」。（陳寅恪：《元白詩箋證稿》，北京，中華書局，1959年版，第208頁。）秦序於《驃國獻樂與白居易〈驃國樂〉詩》一文中亦指出文獻中所見兩種時間「實際並不矛盾，蓋驃至長安，路途迢遠，獻樂途中，又曾『至成都，韋皋復譜次其聲，又圖其樂器舞容以獻』，故入朝獻演在貞元十八年正月，其由驃出發必在貞元十七年。兩種記載，是一記出發之年，一記抵達獻演之時。」（秦序：《驃國獻樂與白居易〈驃國樂〉詩》，原載《音樂研究》，1989年第3期，收入文集《一葦淩波》，上海音樂出版社，2004年12月版，第220頁。）沈冬對此問題亦持相同觀點。（沈冬：《唐代樂舞新論》，北京大學出版社，2004年4月版，第156～157頁。）故本書取此說。

〔註63〕〔宋〕歐陽修：《新唐書》，北京，中華書局1975年版，第6312頁。

〔註64〕〔宋〕歐陽修：《新唐書》，北京，中華書局1975年版，第6314頁。

〔註65〕〔後晉〕劉昫：《舊唐書》，北京，中華書局1975年版，第1070頁。

禮》『八音』」而爲。筆者認爲，此種觀點有失周詳。《新唐書》對「牙笙」、「二角笙」、「三角笙」各樂器形制均有詳述。牙笙「穿匏達本，漆之，上植二象牙代管，雙簧皆應姑洗。」三角笙「亦穿匏達本，漆之，上植三牛角，一簧應姑洗，餘應南呂，角銳在下，穿匏達本，柄觜皆直。」兩角笙「亦穿匏達本，上植二牛角，簧應姑洗，匏以綵飾。」可知製作此三種樂器之材質，牙笙由象牙與匏製成，兩角笙、三角笙由牛角與匏組成，驃人或史官將此三種樂器分屬於「牙」類及「角」類，並非勉強比附《周禮》之「八音」，而是認爲「牙」、「角」是製作這些樂器中最主要亦爲最重要的材質。我們知道漢唐鼓吹樂中使用的樂器「角」，便用象牙、牛角製成，可以直接用來吹奏。林謙三論及上述牙笙等樂器的今日遺制時，言「有老撾僧院的信號禪笛」（「椰子殼穿通兩根簧管」）〔註 66〕，「還有不用匏，而在單個獸角多爲牛角的彎曲內側，當其中部開著吹口，而裝有簧的簧角」〔註 67〕，特別是緬甸卡倫尼一帶「合奏長短四支水牛簧角」〔註 68〕。均說明「牙」、「角」部分是這些樂器製作中較之匏更爲重要的組成部分，是最能代表此類樂器的材質特點。而且，這三種笙不同於驃樂中音樂性能較強的「大匏笙」、「小匏笙」，如林謙三所言，它們出音單一，音樂「機能是很低的」，在樂奏伊越調或小植調時，「漫長不斷地吹奏兩調的主音」。故由象牙、牛角與匏合製而成的這般樂器，在驃人或記錄此內容之史官看來，以「牙」、「角」作爲其所屬之樂器類別，最能體現其材質特點與音樂風格特點。若依樂器材質而分，將「牙笙」、「兩角笙」、「三角笙」均歸屬於「匏」的話，則亦應將驃樂中「大匏琴」、「小匏琴」、「獨弦匏琴」一併歸於「匏」類，顯然，這是不合理的。古人分「八音」依材質爲標準，而且以樂器中最有特點、最能體現其特性的材質劃分類別的。我們暫且將這種最有特點亦最能體現其類別特性的材質稱爲「類別材質」，而斷定「類別材質」的標準並非如沈冬所言「指產生振動或共鳴的部分」，因

〔註 66〕黑澤：《泰樂器》，29 圖 a；壇龍：《暹羅的樂器》圖版Ⅷ，6（ray rye）。轉引自林謙三：《中唐時代驃國（緬甸）貢進的樂器及其音律》，《東亞樂器考》，北京，人民音樂出版社，1962 年 2 月版，第 450 頁。

〔註 67〕薩克斯：《印度、印尼樂器》，第 162 頁；《樂器生命》，第 216 頁，表 37（261）。轉引自林謙三：《中唐時代驃國（緬甸）貢進的樂器及其音律》，《東亞樂器考》，北京，人民音樂出版社，1962 年 2 月版，第 450 頁。

〔註 68〕舍夫納（Schaeffner）：O.M.，第 297 頁。轉引自林謙三：《中唐時代驃國（緬甸）貢進的樂器及其音律》，《東亞樂器考》，北京，人民音樂出版社，1962 年 2 月版，第 450 頁。

對於不具有近代科學的樂器物理髮音原理知識的古人而言，他們判斷一種樂器的「類別材質」時，只是以一種樸素的唯物主義的思維方式來看待的。故而，不論是《周禮》的「八音」還是驃樂的「八音」，其判斷樂器「類別材質」的標準都是相同的。故筆者認爲，驃人或當時記錄之史官，將驃國樂器如此分類，有其一定的合理性，而並不只是牽強比附《周禮》之「八音」。

驃國此次所獻的樂器計 8 大類 22 種。這 22 種樂器中，《新唐書》詳細羅列了 19 種，共計 38 件，其種類之齊全，數量之豐富，由此可見一斑。茲將文中所述驃國所獻十九種樂器及其形制列表如下：

表 37　《新唐書》載驃國獻樂樂器詳表

樂器分類		樂器名稱	數量	樂器形制
擊奏樂器	金	鈴鈸	4	制如龜茲部，周圓三寸，貫以韋，擊磕應節。
		鐵板	2	長三寸五分，博二寸五分，面平，背有柄，繫以韋，與鈴鈸皆飾絛紛，以花氎縷爲蕊。
	革	三面鼓	2	形如酒缸，高二尺，首廣下銳，上博七寸，底博四寸，腹廣不過首，冒以虺皮，束三爲一，碧絛約之，下當地則不冒，四面畫驃國工伎執笙鼓以爲飾。
		小鼓	4	制如腰鼓，長五寸，首廣三寸五分，冒以虺皮，牙釘綵飾，無柄，搖之爲樂節，引贊者皆執之。
彈奏樂器	絲	鳳首箜篌	2	其一長二尺，腹廣七寸，鳳首及項長二尺五寸，面飾虺皮，弦一十有四，項有軫，鳳首外向；其一頂有條，軫有鼉首。
		箏	2	其一形如鼉，長四尺，有四足，虛腹，以鼉皮飾背，面及仰肩如琴，廣七寸，腹闊八寸，尾長尺餘，卷上虛中，施關以張九弦，左右一十八柱；其一面飾綵花，傅以虺皮爲別。
		龍首琵琶	1	如龜茲制，而項長二尺六寸餘，腹廣六寸，二龍相向爲首；有軫柱各三，弦隨其數，兩軫在項，一在頸，其覆形如師子。
		雲頭琵琶	1	形如前，面飾虺皮，四面有牙釘，以雲爲首，軫上有花象品字，三弦，覆手皆飾虺皮，刻捍撥爲舞崑崙狀而綵飾之。
		大匏琴	2	覆以半匏，皆彩畫之，上加銅甌。以竹爲琴，作虺文橫其上，長三尺餘，頭曲如拱，長二寸，以絛繫腹，穿甌及匏本，可受二升。大弦應太蔟，次弦應姑洗。
		小匏琴	2	形如大匏琴，長二尺；大弦應南呂，次應應鍾。
		獨弦匏琴	1	以班竹爲之，不加飾，刻木爲虺首；張弦無軫，以弦繫頂，有四柱如龜茲琵琶，弦應太蔟。此一弦而五音備。

吹奏樂器	竹	橫笛	2	一長尺餘，取其合律，去節無爪，以蠟實首，上加師子頭，以牙爲之，穴六以應黃鍾商，備五音七聲；又一，管唯加象首，律度與荀勖《笛譜》同，又與清商部鍾聲合。
		兩頭笛	2	長二尺八寸，中隔一節，節左右開沖氣穴，兩端皆分洞體爲笛量。左端應太蔟，管末三穴：一姑洗，二蕤賓，三夷則。右端應林鍾，管末三穴：一南呂，二應鍾，三大呂。下托指一穴，應清太蔟。兩洞體七穴，共備黃鍾、林鍾兩均。
	匏	大匏笙	2	皆十六管，左右各八，形如鳳翼，大管長四尺八寸五分，餘管參差相次，制如笙管，形亦類鳳翼，竹爲簧，穿匏達本。上古八音，皆以木漆代之，用金爲簧，無匏音，唯驃國得古制。
		小匏笙	2	制如大笙，律應林鍾商。
	牙	牙笙	1	穿匏達本，漆之，上植二象牙代管，雙簧皆應姑洗。
	角	三角笙	1	亦穿匏達本，漆之，上植三牛角，一簧應姑洗，餘應南呂，角銳在下，穿匏達本，柄觜皆直。
		兩角笙	1	亦穿匏達本，上植二牛角，簧應姑洗，匏以綵飾。
	貝	螺貝	4	大者可受一升，飾絛紛。

《新唐書・南蠻傳》對個別樂器音律有所記載，如下表所列，從中可以較清晰地看出驃國樂器的音律特點：

表 38　《新唐書・南蠻傳》載驃國個別樂器音律表〔註 69〕

		#g	a	#a	h	c	#c	d	#d	e	f	#f	g	#g
唐鐵尺律		太	夾	姑	仲	蕤	林	夷	南	無	應	黃	大	太
三面鼓				〔●$_1$							●$_2$〕			
大匏琴（二弦）		太$_1$		姑$_2$										
小匏琴（二弦）									南$_1$		應$_2$			
獨弦匏琴		太		〔●	●	●	●〕							
鼉首箏（九弦）		〔太	夾	姑		蕤	林	夷	南		應		大〕	
兩頭笛	左	太		姑		蕤		夷						

〔註 69〕 此表爲林謙三考證所列，表中〔 〕內爲林謙三推定出來的音。林謙三：《中唐時代驃國（緬甸）貢進的樂器及其音律》，《東亞樂器考》，北京，人民音樂出版社，1962 年 2 月版，第 454 頁。

	右						林		南		應		大	太
橫笛甲（黃鍾商）大匏笙（黃鍾商？）		徵		羽		變宮	宮		商		角		變徵	徵
小匏笙（林鍾商）橫笛乙（林鍾商）		宮		商		角		變徵	徵		羽		變宮	宮
牙笙（雙簧）				姑$^{1}_{2}$										
兩角笙（雙簧）				姑$^{1}_{2}$										
三角笙（三簧）				姑$_{1}$					南$^{2}_{3}$					
唐古律		林	夷	南	無	應	黃	大	太	夾	姑	仲	蕤	林
古律	黃鍾商（黃鍾均）	徵		羽		變宮	宮		商		角		變徵	徵
古律	林鍾商（林鍾均）	宮		商		角		變徵	徵		羽		變宮	宮
印度九聲		na	ka	sa		ra	ga	a	ma		pa		dha	na

驃國進獻的樂曲有十二首，茲將樂曲之名，簡要列表如下：

表 39　驃國獻樂之曲名表

曲　名	驃　雲	樂曲說明
一曰《佛印》	《沒馱彌》	國人及天竺歌以事王也。
二曰《贊娑羅花》	《嚨莽第》	國人以花爲衣服，能淨其身也。
三曰《白鴿》	《荅都》	美其飛止遂情也。
四曰《白鶴遊》	《蘇謾底哩》	謂翔則摩空，行則徐步也。
五曰《鬥羊勝》	《來乃》	昔有人見二羊鬥海岸，強者則見，弱者入山，時人謂之「來乃」。來乃者，勝勢也。
六曰《龍首獨琴》	《彌思彌》	此一弦而五音備，象王一德以畜萬邦也。
七曰《禪定》	《掣覽詩》	謂離俗寂靜也。七曲唱舞，皆律應黃鍾商。

八曰《革蔗王》	《遏思略》	謂佛教民如蔗之甘，皆悅其味也。
九曰《孔雀王》	《桃臺》	謂毛採光華也。
十曰《野鵝》		謂飛止必雙，徒侶畢會也。
十一曰《宴樂》	《𪛎聰網摩》	謂時康宴會嘉也。
十二曰《滌煩》 亦曰《笙舞》	《扈那》	謂時滌煩暋，以此適情也。

《新唐書・南蠻傳》記述驃國進獻樂曲「十有二：……七曰《禪定》……七曲唱舞，皆律應黃鍾商。八曰《革蔗王》……五曲律應黃鍾兩均：一黃鍾商伊越調，一林鍾商小植調。……初奏樂，有贊者一人先導樂意，其舞容隨曲。用人或二、或六、或四、或八、至十，皆珠冒，拜首稽首以終節。其樂五譯而至……」。可見，十二首樂曲均不出黃鍾商伊越調（越調）和林鍾商小植調（小食調）這兩商調。文中第七首樂曲後有云：「……七曲唱舞，皆律應黃鍾商……五曲律應黃鍾兩均……」可知，12 首樂曲中，前 7 首是有歌有舞的樂舞作品，均在黃鍾商的伊越調（越調）演奏；後 5 首（即第八首至第十二首）則是器樂作品，均可在兩商調上演奏。當然伴奏的樂器是同樣的，它們或可演奏兩商調之一，或兩商調均可演奏。綜合上文樂器音律表所列內容，其時樂隊配置可略見一斑。彈弦類樂器調律較自由，各樂曲所用調律都可演奏，然大匏琴、小匏琴這兩件樂器是例外，它們各演奏其中一調。吹奏樂器中橫笛、匏笙的音律是固定的，亦只能演奏其中一調，僅兩頭笛是吹奏樂器中唯一「應兩均」的樂器。此外，由牙笙、兩角笙、三角笙、貝之音律，可知這些出音單純的樂器不可能作爲旋律樂器。故可以想見在此樂隊演奏時，當如林謙三所言它們是「漫長不斷地吹奏兩調的主音，足使樂曲終始於東方式的氛圍中」〔註 70〕，故它們在樂隊中承擔的是吹奏樂曲主音、強化樂曲調律特性的角色。

由此，參照樂曲音律我們可推測兩商調的樂器編配形式如下：

演奏黃鍾商伊越調（越調）樂曲時，吹奏樂器主要使用兩頭笛、橫笛（甲）、大匏笙、三角笙；彈奏樂器使用鳳首箜篌、龍首琵琶、雲頭琵琶、獨弦匏琴、鼉首箏、大匏琴，即除小匏琴之外的所有彈奏樂器均可運用；起節樂作用的擊奏樂器鈴鈸、三面鼓、小鼓，均可使用；而牙笙、三角笙、兩角笙、貝，

〔註 70〕〔日〕林謙三：《中唐時代驃國（緬甸）貢進的樂器及其音律》，《東亞樂器考》，北京，人民音樂出版社，1962 年 2 月版，第 454 頁。

則連續不斷地吹奏低沉的樂調主音。

林鍾商的小植調（小食調）樂曲在演奏時，吹奏樂器主要使用兩頭笛、橫笛（乙）、小匏笙、牙笙、兩角笙；彈奏樂器與演奏越調所用樂器大致相同，只將其中大匏琴換爲小匏琴；節奏性樂器鈴鈸、三面鼓、小鼓，亦均可使用；而牙笙、三角笙、兩角笙、貝亦同樣用來連續不斷地吹奏低沉的樂調主音。

在演奏「律應黃鍾兩均」的第八至第十二這五首樂曲時，吹奏樂器除兩頭笛可通用於兩調之外，其餘樂器均需要隨樂調轉換而換用樂器；彈奏樂器則需依所奏樂調不同調整弦音，大小匏笙則有例外：當「通乎二調爲同位聲時，必然是大匏笙作越調的徵羽聲而小匏琴作小食調的徵羽聲」〔註 71〕；擊奏樂器組與「低音樂器組」之樂器，在兩樂調轉換時均可使用。

由 19 種、38 件樂器，35 名樂工組成的這一驃國樂隊，可謂大型樂隊。由這些驃國樂器組成的樂隊，究竟有怎樣的風格特點？首先要澄清的是組成樂隊的這些樂器屬於何種音樂體系。林謙三在《中唐時代驃國（緬甸）貢進的樂器及其音律》〔註 72〕及《隋唐讌樂調研究》〔註 73〕兩文中，認爲這些樂器分屬兩個系統：

1、印度系——鈴鈸、三面鼓、小鼓、大匏琴、小匏琴、鳳首箜篌、龍首琵琶、雲頭琵琶、橫笛

2、土俗系——獨弦匏琴、鼉首箏、兩頭笛、大匏笙、小匏笙、牙笙、三角笙、兩角笙

岸邊成雄《東亞樂器的研究》一文亦持類似觀點。〔註 74〕沈冬《唐代樂舞新論》在林謙三觀點及研究基礎上，對各個樂器進行了詳實的考證，認爲林謙三所言「印度系」與「土俗系」，不如說「印度系」和「中南半島系」更爲妥貼，指出是印度、中南半島、中國三種不同文化，「或隱或現地影響了驃國，才造成了樂團如是的風貌」。此觀點雖稍不同於林謙三之結論，然是以林觀點爲基礎的稍加發展，與林之看法並不矛盾，故可從於二分法觀

〔註 71〕〔日〕林謙三：《中唐時代驃國（緬甸）貢進的樂器及其音律》，《東亞樂器考》，北京，人民音樂出版社，1962 年 2 月版，第 439 頁。

〔註 72〕〔日〕林謙三：《中唐時代驃國（緬甸）貢進的樂器及其音律》，《東亞樂器考》，北京，人民音樂出版社，1962 年 2 月版，第 455 頁。

〔註 73〕〔日〕林謙三：《隋唐讌樂調研究》，臺北，鼎文書局，第 84 頁。

〔註 74〕〔日〕岸邊成雄：《東亞樂器的研究》，日本風間書房，第 45 頁。轉引沈冬：《唐代樂舞新論》，北京大學出版社，2004 年 4 月版，第 169 頁。

點。筆者亦認同以上學者之考證結果〔註 75〕——驃國所獻樂器由「印度系」與「土俗系」兩大類別組成。就整個樂隊的樂器編配而言，印度系樂器占一多半〔註 76〕，彈奏類樂器組中的大匏琴、小匏琴、鳳首箜篌、龍首琵琶、雲頭琵琶都是樂隊中居於主導地位的旋律性樂器；三面鼓因具三種不同的音高，故在樂隊演奏時，音樂效果最爲突出。這些占多數的具有印度音樂色彩的典型樂器，好似將整個樂隊蒙上了一層炫美的「紗麗」。此外，由林謙三所列驃國樂器音律表可以看出，驃國樂器所用音律適應於印度樂調，這也說明驃國之樂具有印度音樂因素。

其次，由所進獻演奏的樂曲來看，樂曲的樂意、內容多涉及佛教。驃國進獻的 12 首樂曲的樂名，如《佛印》、《禪定》、《甘蔗王》（取意於「佛教民如蔗之甘」）等，可以窺知佛教與驃國樂的關係。從本質上說，驃國音樂是一種佛教音樂。所以，《舊唐書・驃國傳》云驃國所獻樂曲「皆演釋氏經論之意」。《唐會要》卷一〇〇、《冊府元龜》卷七七二均有類似記載。驃國西接東天竺，地域上接壤自然使驃國與印度發生密切聯繫。印度文化早在公元前就已影響該地區，公元 1 世紀後，印度移民大量湧入，印度對緬甸的影響顯著增強。來自印度的宗教——印度教、大乘佛教、小乘佛教，在早期緬甸統治階級的倡導下，在孟人、驃人和若開人建立的國家中較廣泛地傳播。至公元 7 世紀，佛教盛行於驃國，其中小乘佛教影響最大。雖然佛教輸入驃國的途徑，學術界有不同看法〔註 77〕，但對佛教在驃國盛行這一史實，認識是一致的。《新唐書・驃國傳》曰驃國人「明天文，喜佛法。有百寺，……琉璃爲甓，錯以金銀丹彩，紫礦塗地……」。寺廟眾多，裝飾豪華，儼然一派佛教聖地的景象。又云「民七歲祝髮止寺，至二十有不達其法，復爲民」。可見其時幼童入寺修行蔚然成風。《新唐書・驃國傳》又云：驃國人「衣用白氎、朝霞，以蠶帛傷生，不敢衣。」怕殺生而不用絲織物，顯見佛教在驃國深入人心，影響社會生活的各個方面，故驃人音樂也深受佛教影響。

〔註 75〕如〔日〕林謙三：《中唐時代驃國（緬甸）貢進的樂器及其音律》，《東亞樂器考》，北京，人民音樂出版社，1962 年 2 月版，第 431～455 頁。
〔日〕岸邊成雄：《東亞樂器的研究》，日本風間書房，第 45 頁。
沈冬：《唐代樂舞新論》，北京大學出版社，2004 年 4 月版，第 169～185 頁。
〔註 76〕〔日〕林謙三：《隋唐讌樂調研究》，臺北，鼎文書局，第 84 頁。
〔註 77〕陳序經：《驃國考》，載《中山大學學報》，1962 年第 4 期，第 80 頁。

通過對驃國樂器所屬音樂體系、演奏樂律及樂曲的分析探討，我們已可以對其樂隊有整體認識：此樂隊具有濃厚的印度風格，演奏作品亦以印度佛教音樂爲主。

《唐會要》、《舊唐書》、《新唐書》等典籍將驃國樂歸於「四夷樂」，與其他方樂如龜茲樂、天竺樂、安國樂、康國樂等同列敘述。唐次《驃國樂頌》亦曰德宗於驃國獻樂後曾「付史臣，下太常，附伶官，隸樂章」。胡直鈞《太常觀閱驃國新樂》詩亦云：「異音來驃國，初被奉常人，……何事留中夏，長令表化淳」，似乎驃國樂舞曾編入太常供奉朝廷，驃國樂人也留居長安。然事實上，驃國之樂與龜茲樂舞、天竺之樂等在唐代的盛行程度與傳播範圍及對唐樂的影響，實難相提並論。驃樂之所以「付史臣，下太常，附伶官，隸樂章」，更多出於政治外交方面的考量，其蘊含的政治意義遠遠高於其自身的音樂成就。故《新唐書・禮樂志》簡述驃樂「八音」後，繼曰「大抵皆夷狄之器，其聲曲不隸於有司，故無足採云。」〔註 78〕這亦是歐陽修將此段描寫驃國之樂如此豐富詳贍的內容，放入《南蠻傳》之《驃國傳》，而未將之納入《禮樂志》的原因吧。

三、扶南樂

（一）扶南樂非唐代九部樂、十部樂之一

需要指出的是，唐代九部樂、十部樂中並未編入扶南樂。〔註 79〕

《通典・樂六》卷一四六言：

> 讌樂，武德初，未暇改作，每讌享，因隋舊制，奏九部樂。（原注：一讌樂，二清商，三西涼，四扶南，五高麗，六龜茲，七安國，八疏勒，九康國。）至貞觀十六年十一月，宴百僚，奏十部。先是，伐高昌，收其樂，付太常。至是增爲十部伎，其後分爲立坐二部。〔註 80〕

《唐會要》卷三三載：

> 讌樂武德初，未暇改作。每讌享，因隋舊制，奏九部樂。一讌

〔註 78〕〔宋〕歐陽修：《新唐書》，北京，中華書局 1975 年版，第 480 頁。

〔註 79〕〔日〕岸邊成雄著，梁在平、黃志炯譯：《唐代音樂史的研究》，臺北，臺灣中華書局，1973 年版，第 484～485 頁。
吉聯抗：《唐代九、十部樂中並無「扶南樂」》，《人民音樂》，1984 年第 8 期。

〔註 80〕〔唐〕杜佑：《通典》，北京，中華書局 1984 年版，第 762 頁。

樂，二清商，三西涼，四扶南，五高麗，六龜茲，七安國，八疏勒，九康國。至貞觀十六年十二月，宴百僚，奏十部樂。先是，伐高昌，收其樂付太常，乃增九部爲十部伎。今通典所載十部之樂，無扶南樂，祇有天竺樂，不見南蠻樂。其後分爲立坐二部。

此兩條文獻所述唐代九、十部樂各樂部及名稱之中，「扶南樂」應爲「天竺樂」。

《通典・樂六》卷一四六載：

至煬帝，乃立清樂、龜茲、西涼、天竺、康國、疏勒、安國、高麗、禮畢爲九部。平林邑國，獲扶南工人及其匏瑟琴，陋不可用，但以天竺樂傳寫其聲，而不列樂部。……大唐平高昌，盡收其樂，又進讌樂，而去禮畢曲。今著令者，唯十部。（原注：龜茲、疏勒、安國、康國、高麗、西涼、高昌、讌樂、清樂伎、天竺，凡十部。）〔註 81〕

《唐會要》卷三三載：

扶南、天竺二國樂，隋代全用天竺，列於樂部，不用扶南。因煬帝平林邑國，獲扶南工人，及其匏琴，樸陋不可用，但以天竺樂轉寫其聲。

劉貺《太樂令壁記》（《玉海》卷一〇五引）亦云：

煬帝平林邑，獲扶南工人及匏琴，以天竺樂傳寫其聲，而不齒部。

隋煬帝平定林邑國，獲扶南樂工及其樂器匏瑟琴，「亦即今日印度使用之 Vina 之絃樂器，當時只有弦一根」〔註 82〕，因其過於簡陋，而未予單獨將其立部，以天竺樂器演奏其聲。有關此問題，岸邊成雄《唐代音樂史的研究》與吉聯抗《唐代九、十部樂中並無「扶南樂」》均有所論證，作者贊同其二人之觀點，在此不予詳述。

（二）扶南樂之樂隊編配及其性質

《通典・樂六》卷一四六「四方樂」條云：

《扶南樂》，舞二人，朝霞衣，朝霞行纏，赤皮鞋。隋代全用天竺樂，今其存者有羯鼓、都曇鼓、毛員鼓、簫、橫笛、篳篥、銅鈸、

〔註 81〕〔唐〕杜佑：《通典》，北京，中華書局 1984 年版，第 763 頁。

〔註 82〕〔日〕岸邊成雄著，梁在平、黃志炯譯：《唐代音樂史的研究》，臺北，臺灣中華書局，1973 年版，第 485 頁。

貝。……平林邑國，獲扶南工人及其匏瑟琴，陋不可用，但以天竺樂傳寫其聲，而不列樂部。〔註 83〕

《舊唐書》卷十五《音樂志》錄：

《扶南樂》，舞二人，朝霞行纏，赤皮靴。隋世全用《天竺樂》，今其存者，有羯鼓、都曇鼓、毛員鼓、簫、笛、篳篥、銅拔、貝。

由文中所述可知扶南樂「陋不可用」，而「以天竺樂傳寫其聲」。那麼，可以天竺樂之樂器編配來考析扶南樂之樂隊形式。

《通典》卷一四六「四方樂」條載：

天竺樂，樂工皁絲布襆頭巾，白練襦，紫綾袴，緋帔。舞二人，辮髮，朝霞袈裟，若今之僧衣也。行纏，碧麻鞋。樂用羯鼓、毛員鼓、都曇鼓、篳篥、橫笛、鳳首箜篌、琵琶、五弦琵琶、銅鈸、貝。其都曇鼓今亡。〔註 84〕

《舊唐書》卷二九《音樂志》載：

《天竺樂》，工人皁絲布頭巾，白練襦，紫綾袴，緋帔。舞二人，辮髮，朝霞袈裟，行纏，碧麻鞋。袈裟，今僧衣是也。樂用銅鼓、羯鼓、毛員鼓、都曇鼓、篳篥、橫笛、鳳首箜篌、琵琶、銅拔、貝。毛員鼓、都曇鼓今亡。

那麼將兩條文獻中所言扶南樂八種樂器與天竺樂之樂隊形式加以比照，以此考其樂隊之性質。茲列於下表：

表 40　扶南樂與天竺樂樂隊編制比照表

類型	樂部名稱	天竺樂		扶南樂	
	出處／樂器	《通典・樂六》	《舊唐書・音樂志》	《通典・樂六》	《舊唐書・音樂志》
擊奏樂器	羯鼓	*	*	*	*
	毛員鼓	*	*	*	*
	都曇鼓	*	*	*	*
	銅鼓		*		
	銅鈸	*	*	*	*

〔註 83〕〔唐〕杜佑：《通典》，北京，中華書局 1984 年版，第 762～763 頁。

〔註 84〕〔唐〕杜佑：《通典》，北京，中華書局 1984 年版，第 762 頁。

彈奏樂器	鳳首箜篌	*	*		
	琵琶	*	*		
	五弦	*			
吹奏樂器	橫笛	*	*	*	笛
	篳篥	*	*	*	*
	簫			*	*
	貝	*	*	*	*
樂器種類		10	10	8	8

扶南樂配器較爲突出的特點是樂隊中未有彈奏樂器的編入，亦或因「其匏瑟琴，陋不可用」，故樂隊中未使用有彈奏類樂器。扶南樂較之天竺樂，除未有鳳首箜篌、琵琶、五弦等彈奏類樂器的編入之外，其中亦未有銅鼓的使用，然樂隊中有簫的運用。由表中所列可看出，二者配器並無較多出入，且較爲接近，這或許亦是以天竺樂傳寫其聲之根本原因。可見，扶南樂的樂隊形式所體現出的印度系音樂的性質，還是較爲典型的。

四、小結

由本小節梳理、考辨之南詔樂、驃國樂、扶南樂樂隊的構成情況，通過對各樂隊性質、特徵的辨析，可看出南蠻系各樂較之西域系、東夷系等外來樂中，獨具其自身之特點。首先，南蠻系各樂之樂隊，大量地吸收了印度音樂的因素，尤其是受印度佛教音樂的影響甚多，形成了其獨有之風格與特徵。故其音樂於唐代宮廷中繁盛之景況，並不亞於西域系各樂。其次，就南蠻系各樂之樂器類型構成而言，多以吹奏樂器、彈奏樂器爲主，擊奏樂器較之西域系爲少，故其樂亦應稍顯柔和、清越之風格。然而，由南蠻系各樂樂隊之規模來看，多爲較大型樂隊編制，亦或因其僅有少數各國之樂傳入唐朝，故均未編入多部樂之中，如南詔、驃國、扶南各樂均未列入其中。當然，這亦可視爲南海文化對唐王朝文化發展影響甚小之主要體現。

第三節　東夷系及北狄系之樂器組合

一、高麗樂

（一）高麗樂之淵源

高麗樂是指朝鮮三國時代的高句麗（公元前 37 年～公元 668 年）之樂。《隋書》卷十五《音樂志》載：「疎勒、安國、高麗並起，自後魏平馮氏及通西域，因得其伎，後漸繁會其聲，以別於太樂（引者按：應爲以列於太樂〔註 85〕）。」「馮氏」是指馮跋於 407 年弒後燕慕容熙而建立的北燕，436 年後魏太武帝逐走之北燕君主馮宏，北燕滅。北燕所擁有的疏勒、安國、高麗之樂皆歸於北魏。然，「魏平馮跋，亦得之而未具」〔註 86〕。且於「翌年與西域諸國，同時朝貢時」，高句麗之樂伎開始傳入中國〔註 87〕。578 年，北周滅北齊，高麗、百濟二國獻其樂，「合西涼樂，凡七部，通謂之國伎」〔註 88〕。高句麗地理位置，與濊貊、扶餘、藏貂相鄰，歌舞風俗相近：「其民喜歌舞，國中邑落，暮夜男女群聚，相就歌戲」，「以十月祭天」，「迎隧神」〔註 89〕。陳暘《樂書》卷一五八「高麗」條亦述曰：「高麗，漢武帝滅朝鮮，以高麗爲縣，屬元菟，賜以鼓吹伎人，其俗好群聚爲倡樂祠鬼神社稷靈星，以十月祭天大會，名曰東盟，至李唐時，有品庫樂鄉樂之品。」

隋開皇置七部樂時已將其編入，且東夷系各樂中僅高麗樂列入十部樂中。

（二）高麗樂樂器組合考

《隋書》卷十五《音樂志》載：

> 高麗，歌曲有《芝棲》，舞曲有《歌芝棲》。樂器有彈箏、臥箜篌、豎箜篌、琵琶、五弦、笛、笙、簫、小篳篥、桃皮篳篥、腰鼓、齊鼓、擔鼓、貝等十四種，爲一部。工十八人。〔註 90〕

〔註 85〕詳見本章第一節對疏勒樂樂隊編制之考證。

〔註 86〕〔唐〕杜佑：《通典》，北京，中華書局 1984 年版，第 763 頁。

〔註 87〕〔日〕岸邊成雄著，梁在平、黃志炯譯：《唐代音樂史的研究》，臺北，臺灣中華書局，1973 年 10 月版，第 547 頁。

〔註 88〕《通典・樂六》卷一四六述曰：「宋代得高麗、百濟伎。魏平馮跋，亦得之而未具。周師滅齊，二國獻其樂，合西涼樂，凡七部，通謂之國伎。」（〔唐〕杜佑：《通典》，北京，中華書局 1984 年版，第 763 頁。）

〔註 89〕〔晉〕陳壽：《三國志》，北京，中華書局 1999 年版，第 626 頁。

〔註 90〕〔唐〕魏徵、房玄齡、長孫無忌等：《隋書》，北京，中華書局 1973 年版，第 380 頁。

《唐六典》卷十四《太常寺》載：

彈箏、臥箜篌、豎箜篌、琵琶、五弦、笙、橫笛、小觱篥、簫、桃皮觱篥、腰鼓、齊鼓、擔鼓、貝各一，舞四人。〔註91〕

《通典・樂六》卷一四六「四方樂」條載：

高麗樂，工人紫羅帽，飾以鳥羽，黃大袖，紫羅帶，大口袴，赤皮鞾，五色縧繩。舞者四人，椎髻於後，以絳抹額，飾以金璫。二人黃裙襦，赤黃袴；二人赤黃裙，襦袴。極長其袖，烏皮鞾，雙雙並立而舞。樂用彈箏一，搊箏一，臥箜篌一，豎箜篌一，琵琶一，五弦琵琶一，義觜笛一，笙一，橫笛一，簫一，小篳篥一，大篳篥一，桃皮篳篥一，腰鼓一，齊鼓一，擔鼓一，貝一。大唐武太后時尚二十五曲，今唯能習一曲，衣服亦寖衰敗，失其本風。〔註92〕

《舊唐書》卷二九《音樂志》記載：

高麗樂，工人紫羅帽，飾以鳥羽，黃大袖，紫羅帶，大口袴，赤皮靴，五色縧繩。舞者四人，椎髻於後，以絳抹額，飾以金璫。二人黃裙襦，赤黃袴，極長其袖，烏皮靴，雙雙並立而舞。樂用彈箏一，搊箏一，臥箜篌一，豎箜篌一，琵琶一，義觜笛一，笙一，簫一，小篳篥一，大篳篥一，桃皮篳篥一，腰鼓一，齊鼓一，檐鼓一，貝一。武太后時尚二十五曲，今惟習一曲，衣服亦浸衰敗，失其本風。

《新唐書》卷二一《禮樂志》載：

高麗伎，有彈箏、搊箏、鳳首箜篌、臥箜篌、豎箜篌、琵琶，以蛇皮爲槽，厚寸餘，有鱗甲。楸木爲面，象牙爲捍撥，畫國王形。又有五弦、義觜笛、笙、葫蘆笙、簫、小觱篥、桃皮觱篥、腰鼓、齊鼓、檐鼓、龜頭鼓、鐵版、貝、大觱篥。胡旋舞，舞者立球上，旋轉如風。〔註93〕

陳暘《樂書》卷一五八「高麗」條載：

高麗……其器有臥箜篌、豎箜篌、琵琶、彈箏、五弦、笙、簫、橫笛、小觱篥、桃皮觱篥、腰鼓、齊鼓、擔鼓、銅鈸、貝等十四種，

〔註91〕〔唐〕李林甫：《唐六典》，北京，中華書局1992年版，第404頁。
〔註92〕〔唐〕杜佑：《通典》，北京，中華書局1984年版，第762頁。
〔註93〕〔宋〕歐陽修：《新唐書》，北京，中華書局1975年版，第470頁。

> 爲一部，二十八人。武后時歌曲尚二十五章，正元末，惟能習一曲而已，其衣服亦浸失其制矣。傀儡並越調、夷賓曲、英公破，高麗所進也。聖朝元豐間，慕盛德俫臣求中國樂工教之。今之樂大抵中國製也，故中國使至，嘗出家樂以侑酒焉。

茲將文獻中所載高麗樂之樂隊構成列於下表，以比照之：

表 41　文獻載高麗樂樂隊構成比照表

類型	出處／樂器	《隋書・音樂志》	《唐六典・太常寺》	《通典・樂六》	《舊唐書・音樂志》	《新唐書・禮樂志》	《樂書》	《明集禮・樂・樂器》
非旋律性擊奏樂器	腰鼓	*	1	1	1	*	*	1
	齊鼓	*	1	1	1	*	*	1
	擔鼓	*	1	1			*	
	檐鼓				1	*		1
	龜頭鼓					*		
	鐵版					*		
	銅鈸						*	
彈奏樂器	彈箏	*	1	1	1	*	*	1
	搊箏			1	1	*		1
	臥箜篌	*	1	1	1	*	*	1
	豎箜篌	*	1	1	1	*	*	1
	鳳首箜篌					*		
	琵琶	*	1	1	1	*	*	1
	五弦	*	1	1		*	*	1
吹奏樂器	笛	*	橫笛 1	橫笛 1			橫笛	橫笛 1
	義觜笛			1	1	*		1
	笙	*	1	1	1	*	*	1
	葫蘆笙					*		
	簫	*	1	1	1	*	*	1
	大篳篥			1	1	*		1

	小篳篥	*	1	1	1	*	*	1
	桃皮篳篥	*	1	1	1	*	*	1
	貝	*	1	1	1	*	*	1
其他	舞伎		4		4			
	工	18					18	
樂器種類		14	14	17	15	20	14	17

由上表可看出，《新唐書・禮樂志》較之其他文獻所載，相異之處較多一些，如樂隊中運用有葫蘆笙、鳳首箜篌、龜頭鼓、鐵板等樂器，其他文獻均未見有此記述，且除鳳首箜篌之外的三種樂器，爲十部樂之其他各樂所未有。另，鳳首箜篌爲天竺伎之獨特樂器，筆者疑爲《新唐書》將其誤記入此樂隊中。

此外，除上述所引有關記述高麗樂的文獻之外，《隋書》卷八一《高麗傳》云：「樂有五弦琴、箏、篳篥、橫吹、簫、鼓之屬，吹蘆以和曲。」《北史》卷九四、《文獻通考》卷三二五、《冊府元龜》卷九五九等亦均有相似之語。文中所列樂器爲七種，此與《唐六典》所載 14 種樂器、《通典》載 17 種樂器、《新唐書》載 19 種樂器（除鳳首箜篌）相較，其數量遠遠少於各書所云，亦或《隋書》在記錄高麗樂之樂器組成時，未將其之各種樂器詳盡列出之原因。

（三）高麗樂樂隊性質

1、由組成高麗樂樂隊的樂器種類來看其風格特點

由《唐六典》卷十四《太常寺》所載高麗樂之樂隊編制，可以繪出各類樂器在整個樂隊中所佔之比例：

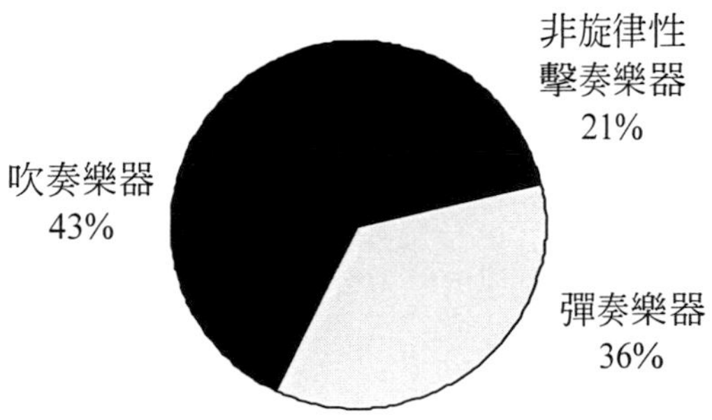

圖 27　《唐六典・太常寺》載高麗樂樂器類型比例圖

由圖所示，樂隊中非旋律性擊奏樂器僅佔有五分之一的比例，而吹奏樂器就佔有將近一半的數量，彈奏樂器亦佔有約五分之二的份額，可見高麗樂是以旋律性較強的吹奏樂器和彈奏樂器爲其配器特點，換言之，高麗樂可謂是一支主要由絲、竹樂器所組成的管絃樂隊。較之以非旋律性擊奏樂器（主要指鼓類樂器）爲主的西域系各樂如龜茲樂等，其樂更顯柔和、清越之美。

2、由高麗樂的樂器構成來看樂隊的性質

茲將《唐六典》卷十四《太常寺》「十部樂」條所載高麗樂與龜茲樂的樂隊構成情況相比照，並列於下表：

表 42 《唐六典・太常寺》載高麗樂與龜茲樂樂隊構成比照表

類型	非旋律性擊奏樂器									
龜茲樂	毛員鼓	都曇鼓	答臘鼓	腰鼓	羯鼓			雞婁鼓	侯提鼓	銅鈸
高麗樂				腰鼓		齊鼓	擔鼓			銅鈸
類型	彈奏樂器					吹奏樂器				
龜茲樂	竪箜篌		琵琶	五弦		笙	橫笛	簫	篳篥	貝
高麗樂	竪箜篌	臥箜篌	琵琶	五弦	彈箏	笙	橫笛	簫	小觱篥 桃皮觱篥	貝

由上表所列，對於二者間之關係可一目了然，高麗樂由 15 種樂器組成，然與龜茲樂相同者有腰鼓、銅鈸、竪箜篌、琵琶、五弦、笙、橫笛、簫、貝 9 種樂器及觱篥類樂器。可見，二者之間關係較爲密切，高麗樂吸收了較多西域系音樂的因素於其中。

此外，樂隊中彈箏、（搊箏、）臥箜篌、齊鼓、擔鼓等五種，有爲清樂樂隊中所用，亦有爲西涼樂所用。

據此看來，高麗樂之樂隊編制，其中混合了各種音樂元素，其樂器組合形式受西域系音樂的影響甚多，且與中原音樂逐漸融合，又含有其自身獨特之地方色彩性樂器，如義嘴笛、桃皮觱篥、龜頭鼓、鐵板、葫蘆笙等，這些摻合於一起，共同形成了這支樂隊。

二、百濟樂

東夷系各樂中，以高麗樂和百濟樂較爲顯著，然此系中僅高麗樂編入十部樂，此樂未被列入九部樂、十部樂中。

《通典・樂六》卷一四六述曰：

百濟樂，中宗之代，工人死散。開元中，岐王范爲太常卿，復奏置之，是以音伎多闕。舞者二人，紫大袖裙襦，章甫冠，皮履。樂之存者，箏、笛、桃皮篳篥、箜篌、歌。……宋代得高麗、百濟伎。魏平馮跋，亦得之而未具。周師滅齊，二國獻其樂，合西涼樂，凡七部，通謂之國伎。隋文帝平陳，得清樂及文康禮畢曲，而黜百濟。〔註94〕

《舊唐書》卷十五《音樂志》載：

《百濟樂》，中宗之代，工人死散。岐王范爲太常卿，復奏置之，是以音伎多闕。舞二人，紫大袖裙襦，章甫冠，皮履。樂之存者，箏、笛、桃皮篳篥、箜篌、歌。此二國，東夷之樂也。

《通典》與《舊唐書》所載百濟樂樂隊構成，並無相異之處，均記述此樂隊由彈奏樂器箏、箜篌，吹奏樂器笛、桃皮觱篥這四件樂器構成，且這四種樂器亦均包含於高麗樂之中。樂隊中未編入擊奏樂器，可謂是一支僅由絲竹樂器構成的較小型的管絃樂隊形式。總體而言，百濟樂樂隊規模較小，樂器構成較高麗樂亦無顯著之風格、特色，這亦或許是其未被唐時宮廷所關注之重要原因。

表43　高麗樂樂器分類表

彈奏樂器		吹奏樂器		其　他
箏	箜篌	笛	桃皮篳篥	歌

〔註94〕〔唐〕杜佑：《通典》，北京，中華書局1984年版，第762頁。

三、北狄系

北狄樂較四方其他各樂，於唐時宮廷之中最爲少見、少用。其景況如《通典》卷一四六「四方樂」條記述：

> 北狄三國（原注：鮮卑、吐谷渾、部落稽）。北狄樂，皆爲馬上樂也。鼓吹本軍旅之音，馬上奏之，故自漢以來，北狄樂總歸鼓吹署。後魏樂府始有北歌，即魏眞人歌是也。代都時，命掖庭宮女晨夕歌之。周、隋代，與西涼樂雜奏。今存者五十三章，其名目可解者六章：慕容可汗、吐谷渾、部落稽、鉅鹿公主、白淨王太子、企俞也。其餘不可解，咸多可汗之詞。按今大角，即後魏代簸邏回是也，其曲亦多可汗之詞。北虜之俗，皆呼主爲可汗。吐谷渾又慕容別種，如此歌是燕、魏之際鮮卑歌，其詞虜音，不可曉。梁有鉅鹿公主歌詞，似是姚萇時歌，其詞華音，與北歌不同。梁樂府鼓吹又有大白淨皇太子、小白淨皇太子、企俞等曲。隋鼓吹有白淨王太子曲，與北歌校之，其音皆異。大唐開元中，歌工長孫元忠之祖受業於侯將軍貴昌，并州人也，亦代習北歌。貞觀中，有詔令貴昌以其聲教樂府。元忠之家代相傳如此，雖譯者亦不能通知其詞，蓋年歲久遠，失其眞矣。絲桐，唯琴曲有胡笳聲、大角，金吾所掌。

由文獻可知，北狄樂多爲馬上之樂，文中雖未言明其樂隊具體構成情況，但可知其樂器組合形式較爲單一，音樂表現性能較其他四方各樂爲弱，故漢朝以來，多用以軍中之鼓吹樂，至唐時雖被鼓吹屬採用，然唐時宮廷宴饗、娛樂用樂對其較少關注。在此，本書亦對北狄樂之樂隊形式不詳加探討。